U0671855

权威·前沿·原创

皮书系列为
"十二五"国家重点图书出版规划项目

休闲绿皮书

GREEN BOOK OF
CHINA'S LEISURE

2013~2015 年
中国休闲发展报告

ANNUAL REPORT ON CHINA'S LEISURE DEVELOPMENT
(2013-2015)

顾　问 / 刘德谦　夏杰长　高舜礼
主　编 / 宋　瑞
副主编 / 金　准　李为人　吴金梅
中国社会科学院旅游研究中心

社会科学文献出版社
SOCIAL SCIENCES ACADEMIC PRESS (CHINA)

图书在版编目（CIP）数据

2013~2015 年中国休闲发展报告/宋瑞主编.—北京：社会科学文献出版社，2015.10

（休闲绿皮书）

ISBN 978 – 7 – 5097 – 8134 – 0

Ⅰ.①2…　Ⅱ.①宋…　Ⅲ.①闲暇社会学 – 研究报告 – 中国 – 2013 ~ 2015　Ⅳ.①D669.3

中国版本图书馆 CIP 数据核字（2015）第 230360 号

休闲绿皮书

2013~2015 年中国休闲发展报告

主　　编／宋　瑞
副 主 编／金　准　李为人　吴金梅

出 版 人／谢寿光
项目统筹／陈　颖
责任编辑／李　闯　陈　颖

出　　版／社会科学文献出版社·皮书出版分社（010）59367127
　　　　　　地址：北京市北三环中路甲 29 号院华龙大厦　邮编：100029
　　　　　　网址：www.ssap.com.cn
发　　行／市场营销中心（010）59367081　59367090
　　　　　　读者服务中心（010）59367028
印　　装／北京季蜂印刷有限公司

规　　格／开本：787mm × 1092mm　1/16
　　　　　　印张：20.5　字数：310 千字
版　　次／2015 年 10 月第 1 版　2015 年 10 月第 1 次印刷
书　　号／ISBN 978 – 7 – 5097 – 8134 – 0
定　　价／79.00 元

皮书序列号／B – 2010 – 134

《休闲绿皮书》编委会

顾　问　刘德谦　夏杰长　高舜礼

主　编　宋　瑞

副主编　金　准　李为人　吴金梅

编　委　(以姓氏音序排列)

陈　田　高舜礼　Geoffrey Godbey　金　准

李为人　刘德谦　马惠娣　宋　瑞　王诚庆

王琪延　魏小安　吴必虎　吴金梅　夏杰长

张广瑞　赵　鑫

本书由杭州市旅游发展委员会支持出版

本书编撰人员名单

主报告

    撰稿人　中国社会科学院旅游研究中心课题组

    执笔人　金　准　宋　瑞

专题报告撰稿人（以专题报告出现先后为序）

    刘德谦　凌　平　陈德旭　　张　斌　魏小安

    雷　霞　李洪波　陈　慧　　杨美虾　马惠娣

    王鹏飞　魏　翔　程遂菅　　王琪延　马　瑜

    《休闲绿皮书》旅游休闲示范城市课题组

    赵雅萍　吴丰林　吴金梅　　赵　鑫　唐继宗

    王雅林　周　勇　王　晖　　卿前龙　曾春燕

    吴必虎　刘军林　田中伸彦　刘慧梅　黄保丹

    俞　滨　宋　瑞

《休闲绿皮书》编辑部办公室

    曾　莉　刘军林

主要编撰者简介

宋　瑞　产业经济学博士，中国社会科学院旅游研究中心主任，中国社会科学院财经战略研究院副研究员、硕士生导师，长期从事休闲基础理论与公共政策、旅游可持续发展等方面的研究。

金　准　管理学博士，中国社会科学院旅游研究中心秘书长，中国社会科学院财经战略研究院副研究员，长期从事旅游与休闲相关研究工作，主要关注旅游政策、城市旅游等问题。

李为人　管理学博士，中国社会科学院旅游研究中心教育培训部部长，中国社会科学院研究生院税务硕士教育中心副主任，长期关注国际旅游发展趋势、公共管理等方面的研究。

吴金梅　管理学博士，中国社会科学院旅游研究中心副主任，中国社会科学院研究生院 MBA 特邀导师，长期从事旅游产业发展、旅游投资、旅游房地产等领域的研究与实践。

摘　要

《2013～2015 年中国休闲发展报告》（"休闲绿皮书"No. 4）由中国社会科学院旅游研究中心组织相关专家编写完成。本书是社会科学文献出版社"皮书系列"的重要组成部分，全书由总报告和二十余篇专题报告组成。

2014～2015 年，中国国民休闲长期持续发展的结构性基础已经具备，形成了由国家战略、宏观经济、国民需求、区域实践、公共服务、产业发展、国际环境、新闻舆论八个方面系统推进的良好格局。具体而言，在国家战略层面，《国民旅游休闲纲要（2013－2020 年)》奠定全局性发展基础，休闲推进与国家改革合围；在宏观经济层面，经济结构引发休闲社会到来，人均 GDP、城镇化率和服务业占 GDP 比重等基础性宏观数据几乎同步跨越前一阶段的临界点，构成了下一阶段休闲发展的宏观经济基础；在国民需求层面，积极的休闲观成为全民共识，休闲成为国民主体消费之一；在区域实践层面，各地积极探索，在带薪休假、休闲政策等各个方面不断创新实践；在公共服务层面，覆盖城乡的休闲基础服务体系正在形成；在产业发展层面，基本形成加速、转化、创新三种态势，围绕休闲加速形成产业集群，产业环境更为成熟；在国际环境层面，亚投行和"一带一路"两大战略的推出，为中国休闲发展提供了新的视野和平台；在新闻舆论层面，休闲消费中的各种问题正成为公共话题，引起热烈讨论。

按照综合测算，2014 年中国休闲产业规模约为 3.6 万亿元人民币，相当于社会消费品零售总额的 13.8%，相当于 GDP 的 5.7%，预计 2015 年中国休闲产业规模将突破 4 万亿元大关。展望未来，"中国休闲者"正在形成，国民休闲将得到更多保障，服务业为休闲发展提供重要支撑，旅游业将继续引领中国休闲的大发展。

其他二十余篇专题报告分属"行业发展""调查分析""典型案例""探索讨论""海外借鉴"五篇，分别涉及旅游休闲、文化休闲、体育旅游、演艺、网络游戏、户外运动、公园与国民健康、休闲行为、私人汽车与休闲、乡村旅游等领域的发展以及杭州等地的典型经验，并对休闲与生活方式、休闲分配与拉动内需、休闲发展与经济转型等问题进行了探索，来自国内外休闲领域知名专家围绕国外休闲发展经验的分析也颇有启发。

作为国内最早一本涉及休闲发展的皮书，本书将成为政府、业界、学界和公众了解中国休闲发展前沿的重要读物。

Abstract

Annual Report on China's Leisure Development (*2013 – 2015*), known as *Green Book of China's Leisure No. 4*, is complied annually by the Tourism Research Center, Chinese Academy of Social Science (CASSTRC). It has been one of the key reports in the "Yearbook Series" published by the Social Sciences Academic Press. This book consists of two general reports and more than 20 special reports.

The basis of the sustainable development of leisure in China has been formed during the year 2014, covering eight aspects, such as macro-economy, national demand, regional practice, public service, industry development, international environment and news media. Specifically, in the perspective of national strategy, the *Outline for National Tourism and Leisure* (*2013 – 2020*) lays foundation for the development of tourism and leisure. In the perspective of macro-economy, the change in economic structure brings with it a leisure society and per capita GDP, the urbanization rate as well as service industry step into a new stage, which forms the macro-economic basis of leisure development in the next stage. In the perspective of national demand, active leisure concept has become a consensus. In the perspective of regional practice, every region actively explores in various aspects, such as paid vacation and leisure policy. In the perspective of public service, the basic service system of leisure is forming in the urban and rural areas. In the perspective of industry development, acceleration, transformation and innovation are formed, industries cluster is taking shape and industry environment is getting more mature. In the perspective of international environment, the investment of Asian Infrastructure Investment Bank, One Belt and One Road Strategy provide a new platform for the leisure development of China. In the perspective of news media, leisure consumption is attracting more and more public concern.

In 2014, the scope of leisure industry in China was 3600 billion yuan, equals to 13. 8% of the total retail sales of social consumable goods as well as 5. 7% of GDP. It is expected that in 2015, this scope will surpass 4000 billion yuan. Looking forward, the member of Chinese leisure consumers will get larger and national leisure will be guaranteed. Leisure development will benefit from service industry and tourism industry will continue to lead the development of leisure in China.

The special reports concentrate on industry development, investigation and analysis, case study, probe and discussion as well as overseas perspective. These reports respectively deal with tourism and leisure, cultural leisure, sports leisure, performing arts, outdoor activities, private-owned cars and leisure, rural tourism and leisure, etc. , exploring the relationship between leisure and life-style, domestic demand expansion and economic transition.

As the earliest year book in leisure research, this book can be a choice for government, researchers and the public to gain the forefront information of leisure development in China.

序　言

　　呈现在您面前的这本"休闲绿皮书"是它的第四本，也是迟来的一本。

　　对于一部迟来的皮书，简要回顾下历程、缘由，也应该是一种必要的解释吧。"休闲绿皮书"的酝酿始于 2009 年 9 月。当时，中国社会科学院财经战略研究院（原财贸经济研究所）课题组受托组织研究、编撰国内首部休闲发展报告。经过各方努力，《2010 年中国休闲发展报告》（即"休闲绿皮书"）于 2010 年初得以问世，并获得了各方好评。在连续出版了三本"休闲绿皮书"的基础上，为了解决中国休闲领域权威数据空白的问题，2012 年下半年至 2013 年初，课题组又酝酿、推动并与相关机构合作完成了国内首个"国民休闲状况调查"，对人们的休闲时间、休闲态度、休闲动机、休闲活动、休闲消费、休闲制约、休闲满意度等进行了系统调查和全面分析。遗憾的是，由于各种原因，这项凝聚了课题组大量心血的研究未能公布于世，"休闲绿皮书"的编撰工作也暂时搁浅。值得庆幸的是，在杭州市旅游委员会的支持下，备受期待的"休闲绿皮书"今年终于得以恢复出版。

　　为了保持皮书的连续性，本年度书名调整为《2013～2015 年中国休闲发展报告》。和六年前一样，笔者试图围绕"刻画、解释、推动中国国民休闲发展"这一核心任务，在反映国民休闲生活、跟踪休闲相关政策、把握产业发展规律、推进休闲学术研究、借鉴国际发展经验等方面做出积极尝试；试图从休闲这个生动鲜活的视角，记录中国社会经济发展与社会科学研究的轨迹。

　　全书由总报告和二十余篇专题报告组成。总报告指出，2013～2015 年是中国休闲事业从模糊到明晰、休闲推进从概念到现实、休闲基础从局部到全局的重要阶段。中国休闲发展和中国整体改革大局紧密相连，国民正逐步形成稳定而积极的休闲观，休闲活动"各美其美"，城市休闲发展千姿百态，休闲相关产业蓬勃发展。根据主报告的测算，2014年中国休闲相关产业规模约为3.6万亿元，相当于社会消费品零售总额的13.8%，相当于GDP的5.7%，预计2015年中国休闲相关产业规模将突破4万亿元大关。除主报告外，二十余篇专题报告围绕不同话题，或根据专门的调查研究，或基于长期的观察积累，从不同视角提供了深入思考；而"海外借鉴"中针对国外带薪假期制度、日本休闲行政机构与休闲政策演变、加拿大游憩与公园政策等的分析，为读者了解国外发展提供了重要参考。

感谢杭州市旅游委员会的战略眼光与鼎力支持，感谢这些年和课题组一起坚守的作者们，共同的研究志趣和你们的奉献精神让我们得以栉风沐雨，砥砺前行；感谢对"休闲绿皮书"寄予厚望的读者们，正是你们殷切的目光让我们不敢懈怠，继续坚守；感谢社会科学文献出版社的同人们，你们的敬业精神和专业水准为本书提供了质量保障。

休闲是人类社会发展的指示器。在中国国民经济步入新常态、社会发展进入转型期、民生问题日益受到重视的今天，休闲已经成为越来越重要的社会、经济和文化现象，也成为了无法忽视的研究命题、政策主题和社会话题。我们期待与您携手共进，为促进休闲在中国的发展共尽绵薄之力。

宋　瑞

目 录

G I 总报告

G II 行业发展篇

Ｇ Ⅵ　海外借鉴篇

皮书数据库阅读**使用指南**

CONTENTS

ⅡⅤ   Theory and Discussion

ⅡⅥ   Overseas Perspective

总 报 告

GREEN BOOK

General Reports

G.1

2013～2015年中国休闲
发展与未来展望

中国社会科学院旅游研究中心课题组 *

　　休闲对中国国民而言，并非新事物，但休闲观念和休闲活动的逐步放开，却是改革开放以后才开始的。新中国成立初期，人们很难自由地探索休闲，践行其休闲的权利，也很少将休闲视为其天然的权利。改革开放的几十年，也是休闲理念逐步深入人心、休闲事业逐步推进、休闲质量日益提高、休闲权利逐项落实的几十年。2014～2015年，是中国休闲事业从模糊到明晰、休闲推进从概念到现实、休闲基础从局部到全局的重要阶段。当今，中国国民正逐步形成稳定而积极的休闲观，休闲活动汇成"各美其美"的休闲大观，城市休闲发展千姿百态，各逞其能，汇成美丽中国的休闲海洋。休

---

* 执笔人：金准、宋瑞。

闲发展和当前中国整体改革大局紧密联系在一起，休闲在改革进程中逐步越过土地、金融、人才等基本要素的种种界限和障碍，使生产力得到释放。休闲在中国的发展和变化，是中国社会演进和变迁的缩影，是当代中国最美好的图景之一。

一 休闲发展环境：推动国民休闲长期持续发展的结构性基础已经形成

中国休闲的发展环境，已经不是单一方面的独自推进，而是形成系统推进的格局。当前已经形成了由国家战略、宏观经济、国民需求、区域实践、公共服务、产业发展、国际环境、新闻舆论八个方面构成的结构性基石，推动国民休闲长期持续发展的基础已经形成。

（一）国家战略基础——《国民旅游休闲纲要（2013－2020年）》奠定全局性发展基础，休闲推进与国家改革合围

2013年2月18日，国务院办公厅正式面向社会发布《国民旅游休闲纲要（2013－2020年)》（以下简称《纲要》），从国家战略层面确立了休闲发展的战略高度，明确了发展主线，提出了立体的发展框架，休闲推进与国家改革合围，开启了中国休闲发展的新阶段。

1. 确立休闲发展的战略高度

《纲要》由国务院办公厅发布，将休闲发展定位于满足人民群众需求、促进社会和谐和提高国民生活质量，使保障休闲发展进入国家战略的层面，并超越了领域、行业、部门的局限。此外，与《纲要》同步推出的还有国家战略层面的其他一系列安排，如《社会保障"十二五"规划纲要》《国家基本公共服务体系"十二五"规划》《"十二五"国家战略性新兴产业发展规划》《关于深化收入分配制度改革若干意见》等。与此同时，一批区域发展规划和产业发展规划相继出台；一批区域分门别类的综合改革配套试验区，以及相关的政策、改革和试点分向、合围等，逐步构成越来

越清晰的国家战略。作为其中重要的组成部分，《纲要》的出台具有全局性的意义。

2. 明确社会与人共同发展的新主线

《纲要》界定了中国休闲发展的主线，即"按照全面建成小康社会目标的总体要求，以满足人民群众日益增长的旅游休闲需求为出发点和落脚点，坚持以人为本、服务民生、安全第一、绿色消费，大力推广健康、文明、环保的旅游休闲理念，积极创造开展旅游休闲活动的便利条件，不断促进国民旅游休闲的规模扩大和品质提升，促进社会和谐，提高国民生活质量"。这是一条民生发展的主线。以《纲要》为重要组成部分，国家启动了与经济发展并行的社会与人共同发展的新主线。在此新主线上，《纲要》设立的发展目标是，"到2020年，职工带薪年休假制度基本得到落实，城乡居民旅游休闲消费水平大幅增长，健康、文明、环保的旅游休闲理念成为全社会的共识，国民旅游休闲质量显著提高，与小康社会相适应的现代国民旅游休闲体系基本建成"。这是一系列人与社会逐步成熟发展的渐进目标。

3. 提出全方位保障休闲发展的立体框架

《纲要》提出了休闲发展的立体框架，从纲要发布后的休闲发展来看，除了落实带薪年休假仍有待推进，其他几个方面都有很大程度的提高。①保障国民旅游休闲时间，其中落实《职工带薪年休假条例》成为重点；②改善国民旅游休闲环境，主要包括大力推进博物馆、纪念馆、爱国主义教育示范基地、城市休闲公园等的发展，鼓励奖励旅游等；③推进国民旅游休闲基础设施建设，《纲要》指出要加强城市休闲公园、休闲街区、环城市游憩带、特色旅游村镇、家庭旅馆和经济型酒店，汽车旅馆、自驾车房车营地、邮轮游艇码头、公园绿地、公共场所无障碍设施建设等的建设；④加强国民旅游休闲产品开发与活动组织，鼓励开展城市周边乡村度假，积极发展自行车旅游、自驾车旅游、体育健身旅游、医疗养生旅游、温泉冰雪旅游、邮轮游艇旅游等旅游休闲产品，大力发展红色旅游；⑤完善国民旅游休闲公共服务，加强旅游休闲信息服务、交通服务、安全、卫生、人才等方面的保障；⑥提升国民旅游休闲服务质量，制定旅游休闲服务规范和质量标准，健全旅游休闲活动的安全、秩序和质量的监管体系，完善国民旅游休闲质量保障体系。

（二）宏观经济基础——经济结构引发休闲社会到来

人均GDP、城镇化率和服务业占GDP比重，是三个与休闲发展密切相关的基础性宏观数据，这三个数据几乎同步跨越前一阶段的临界点，构成了下一阶段休闲发展的宏观经济基础。

第一，人均GDP超过6000美元。2014年中国人均GDP达7589美元（按照IMF数据），已步入工业化后期的起步阶段，北京、天津、上海、浙江、江苏、内蒙古、广东、福建八省市人均GDP突破1万美元，基本进入后工业化时期。这一阶段的核心特点之一，是消费沿着衣食住行以及非物质消费的方向升级，这构成了当前中国休闲社会发展的基础。

第二，城镇化率超过50%。2011年，中国城镇化率首次突破50%，2014年中国城镇化率达到54.77%，城市型社会为主导，意味着价值观念和生活方式的巨大转变，休闲也因而进入中国公民的主流价值观，进而衍化出全新的生活方式。

第三，服务业占GDP比重超过工业。2013年中国服务业增加值占GDP比重首次超过工业，2014年这一比重达到48.2%，高出第二产业5.6个百分点，标志着中国服务经济社会的到来。

在这样的结构性转变中，中国国民收入稳步提升。2014年，全国居民人均可支配收入20167元，比上年增长10.1%。按常住地分，城镇居民人均可支配收入28844元，比上年增长9.0%；城镇居民人均可支配收入中位数为26635元，增长10.3%。农村居民人均可支配收入10489元，比上年增长11.2%；农村居民人均可支配收入中位数为9497元，增长12.7%。收入的提升带来消费的增长，2014年全国居民人均消费支出14491元，比上年增长9.6%。按常住地分，城镇居民人均消费支出19968元，增长8.0%；农村居民人均消费支出8383元，增长12.0%。国民收入的稳步增长为中国休闲大发展提供了坚实的经济基础。

（三）国民需求基础——正面的休闲观成为全民共识，休闲成为国民主体消费之一

国家旅游局 2015 年发布的《国民旅游休闲发展研究报告》显示，76.2% 的受访者认为休闲是基本权利，是缓解压力、幸福生活的重要内容，休闲消费和休闲时间增长明显。73% 的人认为旅游休闲是最心仪的休闲方式，正面的休闲观正成为全民共识。

伴随着经济发展和居民生活水平的提高，休闲已经成为国民主体消费之一，也成为中国内需构成中最重要的部分之一。据统计，2014 年中国全年社会消费品零售总额 262394 亿元，比上年增长 12.0%，扣除价格因素，实际增长 10.9%。按经营地统计，城镇消费品零售额 226368 亿元，增长 11.8%；乡村消费品零售额 36027 亿元，增长 12.9%。按消费类型统计，商品零售额 234534 亿元，增长 12.2%；餐饮收入额 27860 亿元，增长 9.7%。与休闲消费紧密相关的商品中，家用电器和音像器材类增长 9.1%，文化办公用品类增长 11.6%，汽车类增长 7.7%。汽车类零售额比上年增长 7.3%，文化办公用品类增长 17.7%，家用电器和音像器材类增长 7.2%。旅游消费方面，2014 年全年国内游客 36.1 亿人次，比上年增长 10.7%，国内旅游收入 30312 亿元，增长 15.4%。国内居民出境 11659 万人次，增长 18.7%，其中因私出境 11003 万人次，增长 19.6%。

（四）区域实践基础——全面铺开的休闲推进格局

近年，中国休闲管理由点及面，从基础到全局，从中央到地方，整体轮廓愈发凸现，其中主要的热点和焦点包括如下几个方面。

1. 带薪休假工作的推进

推进带薪休假，为国民休闲松绑，是近年休闲管理的工作重点。《纲要》发布后，2014 年国务院印发的《关于促进旅游业改革发展的若干意见》再次明确，要强化全社会依法休假理念，将带薪年休假制度落实情况纳入各地政府议事日程，作为劳动监察和职工权益保障的重要内容，推动机关、企

事业单位加快落实职工带薪年休假制度。在此要求下，地方启动新一轮的带薪休假推进工作，如山东省四部门联合出台落实带薪休假的保障举措，加强对带薪休假制度落实情况的监督检查；重庆市出台《纲要》实施意见指出，到 2020 年，重庆全面落实职工带薪休假制度，构建起全市旅游休闲产业体系和政策保障机制，基本建成国内外知名旅游休闲目的地。2015 年，湖南省、兰州市、哈尔滨市等地相继出台机关事业单位工作人员带薪休假实施细则；北京市发布《北京市贯彻落实〈国民旅游休闲纲要（2013－2020 年）〉实施意见》，提出到 2020 年，全市职工带薪休假制度将基本得到落实。

2. 休闲促进

地方政府近年着力推进休闲发展。浙江省旅游局与浙江省体育局在杭州签署了《加强运动休闲旅游产业战略合作框架协议》，深化旅游部门与体育部门在休闲领域的沟通交流与合作，推进运动休闲旅游。2013 年，衢州市创建"首个国家休闲区创建试点城市"获得成功。2014 年，杭州发布实施《特色休闲示范点服务规范》，规定了美食、茶楼、康体养生、美发美容、文化娱乐、运动休闲和特色购物七大类示范点商品及服务的标准，成为国内首个"城市休闲示范点标准"。北京奥林匹克公园、西安曲江新区、青岛市南区、南京夫子庙、宁波老外滩等 8 个城市片区被全国休闲标委会认定为首批"城市中央休闲区"。上海举办了以"走进美丽乡村，体验农游乐趣"为主题的"2014 长三角休闲农业与乡村旅游博览会"，吸引了大批市民游客前往。山东省政府办公厅印发了《关于推进"海上粮仓"建设的实施意见》，明确将休闲垂钓基地建设工程作为推进实施"海上粮仓"建设的五大重点工程之一，进一步将建设"海上粮仓"与发展海洋旅游结合起来。山西省旅游局联合山西省委宣传部等十余个部门，推出了"2014 山西百佳休闲旅游产品"。

3. 节事推动

2013 年 5 月，浙江省农业厅、浙江省旅游局在杭州联合召开"美丽田园·魅力农业"2013 年度浙江休闲农业推介会。在此推介会上，全省 25 个休闲农业农事节庆、12 条精品旅游线路和 100 个休闲观光农业示范区精彩亮相，在展现浙江田园山水瑰丽景致与乡俗民风神奇魅力的同时，显示出浙江省大力发展乡村休闲农业的丰硕成果。2013 年 5 月 18 日至 11 月 8 日，第九届中国国际园林博览会在北京召开，大型的休闲活动与园林文化相结合，同时与永定河治理、北京城南计划等紧密联系，休闲成为推进社会重大事项的动力源。2014 年，杭州举办了为期 24 天的第十六届西博会中国杭州市民休闲节，以"美丽杭州品质生活"为主题，除首日的西博会旅游节开启活动、特色线路发车仪式及体验优惠活动外，休闲节期间杭州主城区和各县市相继推出了 44 项系列活动；江苏举办了"江苏乡村旅游节暨首届福地句容·田园绿道休闲节"；2015 年，宁波东钱湖举办第七届中国湖泊休闲节，分散在 5～10 月的湖岸休闲黄金时间里，包括"首届中国东钱湖国际湖泊帆船公开赛"、"2015 全民休闲皮划艇大赛"、"首届东钱湖露营大会"、"湖泊休闲论坛"、"东钱湖骑游大会"、"东钱湖乡村美食荟"和"2015 中国国际房车露营大会（宁波站）"七大主题 20 余项活动。浙江省体育局、上海市体育局、江苏省体育局和安徽省体育局共同主办了"长三角运动休闲体验季"，走进浦江、溧阳、溧水、台州、休宁、江山、仪征、上海八座城市。重庆举办了"第五届重庆农家乐乡村旅游休闲节"。节事已经成为推进休闲的重要载体，越来越花样繁多，也吸引了越来越多休闲客的参与。

（五）公共服务基础——逐步覆盖城乡的休闲基础服务体系

休闲相关的公共服务，既包括基础公共服务，也包括旅游、文化娱乐、体育健身、休闲餐饮相关的专项公共服务。近年，中国各级政府大力提升公共服务水平，推进公共服务均等化，并着力发展相关的专项公共服务，形成了覆盖城乡的休闲基础服务体系，有力地推进了休闲事业和产业的发展。

1. 基础公共服务体系

2012 年 7 月，中国发布《国家基本公共服务体系"十二五"规划》，对保障基本民生需求的教育、就业、社会保障、医疗卫生、计划生育、住房保障、文化体育等领域的公共服务；以及与人民生活环境紧密关联的交通、通信、公用设施、环境保护等领域的公共服务；以及保障安全需要的公共安全、消费安全和国防安全等领域的公共服务均纳入其中，建立了系统性的规划和布局，特别将公共文化体育纳入基础公共服务的范畴中，提出国家要"建立公共文化体育服务制度，保障人民群众看电视、听广播、读书看报、进行公共文化鉴赏、参加大众文化活动和体育健身等权益"。

2. 旅游公共服务体系

2011年，国家旅游局发布了《中国旅游公共服务"十二五"专项规划》，提出"到十二五期末，基本完善旅游信息咨询服务体系、旅游安全保障服务体系、旅游交通便捷服务体系、旅游便民惠民服务体系、旅游行政服务体系等5大体系"，从实际效果看，旅游公共服务的推进坚实有效。

3. 文化公共服务体系

2015年，中共中央办公厅、国务院办公厅印发了《关于加快构建现代公共文化服务体系的意见》，提出"到2020年，基本建成覆盖城乡、便捷高效、保基本、促公平的现代公共文化服务体系，公共文化设施网络全面覆盖、互联互通，公共文化服务的内容和手段更加丰富，服务质量显著提升，公共文化管理、运行和保障机制进一步完善，政府、市场、社会共同参与公共文化服务体系建设的格局逐步形成，人民群众基本文化权益得到更好保障，基本公共文化服务均等化水平稳步提高。"

4. 体育公共服务体系

2014年10月，国务院发布《关于加快发展体育产业促进体育消费的若干意见》，提出到2025年要实现"人均体育场地面积达到2平方米，经常参加体育锻炼的人数达到5亿，体育公共服务基本覆盖全民"的目标。

（六）产业发展基础——加速、转化和创新中的休闲产业

从休闲发展的产业基础看，基本形成加速、转化、创新三种态势，围绕休闲加速形成产业集群，产业环境更为成熟。

1. 加速形成产业新格局

2012年以来，休闲领域的大投资继续成为热点，多方面资本的进入令

休闲投资异常兴盛①。以旅游业为例，据国家旅游局发布的《2014年全国旅游业投资报告》显示，2014年全国旅游业实际完成投资7053亿元，同比增长32%，比第三产业投资增速高15个百分点，较全国房地产投资增速高21个百分点。全国10亿元以上的在建旅游项目有1749个，实际完成投资4402亿元，占全国的62.4%；投资额50亿元以上的在建旅游项目有341个，实际完成投资1791亿元，占全国的25.4%；投资额100亿元以上的旅游项目有165个，当年完成投资1013亿元，占全国的14.4%。全国投资规模最大的十个旅游项目有：山东德州马颊河生态岛项目、云南江川仙湖锦绣项目、吉林松花湖国际旅游度假区项目、重庆龙水湖国际休闲度假区项目、安徽江北旅游休闲度假区项目、浙江泰顺县廊桥-氡泉旅游度假区项目、甘肃仁寿山风景旅游区项目、宁夏三沙源国际生态旅游及休闲度假园项目、河北北戴河新区国际旅游度假中心项目、四川攀枝花阿署达花舞人间景区开发项目，以上项目投资规模都超过100亿元。从业态分布看，资金流向主要集中在休闲度假、文化旅游、生态旅游等产品建设。2014年度假类产品投资占全部的比重为19.3%，文化旅游产品为14.5%，生态旅游产品为13%。乡村旅游、体育旅游、森林旅游项目投资增幅较大，较去年同期分别增长69%、61.8%和47.3%。红色旅游、海洋旅游、商务旅游、邮轮游艇和医疗健康旅游也受到投资商的青睐。大型休闲投资遍布全国，业态上与商业、金融、文化、地产等产业对接，内与旅游休闲领域各种业态相融，迅速形成项目带动的产业集群。这在推动休闲相关产业发展的同时，也存在较大的投资风险。

2. 相关生产要素迅速转化为休闲产业资源

目前休闲产业已经形成大发展、大融合的广义发展格局，相关生产要素资源围绕着越来越成熟的产业基础，整合进入休闲产业，转化为休闲产业资源。目前的广义休闲产业，融合了农业、工业、文化、交通、传媒业和信息

---

① 以下资料整理自"文化部文化产业投融资公共服务平台"，http：//www.ccipp.org及"第一旅"。

产业等多种行业，交叉形成农业旅游、工业和工业遗产旅游、文化旅游、旅游交通、旅游传播、智慧旅游、文化娱乐、在线文娱、新型体育健身、新型休闲餐饮等多种新业态，成为交叉复合的产业容器。以休闲农业的发展为例，2014 年全国休闲农业中的农家乐、民俗村、休闲农园、休闲农庄等经营主体超过 180 万家，其中农家乐超过 150 万家，年接待人数达 10 亿人次，营业收入达 3000 亿元，带动 3000 万农民就业①，休闲和农业相融合，产生了巨大的产业效应。

3. 产业形态不断创新

2015 年 7 月，国务院发布《关于积极推进"互联网＋"行动的指导意见》，提出"到 2018 年，互联网与经济社会各领域的融合发展进一步深化，基于互联网的新业态成为新的经济增长动力，互联网支撑大众创业、万众创新的作用进一步增强，互联网成为提供公共服务的重要手段，网络经济与实体经济协同互动的发展格局基本形成。到 2025 年，'互联网＋'新经济形态初步形成，'互联网＋'成为中国经济社会创新发展的重要驱动力量"。特别要"发展'互联网＋'益民服务，创新政府网络化管理和服务，大力发展线上线下新兴消费和基于互联网的医疗、健康、养老、教育、旅游、社会保障等新兴服务"。在"互联网＋"的大潮下，休闲产业的形态在不断创新，O2O 的发展集中在居民休闲相关的服务业上，从中迸发出巨大的产业动能，成为新技术创新中的重要领域（见表 1）。

表 1　2015 年以来"互联网＋休闲"相关投资事件

受资方	投资方	所属行业	投资金额	投资时间
同程旅游	腾讯产业共赢基金/中信资本	网络旅游	RMB 24.2 亿	2015 - 07 - 03
龙渊网络	东方星空创投	手机游戏	RMB 1 亿	2015 - 07 - 02
雷云科技	非公开	手机游戏	RMB 250 万	2015 - 06 - 15
欧迅体育	华夏资本	其他	RMB 250 万	2015 - 06 - 10

---

① 杨晓：《"互联网＋"助休闲农业破瓶颈》，《中国旅游报》2015 年 6 月 8 日。

续表

受资方	投资方	所属行业	投资金额	投资时间
去哪儿网	银湖/非公开	网络旅游	USD 5亿	2015-06-02
客路旅游	非公开	网络旅游	USD 150万	2015-06-02
生活圈C	蓝湖资本	电子商务	USD 1600万	2015-06-01
我有外卖	深圳创新投	电子商务	非公开	2015-05-28
百合网	非公开	网络社区	非公开	2015-05-20
明星衣橱	Star VC	手机购物	非公开	2015-05-14
途牛旅游网	DCM资本/弘毅投资/红杉/淡马锡	网络旅游	USD 1.3亿	2015-05-10
河狸家	麦星投资/IDG资本/启明创投/光信资本/宽带资本	其他	USD 4950万	2015-04-23
华闻传媒	汇垠澳丰	文化传播	RMB 14.1亿	2015-04-17
音悦台	非公开	网络视频	USD 3500万	2015-04-10
酒店哥哥	非公开	其他	USD 100万	2015-03-24
舒服吧	非公开	无线互联网服务	RMB 500万	2015-03-23
基美影业	天星资本	电影制作与发行	RMB 5300万	2015-03-19
FUN图片社交	德同资本	手机SNS	USD 150万	2015-03-16
链农互动	红杉	手机购物	USD 800万	2015-03-12
蜻蜓fm	非公开	无线音乐	USD 1000万	2015-03
高尔夫Plus（G+）	天使投资人	网络服务	RMB 100万	2015-02-13
盛游网络	德迅投资	网络游戏	RMB 100万	2015-02-10
车生活	东方弘道	电子商务	RMB 500万	2015-02-10
凤凰国旅	深圳基石资本/君联资本/正源策略	旅游	非公开	2015-02-04
洛合体育	青松基金	其他	非公开	2015-01-29
布拉旅行	非公开	网络旅游	RMB 300万	2015-01-29
火辣健身	景林资产	无线互联网服务	非公开	2015-01-29
爱滑雪	非公开	电子商务	非公开	2015-01-04
喜马拉雅	华山资本/宽带资本/海纳亚洲/凯鹏华盈/西瑞雅	无线音乐	USD 3300万	2015-01-01
筷乐旅行	梅花天使创投	互联网	RMB 400万	2015-01-01

资料来源：www.pedaily.cn。

（七）国际环境基础——拓宽的休闲发展视野、战略和平台

2008年爆发的国际金融危机，从实力消长、经济平衡和治理体系等多

重意义上对当代世界经济文化格局产生了重大影响，发达与发展中国家间经济实力消长显著，世界经济的分工体系也发生了重大变化。旧的分工体系格局中，美国等发达国家为主要消费市场，新兴国家为全球制造基地，资源富裕国家为全球初级产品提供者的垂直分工体系特征明显，危机爆发后，全球价值链环节发生重置，全球价值链治理者易主，以中国为代表的新兴经济大国的全球影响力趋于上升[①]。亚投行和"一带一路"两大战略的推出，标志着中国正在主动塑造适应自身发展的国际格局，这样的新发展格局，也为中国休闲发展提供了新的视野和平台，休闲相关的要素资源在走出去，也在引进来，特别是旅游和文化将成为中国新国际战略中的重要方面。

（八）新闻舆论基础——民众热议，基础形成

休闲消费中的各种问题正成为公共话题，引起最热烈的讨论，从而形成坚实的休闲推进的新闻舆论基础。2013 年 4 月，凤凰古城实行新的门票政策，向游客收取门票费 148 元，引起关于景区门票的新一轮热议；小长假来临，网友一起在网络上设计方案，研究"凑小长假为长假"的可能性；2014 年，巴西世界杯牵动人心，短短一个月的时间里全国超过 7.9 亿观众通过央视收看世界杯赛事和相关栏目，累计收视时长超过 34 亿小时；中国旅游报社首次组织发起的"中国休闲 30 人"评选，来自旅游、文化、文物、演艺、收藏、摄影、景区、酒店、温泉、登山、垂钓、游泳、游艇、养生、邮轮、建筑、保健、媒体、网络等休闲产业领军人物，代表全国休闲的细分行业和诸多业态，发布养马岛宣言，提出"休闲是人类的本能和权利，大力推动国民休闲是时代进步的标志，有利于舒缓现代社会的紧张节奏，寓休于闲、寓学于游，彰显'以人为本'，有利于充实丰富全面小康的内涵，提高全民生活品位与质量，让国民更好地分享改革开放成果，有利于妥善处理生产与生活关系，加快发展方式的调整和转变，更好地实现现代服务业科

---

① 张幼文、徐明棋主编《开放升级的国际环境——国际格局变化与全球化新趋势》，上海社会科学出版社，2013。

学发展。"休闲成为众多媒体关心的头条大事，《中国好声音》《我是歌手》《爸爸去哪儿》等新形态综艺节目成为最火热的文化热点。莫言获诺贝尔奖，其代表作《檀香刑》《生死疲劳》等小说成为读者抢购的目标，引领了新的文化休闲方向，其故居的旅游开发也受到公众关注，一举一动都成为电视银屏上的文化娱乐热点；《妈妈咪呀！》《猫》等音乐剧在各地巡演；赖声川的话剧走出都市，和黄磊、孟京辉联手打造的首届乌镇戏剧节连开11天，创造了话剧的盛会；新的餐饮节目和热门餐馆不断占据人们的注意力，《舌尖上的中国》通过饮食引发人们对乡土中国的关注，各种各样大众点评的餐饮榜单变为人们休闲生活的重要参考。

二 休闲相关产业的规模与特征

（一）休闲相关产业规模

按照综合测算，2014年中国休闲产业规模约为3.6万亿元，相当于社会消费品零售总额的13.8%，相当于GDP的5.7%，预计2015年中国休闲产业规模将突破4万亿元大关。当然，这只是在统计数据欠缺条件下按照窄口径所做的估算，其精准程度有一定局限性。

（二）中国休闲核心产业发展特征

1. 旅游休闲

经历了2013年"破"与"立"的调整，面对世界经济复苏乏力、全球旅游稳定增长的国际背景，以及全面深化改革启动、国民经济步入新常态、各种消费新政不断推出、国家级新区空前增多的国内环境，2014年，中国旅游发展经历了深刻变革。在政策层面，新的纲领性文件得以颁布，行政审批进一步精简，综合改革全面推进；在市场层面，民众出游呈现新的特征，需求旺盛且呈多元化发展，各种消费亮点精彩纷呈；在产业层面，旅游再次成为投资热土，新的龙头企业正在涌现，同业、跨业之间形成新的竞合格局，平台化战略成为竞争趋势；在社会层面，旅游再次成为舆论热点，百姓对旅游的新期盼成为旅游业者奋斗的新目标；在热点层面，智慧旅游走向实践创新，国家公园成为讨论热点，贸易赤字引起新的争论，遗产保护面临新的任务。展望未来，在"科学旅游观"的引领下，中国旅游应以法治化和社会化为两大保障，处理好事业与产业、政府与市场、部门与综合、外延与内涵、中国与世界五大关系，在国民经济、社会发展、民生福祉、对外交流、国家形象等方面发挥更加重要的作用，并步入"以理性引导繁荣，以内涵带动外延"的崭新发展阶段。

2014 年，国务院发布《关于促进旅游业改革发展的若干意见》（简称31 号文件）。这是继 2009 年《关于加快发展旅游业的意见》（简称 41 号文件）和 2013 年的《国民旅游休闲纲要》《中华人民共和国旅游法》之后，国家出台的又一个促进旅游发展的纲领性文件。此后，经国务院同意，国务院旅游工作部际联席会议（简称联席会议）制度得以建立。在地方层面，全国 31 个省区市均提出要把旅游业打造为支柱产业，其中 24 个提出要建设战略性支柱产业。为统筹旅游业发展，北京、海南、云南、江西、广西、西藏等省份还成立了省级旅游发展委员会。

旅游综合改革方面，地方上已经走出探索的步伐，2010 年启动试点以来，截至 2014 年 6 月，全国共有 9 个国家级旅游综合改革试点市（县），包括 1 个省级旅游综合改革试点城市（北京市）、5 个首批旅游综合改革试点城市（成都、秦皇岛、舟山、张家界及桂林市）、3 个旅游综合改革试点市（县）（峨眉山市、桐乡市、延庆县）。

从旅游消费来看，目前中国旅游已进入空前普遍化和多元化的时代。从消费群体看，出游群体越来越广泛，旅游者从少数群体变为普通大众，社会各个阶层都参与到旅游活动中来。从消费频次看，出游频次越来越频繁，旅游已经从偶然性活动变成必需性、经常性消费。从消费心态看，出游期望越来越高，人们对旅游消费和旅游体验的质量要求也日益提高。从旅游活动的方式、层级、空间和时间上，则更加分散和多元。近年旅游消费亮点众多，各美其美，精彩纷呈。传统的景区景点观光、历史文化旅游、游山玩水等依然备受欢迎；中医药旅游、养生保健游、体育健身游、户外探险游、工业遗产游、会展奖励旅游、研学旅行与修学旅游等也蓬勃发展；自驾车游、房车游、邮轮游艇旅游、低空飞行旅游等同样热闹非凡。

2. 文化休闲：走向文化兴国、文化惠民的新阶段

首先，文化领域顶层设计逐步展开。2011 年，党的十七届六中全会通过《中共中央关于深化文化体制改革、推动社会主义文化大发展大繁荣若干重大问题的决定》之后，文化领域的顶层设计逐步展开。此后，中国出台和发布了《文化部"十二五"时期文化改革发展规划》《文化部"十二五"时期文化产业倍增计划》《文化部关于鼓励和引导民间资本进入文化领域的实施意见》《文化产品和服务出口指导目录》《"十二五"时期国家动漫产业发展规划》《文化部"十二五"时期公共文化服务体系建设实施纲要》《全国文化信息资源共享工程"十二五"规划纲要》《全国公共图书馆事业发展"十二五"规划》《关于支持转企改制国有文艺院团改革发展的指导意见》《关于推动特色文化产业发展的指导意见》等一系列重要文件。其中文化部印发的《文化部"十二五"时期文化改革发展规划》，从加强文化产品创作生产的引导、加强构建公共文化服务体系、加强文化遗产保护利用和传承、推动文化产业成为国民经济支柱性产业、完善文化市场监管体系、加强对外文化交流与贸易、推动文化体制机制改革创新、加强文化人才队伍建设等多方面对文化领域的发展进行设计，并提出"十二五"期间的一系列具体发展目标，这些目标的达成对中国休闲事业和产业的发展均具有实质性的推动作用。①"十二五"期间，推出 100 部以上深受人民群众喜爱、久演不衰的优秀保留剧目和精品剧目，保护和扶持 60 个左右全国重点地方戏曲院团，扶持创作 60 台左右优秀地方戏剧目，30 台左右优秀京剧剧目，挖掘整理改编 20 台左右优秀昆曲剧目，重点扶持 20 台左右交响乐、15 台左右歌剧（音乐剧）、10 台左右舞剧（芭蕾舞剧），扶持 10 个左右全国重点美术馆。②到"十二五"期末，全国 60% 以上图书馆达到部颁三级以上评估标准，全国 60% 以上省市群艺馆、文化馆达到部颁三级以上评估标准；基本实现全国所有地市级城市均有设施达标、布局合理、功能完善的公共图

书馆、文化馆。③"十二五"期间，文化部门管理的文化产业增加值年平均现价增长速度高于20%，2015年比2010年至少翻一番，实现倍增；建成10家左右具有重大影响的国家级文化产业示范园区，培育100个左右特色鲜明、主导产业突出的特色文化产业集群，培育30家左右上市文化企业，形成10家左右全国性或跨区域的文艺演出院线，打造3~5个具有国际影响的文化产业展会。④到"十二五"期末，全国博物馆总数达到3500个，免费开放博物馆总数达到2500个，文化遗存较丰富的地市级以上中心城市拥有1个功能健全的博物馆；新设立20个国家级文化生态保护区，在非物质文化遗产资源丰富的地区建设100个非物质文化遗产保护利用设施。⑤在国际、多边、双边等场合举办国家级重大涉外文化活动30项以上，邀请500名国际文化名人与1000名青少年文化使者来华访问，对外文化援助的受援国家达20个以上。海外中国文化中心形成合理布局，到"十二五"期末，总数达到25~30所。此外，由国家发展改革委、文化部和国家文物局共同研究编制的《全国地市级公共文化设施建设规划》正式印发。该《规划》是在顺利完成"十五"县级公共图书馆文化馆建设、"十一五"乡镇综合文化站建设规划的基础上，针对地市级公共图书馆、文化馆和博物馆建设出台的专项规划，是完善公共文化服务体系的重要内容。

其次，文化与休闲相结合，令文化可以惠民，可以利民。重点文化惠民工程是推进公共文化服务体系建设的重要抓手，文化部将以六项举措加大文化惠民力度：①联合有关部门，积极推动工人文化宫、青少年宫等校外活动场所、妇女儿童活动中心和科技馆等免费开放工作。②进一步推动国家公共文化服务体系示范区（项目）创建工作。对第一批示范区创建工作进行验收，把人民群众是否满意作为示范区创建成功的重要指标。筹备开展第二批公共文化服务体系示范区（项目）创建。③转变全国文化信息资源共享工程服务方式，规划建设国家公共文化数字支撑平台，打造一批具有全国影响力的品牌项目，提高服务效能。④全面加快实施"数字图书馆推广工程"，加快构建覆盖全国的数字图书馆服务体系。⑤全面推进公共电子阅览室免费开放，进一步提升乡镇（街道）、社区公共电子阅览室服务能力。⑥进一步开展"大地情深"——国家艺术院团志愿服务走基层活动，组织国家艺术院团（馆）作为志愿单位赴基层演出，实现院团优质文化资源与基层群众实际文化需求的有效对接，将高雅艺术送到城乡基层群众之中。

再次，文化休闲产业正成为新的增长点。据新闻出版广电总局电影局通报，2014年中国故事影片产量618部，全国电影总票房296.39亿元，同比增长36.15%，其中国产片票房161.55亿元，占总票房的54.51%。影院建设继续保持快速增长，全年新增影院1015家，新增银幕5397块，日均增长15块银幕，全国银幕总数已达2.36万块，中国已成为世界第二大电影市场并不断缩小与北美市场的差距①。产业方面，有近30家院线收入超过1亿，其中万达院线年票房收入达31.61亿，并已完成其全国的产业布局，从成长性来看，中国前10院线近5年来票房持续增长，其中增加强劲的院线为万达、大地电影院线、广州金逸珠江、浙江横店及中影数字院线5家，复合增长超过30%，投资上，电影产业呈激烈竞争之势，万达等全国院线以外，地方诸侯以接近50%以上的速度在扩张②。

最后，文化与科技融合产生新的休闲产业增长点。中国正力推文化与科技的融合，启动了国家文化科技创新工程项目，着手命名文化和科技融合示范基地。《文化部"十二五"时期文化改革发展规划》提出，"十二五"期间，安排150个左右重点科技攻关项目、300个左右基础科研项目、75个科技转化推广项目。国家社科基金艺术学项目立项600个、文化部文化艺术科学研究项目立项300个。《国家文化科技创新工程纲要》指出，当前科技与文化融合态势凸显，主要由数字技术和网络信息技术掀起的高科技浪潮在改造提升传统文化产业的同时，还催生了一大批新的文化形态和文化业态。科技已交融渗透到文化产品创作、生产、传播、消费的各个层面和关键环节，

---

① 中金在线，《2014年中国电影总票房296亿，国产占比过半》，http：//news.cnfol.com。
② 腾讯财经、九次方大数据，《2014年中国城市电影院线产业排行榜》。

成为文化产业发展的核心支撑和重要引擎，文化产业国际化竞争趋势日益明显。在此背景下，要"围绕促进社会主义文化大发展大繁荣的重大科技需求，深入实施科技带动战略。突破一批共性关键技术，增强自主创新能力，以先进技术支撑文化装备、软件、系统研制和自主发展，提高重点文化领域的技术装备水平；加强文化领域技术集成创新与模式创新，推进文化和科技相互融合，促进传统文化产业的调整和优化，推动新兴文化产业的培育和发展，提高文化事业服务能力，加强科技对文化市场管理的支撑作用；开展文化科技创新发展环境建设，建设一批特色鲜明的国家级文化和科技融合示范基地，培育一批创新能力强的文化和科技融合型领军企业，加强文化领域战略性前沿技术前瞻布局，培养一大批文化科技复合型人才，培育发展以企业技术创新中心、技术创新战略联盟、专业孵化器、大学科技园、工程（技术）研究中心为核心，以科研院所和高校为重要支撑的文化科技创新体系。"2012 年 5 月，科技部、中宣部、文化部、广电总局、新闻出版总署五部门联合宣布了首批国家级文化和科技融合示范基地名单，北京中关村国家级文化和科技融合示范基地等 16 家基地，被认定为首批国家级文化和科技融合示范基地，文化与科技进入实质性融合阶段，形成休闲产业新的增长点。

3. 体育休闲：新格局推动新发展

首先，"大群体－大消费新格局"推动体育休闲发展。国家体育总局在 2012 年初发布了《〈全民健身计划纲要〉实施十五年》，指出全民健身的发展需求与社会所能提供的体育资源相对不足间的矛盾依然突出，公共体育事业投入不足，基层公共体育服务能力薄弱，公共体育服务的均等化差距较大，青少年体育锻炼普遍不足，这都是急需解决的问题。在此背景下，政府主导、部门协同、全社会共同参与的"大群体"格局成为推动体育休闲的重要方式。目前，中国体育休闲的发展已经跳出了单一部门推动的格局，政府与社会共推，体育总局与国家旅游局等部门之间的合作日益加强，中央和地方相互配合，使得体育休闲走上健康发展的轨道。2014 年，国务院发布了《关于加快发展体育产业促进体育消费的若干意见》，提出"到 2025 年，基本建立布局合理、功能完善、门类齐全的体育产业体系，体育产品和服务更加丰富，市场机制不断完善，消费需求愈加旺盛，对其他产业带动作用明显提升，体育产业总规模超过5万亿元，成为推动经济社会持续发展的重要力量。"

其次，深入推进《全民健身计划纲要》。全民健身公共服务体系逐步建立和完善，体育设施遍布城乡，按照《第六次全国体育场地普查数据公报》发布的数据，截至2013年底，全国共有体育场地169.46万个，用地面积39.82亿平方米，建筑面积2.59亿平方米，场地面积19.92亿平方米。以2013年底全国总人口13.61亿人（不含港澳台地区）计算，平均每万人拥有体育场地12.45个，人均体育场地面积1.46平方米。与第五次全国体育场地普查（截至2003年12月31日）相比，十年来，全国体育场地数量增加84.45万个，用地面积增加17.32亿平方米，建筑面积增加1.84亿平方米，场地面积增加6.62亿平方米；人均场地面积增加0.43平方米，每万人拥有体育场地数增加5.87个。在新的体育事业和产业的发展过程中，雪炭工程、全民健身活动中心、体育公园、体育健身广场、全民健身户外营地、社区运动场、健身步道等遍布全国。全民健身组织化水平不断提高，各级各类体育社团、体育指导站、全民健身活动站点、城市街道和农村乡镇体育组织、青少年体育俱乐部等逐年增多并日益活跃。社会体育指导员、全民健身志愿服务队伍不断壮大。全民健身活动广泛开展，全国经常参加体育锻炼的人数比例达到28.2%。

最后，标准化与大小节事成为推动体育休闲发展的双引擎。一方面，标准化成为推动体育休闲发展的重要引擎，21个体育场所开放条件与技术要求国家标准已报国家标准委审批，相关项目从业人员职业资格考核的准备工作进展顺利；另一方面，大小节事亦成为推进体育休闲发展的另一种方式。中国成功举办了第30届中国国际体育用品博览会和第6届中国体育旅游博览会，各地也深入开展全民健身活动，根据地方、行业特色和群众需求开展"一地一品牌"和"一行业一品牌"全民健身活动，很多省市举办了各具特色的全民健身运动会。

4. 其他休闲

首先，餐饮产业进入重要转型期①。餐饮方面，2012年中国餐饮业实现收入23448亿元，同比增长13.6%。由于中央发布"八项规定""六项禁令"，指出要"严禁用公款搞相互走访、送礼、宴请等拜年活动""严禁违反规定收送礼品、礼金、有价证券、支付凭证和商业预付卡""不准借用各种名义组织和参与用公款支付的高消费娱乐、健身活动""严禁超标准接待"，切断了高端商务餐饮的一部分收入来源，使餐饮产业进入重要的转型期。中国烹饪协会发布的《餐饮行业形势分析》报告显示，2012年，北京大型快餐连锁企业同比增幅维持在10%左右，比上年大为下降，新门店扩张完成计划比例仅为30%左右，本土快餐品牌利润不及8%，很多品牌餐饮企业出现门店因难以为继而关闭情况。2012年，在有"黄金周"的10月，餐饮业增速更是跌到了全年的最低谷，仅同比增长了2.9%。收入的下降使餐饮业结构性矛盾凸现，房租高、人工费用高、能源价格高、原材料成本高和利润低的"四高一低"使旧有餐饮业运营模式受到很大挑战。在这样的背景下，餐饮业在快速调整，一些餐饮企业选择了重新定位。例如湘鄂情，在其传统结构中，高端市场占了30%，在新的市场环境下，湘鄂情宣布将停售高端海鲜类菜品，主打平价海鲜、湖鲜及河鲜，部分菜品、果汁销售价格及高中低档菜品的比例也将调整，以吸引普通大众消费群体。湘鄂情还以1.35亿元收购上海齐鼎餐饮集团"味之都"90%的股权，正式杀入快餐连锁市场，并在北京实现开店。其他企业则选择了抱团取暖，餐饮企业之间在中央厨房、产品互补供应上相互合作，降低了餐饮企业一家一式各自为政的安全风险。例如，金百万开始从眉州东坡采购香肠，嘉和一品也和北京吉野家合作，为北京区域的吉野家各门店提供粥品，金百万和眉州东坡还联合对员工进行培训。一些地方和企业则谋划搭建营销平台，例如北京烹饪协会举办了餐饮博览会、前门美食节等，北京餐饮业协会举办了美食文化节，北京西餐业协会举办了西餐美食节，全聚

---

① 资料来自中国烹饪协会《餐饮行业形势分析》及凤凰财经报道。

德集团结合中秋、国庆、新年、春节、元宵节等节日集中的时机,掀起"五节连销"的营销热潮,让在京直营店和食品生产及零售门店形成"一条龙"的促销链。

三　中国休闲发展趋势与相关建议

(一)发展趋势

1. 休闲受到国民重视,"中国休闲者"正在形成

2012 年,网易旅游联合中国旅游经济研究中心,以网络调查问卷的形式对国民休闲现状进行了一次抽样调查,形成了《国民休闲状况及特征调研报告》。报告数据显示,不同年龄、学历、收入水平、职业、家庭状况的群体,都将休闲作为重要的生活方式,都具有一定频率的日常休闲消费和活动。尽管在具体的休闲行为和方式上有所不同,但对休闲的偏好和认可一致。从勤劳的纯粹工作者起始,中国人开始拥有休闲时间,更多地追逐休闲、发展休闲。休闲成为中国人实现自我的重要方式,读书、看报、交友、喝茶、逛街、聊天、听音乐、看电影、登山、健身,走出国门观光旅游,每一种休闲活动都在逐步形成中国风格,而休闲活动也在不断提升凝结成当代文化。"中国休闲者"正在逐步形成,并将成为概括中国人特点和气质的重要形容词之一。

2. 国民休闲得到更多保障

十八大报告指出,"必须坚持促进社会和谐。社会和谐是中国特色社会主义的本质属性。要把保障和改善民生放在更加突出的位置,加强和创新社会管理,正确处理改革、发展、稳定关系,团结一切可以团结的力量,最大限度增加和谐因素,增强社会创造活力,确保人民安居乐业、社会安定有序、国家长治久安"。民生对现阶段中国的发展具有非常重要的战略意义,也为中国的休闲发展增添了新的内涵。近年来,中国休闲水平获得了长足的发展,休闲发展的重点,落到了公共服务的改进上来。2012 年 7 月,中国

发布《国家基本公共服务体系"十二五"规划》，提出"把基本公共服务制度作为公共产品向全民提供，着力保障城乡居民生存发展基本需求，着力增强服务供给能力，着力创新体制机制，不断深化收入分配制度改革，加快建立健全符合国情、比较完整、覆盖城乡、可持续的基本公共服务体系，逐步推进基本公共服务均等化"。"学有所教、劳有所得、病有所医、老有所养、住有所居"，是国家公共服务体系的发展取向，也为"人得其闲"提供了重要的保障。

3. 服务业为休闲发展提供了重要支撑

休闲发展的重要支撑是中国服务业的整体发展。2012年12月，中国发布《服务业发展"十二五"规划》，提出"到2015年，服务业增加值占国内生产总值的比重较2010年提高4个百分点，成为三次产业中比重最高的产业"的目标，并将工作重点放在提升服务业水平上，并提出要"围绕满足人民群众多层次多样化需求，大力发展生活性服务业，丰富服务供给，完善服务标准，提高服务质量，不断满足广大人民群众日益增长的物质文化生活需要"，为了迎接服务经济的到来，大力发展服务业已经成为中国国家战略的重要内容。发展生活性服务业，就要发展商贸服务业、文化产业、旅游业、健康服务业、法律服务业、家庭服务业、体育产业、养老服务业、房地产业等，这些产业基本构成了休闲相关产业发展的基础。中国休闲的发展，将得到中国服务业的强力支撑。

（二）促进休闲发展的相关建议

1. 系统推进，尽快落实《纲要》确定的路线方针

《纲要》是休闲发展的重要里程碑，也是一个新的起点。目前重要的是如何将《纲要》从理念化为现实，从目标化为动力，从纲要化为具体的行动方案。在目前的发展阶段和基本条件下，实现《纲要》设定的"到2020年，职工带薪年休假制度基本得到落实，城乡居民旅游休闲消费水平大幅增长，健康、文明、环保的旅游休闲理念成为全社会的共识，国民旅游休闲质量显著提高，与小康社会相适应的现代国民旅游休闲体系基本建成"的目

标需要越过诸多障碍。有关部门要保障国民旅游休闲时间，就要建立兼顾效率和权益的社会发展均衡态；要改善国民旅游休闲环境，推进国民旅游休闲基础设施建设，完善国民旅游休闲公共服务，需要更多的公共投入，需要资金、用地、人力、资源等方面的多重保障；要加强国民旅游休闲产品开发与活动组织，需要建立有效的需求和投融资的匹配机制；要提升国民旅游休闲服务质量，需要标准、监督、监管、回馈四管齐下。《纲要》设立的目标期限是2020年，在此之前，中国面临一连串的系统机制的构建和试错，需要政府、企业、社会的共同努力。

2. 破除障碍，真正令休闲观念深入人心

目前中国休闲发展水平不高，国民休闲需求的实现有较多的障碍，归根结底，是休闲的观念还没有真正深入人心。相关调查数据显示，时间、经济、外部环境、休闲供给是休闲发展最主要的障碍。而"外界看法"中的"他人对活动的负面看法""担心影响个人形象""家人不支持"等也是制约国民休闲的主要因素。要跨越休闲时间匮乏的障碍，需要建立适应新常态的新的工作方式和休假方式，建立全新的生产和生活节奏；要跨越经济的障碍，既要不断地促进人民增收，也要逐步推动新的消费观念的形成，让老百姓愿意为休闲花钱，舍得为休闲花钱，有能力为休闲花钱，没有后顾之忧地为休闲花钱，通过为休闲花钱获得实实在在的好处；要跨越外部环境的障碍，需要引导新的国民休闲观，休闲要发展，要让其跨越模糊需求的状态，要让休闲真正成为人人认可的公民的基本权利；要跨越休闲供给的障碍，就要紧紧围绕使市场在资源配置中起决定性作用深化休闲相关体制的改革，加快完善现代休闲市场体系，推动休闲领域的创新。

3. 双面推动，促进休闲事业和休闲产业共同发展

休闲既是产业，也是事业，这两方面不可以分开发展，发展产业是为了推动事业，事业发展才能够产业兴旺。发展休闲，要将"利"和"义"统筹考虑。过于追求产业利益，会扭曲休闲发展的本来目的；考虑休闲的事业性，忽视其产业性，将令休闲发展缺乏良性机制的保障，休闲事业会难以为继。因此，在休闲工作的推进上，政府既要建立公共事业层面的服务链，也要重视市场产业层面的发展链，既要有公共服务，也要有产业组织，既要有对权利的保障，也要有对市场的推进，既要有计划，也要有市场。良好的休闲推进是和健康的工作观念紧密结合的，一手抓勤劳踏实的工作观，一手抓幸福安康的休闲观，是当今中国的两条互推演进的发展脉络，也是今日中国发展和改革需要的均衡图景。

4. 加强联结，构建休闲相关事业和产业的联盟组织

休闲相关事业和产业涉及面非常广，驱动机制复杂，要全面推动休闲发展，必须要发挥社会联盟组织的作用，建立跨行业的联动机制。推进休闲发展，要树立跨产业、跨行业、跨领域、跨区域的观念，系统设计相关事业和行业的发展规划，构建适应休闲发展需要的联盟组织，实质性地推动这些联盟组织在休闲推进、产业组织、人民权利义务保障等方面的作用，推进产业的集群式发展，倡导诚信旅游经营，加强行业自律；要建立一批和人民休闲生活紧密相关的文化休闲协会、音乐休闲协会、电影休闲协会、文博协会、娱乐休闲协会、体育休闲协会、健身协会、跑步协会、旅游协会、自驾游协会、特种旅游协会、餐饮协会、沐浴协会等，推进人民百姓休闲和政府相关部门的联结，行业间的联结，跨地域的联结，供给者和消费者的联结；要建立更广泛的社会参与机制，充分发挥在历史上和现在仍在为休闲推进发挥重要作用的工会、共青团、妇联等人民团体的作用，共同推进休闲发展。

行业发展篇

Industry Development

G.2

2011～2014年中国居民旅游
休闲的发展与讨论

刘德谦*

摘　要：　在"十二五"已经过去的大部分时间里，中国居民的旅游
休闲发展一直保持着稳步的态势。由于有关资料的缺乏，故
本报告一方面依据国家正式统计资料析出了2011～2014年
城乡居民境内旅游休闲的人数、出境旅游休闲的人数，同时
又对城乡居民境内和出境的旅游休闲花费进行了分析。为了
突破目前某些统计的窄口径，继而，本报告又根据各种资
料，探索了对居民旅游休闲总花费的补充测算。至于2015
年及其随后几年旅游休闲的发展，本报告除了继续对其保持

*　刘德谦，北京联合大学旅游学院教授，中国社会科学院旅游研究中心学术顾问，中国旅游未
来研究会副会长，北京旅游学会顾问。这些年来除对旅游基础理论有较多的注目外，对于中
国休闲和旅游的发展实务也多有关注。

乐观的展望外，也提出了几点讨论，以期能够引起政府与学界的重视。

关键词： 中国居民　休闲　境内旅游　出境旅游

一　2011～2014年，对居民旅游休闲规模的测度与分析

（一）2010～2014年中国大陆居民的境内旅游休闲

1. 2010～2014年中国大陆城乡居民的境内旅游

据有关资料显示，在"十二五"规划期内的2011年、2012年、2013年、2014年这四年中，中国大陆居民境内旅游①的发展一直保持着"稳健的大步"。如据国家统计局公布的中华人民共和国《国民经济和社会发展统计公报》，这四年中国大陆居民境内出游人数的年增长率，分别是13.2%、12.1%、10.3%、10.7%；这四年旅游消费的年增长率，分别是23.6%、17.6%、15.7%、15.4%。从总体上来观察，虽然居民境内旅游人次数和旅游消费都与中国GDP增长趋势大体相似，呈现了增速放缓的态势，但是其增长势头却依旧保持着远超全国GDP的状态。

表1是国家旅游局《2011中国旅游统计便览》《2012中国旅游统计便览》《2013中国旅游统计便览》《2014中国旅游统计便览》《2015中国旅游

---

① 由于中国居民的旅游涉及中国行政区域的划分，也涉及全国人口的统计，而近年来中国不少正式文件对此两项内容的称呼已经开始选用更为严谨的措辞，一是在述及中国的内容却又必须说明这内容暂不包括中国的台港澳时对"大陆"一语的选用；二是基于此前"国内旅游"用语与实际内涵的差异，目前的正式行文中也已经开始将其改称"境内旅游"（如2014年国务院《关于促进旅游业改革发展的若干意见》）。为适应这一用语的变化，本报告也将此前各年报告行文所用的"中国居民国内旅游"的措辞换为了目前国内正在逐渐通行的这一用法。

统计便览》公布的2010年至2014年中国大陆居民境内旅游的人次数、出游率、旅游总花费和旅游人均花费的详细数据。

表1 大陆居民境内旅游基本情况（2010～2014）

年度	旅游人次数（亿人次）	出游率（%）	旅游总花费（亿元）	人均花费（元）
2010	21.03	157.4	12579.77	598.2
2011	28.41	197.3	19305.39	731.0
2012	29.57	220.7	22706.22	767.9
2013	32.62	243.5	26276.12	805.5
2014	36.11	269.8	30311.86	839.7

资料来源：2011、2012、2013、2014、2015年《中国旅游统计便览》。

在表1中，如将中国居民境内旅游在2011年、2012年、2013年、2014年这四年的表现与"十一五"最后一年的2010年作一个粗略地比较，则可以发现，经过四年时间，大陆居民的境内旅游的年出游人数已经增加了15.08亿人次；出游率增加了112.4个百分点（亦即平均每个居民每年的出游次数增加了一次还要多一些）；旅游总花费增加了17732.09亿元人民币（2014年全年的消费总量是2010年全年的两倍多）。居民旅游总消费的增加，除了出游人数增多的原因外，自然也与旅游人均花费大幅提升密切相关（旅游人均花费增加了241.5元）。这也就足以说明，在时代的发展中，中国居民中的境内旅游者正在急速增多，其消费水平也正在不断提高。

表2、表3、表4、表5是近五年（2010～2014年）中国大陆居民境内旅游人次数、出游率、旅游总花费和旅游人均花费的年度增长情况。

表2 2010年与2011年大陆居民境内旅游基本情况的列表

年度	旅游人次数（亿人次）	出游率（%）	旅游总花费（亿元）	人均花费（元）
2010	21.03	157.4	12579.77	598.2
2011	26.41	197.3	19305.39	731.0
非比较约增数	约5.38	约39.9	约6725.62	约132.8

说明：由于自2011年起中国内地居民境内旅游抽样方法的变化，故2011年的统计数据是不能与此前各年作简单比较的。所以表2列表显示的2011年与2010年的差值，只是一个粗略的比较参考数。

资料来源：2011、2012年《中国旅游统计便览》。

表3 2011年与2012年大陆居民境内旅游基本情况比较表

年度	旅游人次数（亿人次）	出游率（%）	旅游总花费（亿元）	人均花费（元）
2011	26.41	197.3	19305.39	731.0
2012	29.57	220.7	22706.22	767.9
增长量	3.16	23.4	3400.83	54.9

资料来源：2012、2013年《中国旅游统计便览》。

表4 2012年与2013年大陆居民境内旅游基本情况比较表

年度	旅游人次数（亿人次）	出游率（%）	旅游总花费（亿元）	人均花费（元）
2012	29.57	220.7	22706.22	767.9
2013	32.62	243.5	26276.12	805.5
增长量	3.05	22.8	3569.90	37.6

资料来源：2013、2014年《中国旅游统计便览》。

表5 2013年与2014年大陆居民境内旅游基本情况比较表

年度	旅游人次数（亿人次）	出游率（%）	旅游总花费（亿元）	人均花费（元）
2013	32.62	243.5	26276.12	805.5
2014	36.11	269.8	30311.86	839.7
增长量	3.49	26.3	4035.74	34.2

资料来源：2014、2015年《中国旅游统计便览》。

从表2、表3、表4、表5的列举或比较来看，除表2是因为统计方法变动而缺乏可比性外，表3、表4、表5显示的2012年、2013年、2014年中国大陆居民境内旅游的增长都是四亿多人次和三四千亿人民币消费，既显示了"十二五"这几年大陆居民境内旅游的增长的大步伐，也显示了这一增长的稳定性。

2. 2010～2014年中国大陆城乡居民的境内旅游休闲

（1）2010～2014年大陆城乡居民的境内旅游休闲人数

中国国家旅游局和国家统计局早在20世纪80年代就开始了有关中国国内旅游和入境旅游的抽样的调查，在他们的调查中，已经有了对旅游者的分类统计。就旅游者的旅游目的来看，调查中或者将其分为了"观光游览、度假休闲、商务出差、探亲访友、健康疗养①、其他"六类，或者更细一些分为了"观光游览、度假休闲、探亲访友、商务、会议、宗教朝拜、文化/体育/科技交流、其他"八类等。按照国际旅游统计的通例，其中的"观光游览、度假休闲、探亲访友"等，便是世界旅游组织旅游定义中旅游三大类型的"闲暇类"旅游，亦即是广义的"休闲旅游"或"旅游休闲"。下面的表6归纳列出的，就是2010年以来国家旅游局政策法规司和国家统计局城市社会经济调查司、农村社会经济调查司公布的旅游抽样调查资料的内容。本报告所说的"大陆居民境内旅游"，亦即原抽样调查资料所称的"中国居民国内旅游"。

表6　2010～2014年大陆城乡居民境内旅游休闲人数比重的分类分析

单位：%

公布年份	抽样年度	区域	居民旅游休闲人次数所占境内旅游的百分比				
			观光游览	度假休闲	探亲访友	健康疗养*	休闲总计
2011	2010	城镇	32.9	25.0	31.0	0.8	89.7
		农村	12.2	6.0	60.9	7.2	86.3
2012	2011	城镇	29.5	23.7	28.9	1.3	83.4
		农村	18.5	15.6	42.4	2.7	79.2
2013	2012	城镇	28.0	24.4	32.0	1.5	85.9
		农村	19.4	17.7	41.3	4.0	82.4
2014	2013	城镇	28.1	25.6	33.1	1.7	88.5
		农村	18.8	16.6	42.8	3.9	82.1
未公布	2014	城镇	—	—	—	—	88.0*
		农村	—	—	—	—	82.0*

说明：由于《中国国内旅游抽样调查资料2015》目前尚未出版，故这里2014年大陆居民境内旅游休闲人次数所占境内旅游人次数的比重，暂时借用2013年数据作为参考数。

＊世界旅游组织的《旅游统计建议书》在将旅游定义为Tourism comprises the activities of persons traveling to and staying in places outside their usual environment for not more than one consecutive year for leisure, business and other purposes时，定义中的"闲暇（Leisure）""事务（Business）""其他（Other）"的三个主要旅游目的，后来便成了国际上各国沿用的旅游统计大类的基础。正是基于中国旅游抽样调查将"健康医疗"一语改为了"健康疗养"，故本报告这里只好将原"健康医疗"从"其他类旅游"抽出，重新按"健康疗养"的内涵改置于"闲暇类旅游"之中。

资料来源：2011～2014年各年《中国国内旅游抽样调查资料》。

---

① "健康疗养"在国家旅游局此前的抽样调查资料中曾用"健康医疗"一语，而在近年的抽样调查报告中，这一旅游类别名称已经改换为了"健康疗养"。

表7　2010～2014年大陆城乡居民境内旅游休闲人次数的变化

单位：亿人次，%

年度	区域	当年大陆居民境内旅游人次数	当年旅游休闲人次数所占百分比	当年大陆居民境内休闲人次数	当年大陆城乡居民境内休闲人次数
2010	城镇	10.65	89.7	9.55	18.51
	农村	10.38	86.3	8.96	
2011	城镇	16.87	83.4	14.07	21.63
	农村	9.54	79.2	7.56	
2012	城镇	19.33	85.9	16.60	25.04
	农村	10.24	82.4	8.44	
2013	城镇	21.86	88.5	19.35	28.18
	农村	10.76	82.1	8.83	
2014	城镇	24.83	88.0*	21.95	31.20
	农村	11.28	82.0*	9.25	

说明：表7中2014年大陆居民境内旅游休闲人次数所占境内旅游人次数的比重，也同样暂时借用2013年数据作为参考。

资料来源：2011～2014年各年《中国国内旅游抽样调查资料》；2011～2015年各年《中国旅游统计便览》。

从表6中可以看出，近五年来，在中国城镇居民的境内旅游中，旅游休闲所占的比重，均一直处在八成以上（82%到89%之间）；农村居民的旅游休闲在其境内旅游中的比重，也一直处在八成上下（79%到82%之间）。很显然，各年间是有一些波动的。本报告虽然就各年相关因素（国家政策、经济发展及城乡居民收入状况等）做了一些分析，但也难以就此断定其波动是否属于规律性的表现，也难以就此肯定某些因素就是其中具有可比性的原因。基于这个变化是在全国人口万分之一以下的抽样调查的结果，所以每年出现一定范围的参差也就不足为怪，或者也就只好在大体上就消费思潮，以及地区性经济发展、气候因素等多样性因素去分析了。

从表7所得当年大陆城乡居民境内休闲人次数中可以看出，在进入"十二五"期间的四年中，中国大陆城乡居民境内旅游休闲人数每年都已经超过了20亿人次，而2014年境内旅游休闲人数甚至已经达到了31.2亿人次。如与"十一五"末期2010年境内旅游休闲人数的18.51亿人略性比较，2014 年所增多的人数便远远地超过了 10 亿人次。

（2）2010~2014 年大陆城乡居民的境内旅游休闲消费

下面根据"国内旅游抽样调查资料"的旅游花费着重测算一下大陆居民境内旅游休闲的消费。

由于目前中国统计部门和旅游主管部门尚无大陆城乡居民的境内旅游休闲消费的正式统计，所以这一数据也只好如旅游休闲人数一样暂时由本报告自己来测算。好在前面本报告已经从国家正式统计中析出了大陆城乡居民旅游休闲的人次数，因此这里我们便可进行进一步的测算了。

为了使这一努力更有依据，在第二本"休闲绿皮书"（即《2011 年中国休闲发展报告》）的《2010 年中国居民旅游休闲分析》中，撰稿人已经提出了一个对大陆城乡居民旅游休闲花费的测算方法，故这里也不妨继续参照那个办法来进行。可是，截至 2015 年 7 月本报告最后脱稿时，载有"2014 年国内旅游抽样调查资料"的《旅游抽样调查资料 2015》还没有出版，所以也只好依据《旅游抽样调查资料 2014》中"2013 年国内旅游抽样调查资料"测算出 2013 年的数据。

对进一步工作有帮助的，是在近些年来大陆居民的旅游活动中，各年之间"闲暇类旅游""事务类旅游""其他类旅游"各自占有的比重变化都不是很大，所以这里不妨暂时借鉴 2013 年的比重对 2014 年做个大致的分析。

分析方法，首先依据《中国国内旅游抽样调查资料》中的大陆居民境内各类型旅游所占比重和各类型旅游的平均消费测算出"观光游览""度假/休闲""探亲访友""健康疗养""商务/出差""其他"等类旅游的消费在大陆居民境内旅游总消费中的比重，然后将其中属于闲暇类消费的份额汇成旅游休闲消费的总份额，进而从当年城乡居民旅游总花费中析出当年城乡居民境内休闲旅游的总消费。

根据此前《2011 年中国休闲发展报告》《2012 年中国休闲发展报告》和其后的粗略测算，2010 年、2011 年、2013 年大陆居民各年境内旅游休闲的消费总量均在 1 万亿元人民币以上（2011 年、2013 年均超过了 16000 亿元）。由于自 2011 年起中国内地居民境内旅游抽样方法的变化，故 2011 年的统计数据是不能与此前各年作简单比较的。故此不妨将其暂时从略。

下面的表 8，是根据前述测算方法对 2013 年、2014 年城镇居民境内旅游休闲的消费的分析。

表 8　对 2013 年、2014 年城镇居民的境内旅游休闲消费的分析

UNWTO 的旅游目的大类		闲暇				事务	其他
中国统计分类		观光游览	度假/休闲	探亲访友	健康疗养	商务/出差	其他
2013 年	当年城镇出游人数分类比重（%）	28.1	25.6	33.1	1.7	15.2	1.3
	当年城镇出游人均分类花费（元）	1126.5	858.5	893.0	835.1	2065.1	574.9
	当年城镇出游分类花费比重（%）	27.97	19.42	22.97	1.25	27.73	0.66
	当年城镇旅游休闲花费总比重（%）	71.61				—	—
	当年城镇居民旅游总花费（亿元）	20692.59					
	当年城镇休闲旅游花费估算（亿元）	14817.96				5738.05	136.58
2014 年	参照上年城镇旅游休闲花费比重（%）	71.61*					
	当年城镇居民旅游总花费（亿元）	24219.76					
	当年城镇休闲旅游花费估算（亿元）	17380.09					

说明：由于《中国国内旅游抽样调查资料 2015》目前尚未出版，故无法测算出 2014 年大陆居民境内旅游休闲消费的比重，故暂时借用 2013 年数据作为参考数。

资料来源：2014 年《中国国内旅游抽样调查资料》；2014、2015 年各年《中国旅游统计便览》。

经计算，在中国国内旅游统计的正式口径中，2013 年和 2014 年大陆城镇居民境内休闲旅游的总消费大约为 1.48 万亿（14817.96 亿）元人民币和 1.74 万亿（17380.09 亿）元人民币。

表 9 反映的是对 2013~2014 年大陆农村居民境内休闲旅游花费的分析。

表9 对 2013 ~ 2014 年农村居民境内旅游休闲花费的分析

UNWTO 的旅游目的大类		闲暇				事务	其他
中国统计分类		观光游览	度假/休闲	探亲访友	健康疗养	商务/出差	其他
2013 年	当年农村出游人数分类比重(%)	18.8	16.6	42.8	3.9	11.7	6.1
	当年农村出游人均分类花费(元)	884.4	599.5	530.3	528.0	805.9	409.9
	当年农村出游分类花费比重(%)	26.29	15.73	35.89	3.26	14.91	3.92
	当年农村旅游休闲花费总比重(%)	81.17				—	—
	当年农村居民旅游总花费(亿元)	5583.53					
	当年农村休闲旅游花费估算(亿元)	4532.15				832.50	218.87
2014 年	参照上年农村旅游休闲花费比重(%)	81.17					
	当年农村居民旅游总花费(亿元)	6092.11					
	当年农村休闲旅游花费估算(亿元)	4944.97					

资料来源:2013、2014 年各年《中国国内旅游抽样调查资料》;2014、2015 年各年《中国旅游统计便览》。

经计算,在中国国内旅游统计的正式口径中,2013 年和 2014 年大陆农村居民境内休闲旅游的总消费大约为 0.45 万亿(4532.15 亿)元人民币和 0.49 万亿(4944.97 亿)元人民币。

如果把城乡居民境内的出游的花费加起来,则在中国国内旅游统计的正式口径中,2013 年大陆城乡居民境内休闲旅游的总消费已经将近两万亿元人民币(1.9350 万亿元人民币),而 2014 年城乡居民境内休闲旅游的总消费更得到了两万两千多亿元人民币(2.2325 万亿元人民币)。

（二）2010～2014年大陆居民的出境旅游休闲

1. 2010～2014年大陆居民的出境旅游

据国家统计局《国民经济和社会发展统计公报》显示，大陆居民出境旅游人数的同比增长（无论是出境旅游总人次的增长还是因私出境旅游的人次的增长）一直都是两位数的增幅，而且也都高过了同年大陆居民境内旅游人次数的增幅，更是远远高于同年GDP的增幅，也高于同年人均收入的增幅。

如据近五年来的统计，自2010～2014年，中国公民出境旅游每年的增长状况，可见下面的表10。

表10　2010～2014年中国公民出境旅游人次数及其增长率

年度	全国出境人数（万人次）	增长率（%）	其中因私出境旅游		
			人次数（万人次）	增长率（%）	占全国比重（%）
2010	5739	20.4	5151	22.0	89.8
2011	7025	22.4	6412	24.5	91.3
2012	8318	18.4	7706	20.2	92.6
2013	9819	18.0	9197	19.3	93.7
2014	11659	18.7	11003	19.6	94.4

资料来源：2010～2014年各年《国民经济和社会发展统计公报》。

从表10的比较可以看出来，在近五年中，尽管年增长率略有下降，但是其绝对增长数却是一年多于一年的。尤其值得注意的是，中国公民的因私出境旅游在整个中国公民出境旅游的比重也越来越高，这也就意味着，中国公民因私出境人数的增幅又高过了出境旅游人数的总幅度。

2. 2011～2014年大陆居民的出境旅游休闲

基于中国因私出境旅游者绝大多数均以观光游览和探亲访友为主要目的，对此，在《2011年中国休闲发展报告》的《2010年中国居民旅游休闲分析》中撰稿人也曾给予了分析，故这里仍选用此前的判断，将因私出境旅游大体上视同于休闲出游①。

值得注意的是，2014年中国居民出境旅游休闲的11003万人次，如以2014年末全国内地总人口为136782万人来衡量，大陆居民出境旅游的出游率便已经达到了8.04%。这实在是一个空前难得的数字。更值得注目的，还在于近三年因私出境的人数的年增量已经分别接近或达到了1300万、1500万、1800万，这就无怪乎许多旅游业发达的旅游大国都乐意招揽中国的游客了。

虽然这些年来国家统计局在每年的《国民经济和社会发展统计公报》中都有大陆居民出境旅游人数的最后统计数，但是却一直没有测算出境旅游消费的正式统计，以致这些年来有关研究大多使用着各种不同的预测或估算。基于最近三年中国旅游研究院在出境旅游人数的预测上往往都接近国家统计局的最后统计数（这或者在于它的信息渠道和研究方法），所以本报告选用中国旅游研究院对出境旅游消费的估算数，这或者可以更接近于实际数值（见表11）。

有关资料显示，虽然中国旅游研究院对出境旅游消费的估算数值有时与世界旅游组织的测算数相差极大，但有时又十分相近（至于二者之间是否彼此互有影响，本报告没有确切的资料，因此难以断言）。据2015年世界旅游组织《2015全球旅游报告》发布的数据，"中国作为全球第一大旅游客源市场，持续其超常规增长，在2014年中国游客海外花费同比增加27%，达1650亿美元"。或者这也可以作为一个值得注意的参考值。请见表12。

---

① 基于此前的《2010年中国居民旅游休闲分析》已经分析过因私出境旅游与出境休闲旅游的关系，即基于因私出境旅游者绝大多数均以观光游览和探亲访友为主要目的，根据世界旅游组织关于旅游目的的类别划分，故本报告将因私出境旅游大体视同为休闲出游。同时也基于出境旅游中难以避免的一些"公""私"活动的互相交叉（即在因公出境旅游者中，免不了大都有目的地观光的活动；而另一些因私出境的旅游者，却是因为公务护照和公务签证的难办，而把"公干"的目的改为了"因私"），在没有别的数据可以参照修正的情况下，只好将因私旅游中的公务活动与非因公出境旅游中的个人观光休闲部分做了对冲。

表11　2010～2014年中国公民出境旅游人次数及其消费变化

年度	出境人数（万人次）		其中因私出境旅游				出境旅游花费（亿美元）	
			人次数（万人次）		比重（%）			
资料来源	国家统计局	中国旅游研究院	国家统计局	中国旅游研究院	国家统计局	中国旅游研究院	国家统计局	中国旅游研究院
2010	5739	5400	5151	无	89.8	无	无	480
2011	7025	6500	6412	无	91.3	无	无	550
2012	8318	8300	7706	无	92.6	无	无	1020
2013	9819	9800	9197	无	93.7	无	无	1200
2014	11659	11400	11003	无	94.4	无	无	1400

说明：中国旅游研究院的数据包括其所编著的《中国旅游经济蓝皮书》《中国出境旅游发展年度报告》及其在新闻发布会的发布讲话。基于该资料的多样和发布时间的不同，即使对于同一年的测算，其数据也是有所不同的。本报告这里只选用了该年中其出游人数预测最接近国家统计局最后统计的那一组。

资料来源：2010～2014年各年《国民经济和社会发展统计公报》；中国旅游研究院多种资料。

表12　2010～2014年中国公民出境旅游消费与旅游休闲消费的变化

年度	出境旅游人数（万人次）	因私出境旅游消费（即出境旅游休闲消费）		出境旅游花费（亿美元）		旅游休闲消费折合人民币（亿元）
		人数（万人次）	比重（%）	总消费	旅游休闲消费	
资料来源	国家统计局	国家统计局	国家统计局	旅游研究院	据左侧相关资料算出	据当年美元-人民币中间价折算
2010	5739	5151	89.8	480	431	2924.68
2011	7025	6412	91.3	550	502	3244.93
2012	8318	7706	92.6	1020	945	5971.24
2013	9819	9197	93.7	1200	1124	6941.26
2014	11659	11003	94.4	1400	1322	8133.34

资料来源：2010～2014年各年《国民经济和社会发展统计公报》；中国旅游研究院多种资料。

表12显示，如据2010年至2014各年国家统计局《国民经济和社会发展统计公报》所示的城乡居民出境旅游人次数（及由此算出的因私出境旅游所占比重），配合以中国旅游研究院的对该年出境旅游消费的估算，那么"十二五"前四年城乡居民出境旅游休闲的花费分别是2011年3244.93亿元

人民币；2012 年 5971. 24 亿元人民币；2013 年 6941. 26 亿元人民币；2014 年 8133. 34 亿元人民币。

如以世界旅游组织"2014 年中国游客海外花费达 1650 亿美元"计算，则 1014 年中国城乡居民旅游休闲消费，甚至快要接近 1 万亿元人民币了（9582. 82 亿元人民币）。[①]

（三）对2011～2014年大陆居民旅游休闲水平的总测算

1. 2011~2014年大陆城乡居民的旅游休闲人数

如果将上面有关分析的结果数据汇合起来，那么"十二五"前四年（2011～2014 年）大陆居民旅游休闲的总人次数可见表 13。

表 13   2010～2014 年大陆居民境内外旅游休闲人数的变化

年度	当年大陆城乡居民境内旅游休闲测算数（亿人次）	当年大陆城乡居民出境旅游休闲测算数（万人次）	当年大陆城乡居民旅游休闲总人次数（万人次）
2010	18. 51	5151	190251
2011	21. 63	6412	221712
2012	25. 04	7706	258106
2013	28. 18	9197	290997
2014	31. 20	11003	323003

从上面表 13 可以看出，2013 年大陆居民全年已经获得了 29 亿多人次旅游休闲的机会（290997 万人次），如果以 2013 年末全国内地总人口的 136072 万人来计算，平均每位居民已经获得了 2.1 次的旅游休闲机会。虽然"平均"并不意味着平等，但是有机会也就有可能，如果中国休闲的发展能够随着休闲时间的增多和个人收入的增多而得到增强，休闲供给又能够

---

① 2015 年 1 月，国家旅游局李金早局长在 2015 年全国旅游工作会议的工作报告中，特别就"是否存在所谓的'中国旅游贸易逆差'"做了辨析，辨析中对一些研究者估算的"出境旅游花费"及其计算方法提出了几点讨论。这一讨论对今后研究者的有关统计与预测可能会产生相当的影响，但是基于该报告中目前仍尚未提出这些年大陆居民海外消费的具体数字，所以本报告这里只能够仍然暂时以已有的数据作为分析的对象。特此说明。

不断改善，那么更多的机会也将能够进入更多的居民家庭。

从表13还可以看出，2014年大陆居民全年已经获得了32亿多人次的旅游休闲机会（323003万人次），如果以2014年末全国内地总人口为136782万人来计算，平均每位居民已经获得了将近2.4次的旅游休闲机会。由此看来，在全国13亿多的居民中，2014年又有更多的居民获得了旅游休闲的好机会。

2. 2013～2014年大陆城乡居民的旅游休闲消费

如果将上面有关分析的结果数据汇合起来，那么2013年和2014年大陆居民境内境外旅游休闲消费的变化也就显现了出来。

表14　2013～2014年大陆居民境内外旅游休闲消费的变化

单位：亿元

年度	当年大陆城乡居民境内旅游休闲消费测算数	当年大陆城乡居民出境旅游休闲消费测算数	当年大陆城乡居民旅游休闲消费总数
2013	19350	6941	26291
2014	22325	8133	30458

从表14可以看出，2013年大陆居民用在旅游休闲的消费，全年已经达到了2.6万亿人民币（26291亿人民币），如果以全国的4.3亿户家庭（见国家卫生计生委《中国家庭发展报告2014》）来计算，则该年平均每个家庭用于旅游休闲的费用已经达到了6114元人民币。当然了，"平均"并不意味着平等，由于中国目前尚有数千万户（甚至更多）贫困户连喝水吃饭穿衣问题都没有解决好①，所以另一部分能够享受旅游休闲的家庭的消费，实际有不少都在万元以上。

---

① 据2015年6月国务院扶贫办主任在"生态文明贵阳国际论坛2015年年会"的"生态文明与开放式扶贫分论坛"上的演讲，"全国有14个连片特困地区，832个重点县和12.8万个贫困村，按照国家现行扶贫标准，还有七千万农村贫困人口"，"贫困人口规模大，贫困问题程度深"。其实，城市的贫困户也是大量存在的。以首都北京为例，即使不计在京乞讨的流浪者，截至2014年12月在京有正式户籍且申报合格能够入册的低保户就有8.57万户，14.31万人。

从表 14 还可以看出，2014 年大陆居民用在旅游休闲的消费，全年已经达到了 3 万亿人民币（30458 亿人民币），如果也以全国的 4.3 亿户家庭来计算，则该年平均每个家庭用于旅游休闲的费用已经将近 7000 元人民币（6977 元），显然这种旅游休闲的享受的水平又有了一些提高。如果我们的休闲者在逍遥自在的时候能够想到全国的那些贫困家庭，想到自己如何能够为贫困的老人、贫困的儿童、贫困母亲和他们的家庭做些奉献，那么自己的家庭在旅游休闲的时候，在花 7000 元甚至更多，从而买到了舒适和愉悦的时候，也能够得到更多的心灵的平静。而这种心境也实在是提高休闲体会所必需的支撑。

（四）对居民旅游休闲总花费的补充测算

基于此前中国旅游统计的窄口径，所以在此前《2012 年中国休闲发展报告》中，撰稿人就曾对中国居民国内旅游休闲花费补充了有关"自驾车旅游"和"第二住宅"的消费测算。

这里，本报告再采集 2014 年的数据做一次补充。

1. 有关2014年"自驾游"的旅游消费测算

关于"自驾车旅游"，撰稿人在此前的《2011 年中国居民旅游休闲的发展与前瞻》报告中曾探索了如何计算居民旅游休闲使用自驾车花费的办法，即如何以大陆居民"民用轿车保有量""最受欢迎车型指导价的价格的低平均值""车辆使用年限""休闲出游使用频率"等作为测度其年均购置花费的基础，以旅游休闲"年出游往返里程""平均耗油量"等为测度其旅游休闲年均用油花费的基础，从而初步估算了 2011 年居民休闲自驾车出游分摊的汽车购置成本和出游用油的花费。

近些年来，自驾车旅游在中国已经形成巨大的规模。据中国旅游车船协会与中国社会科学院旅游研究中心联合撰写的《中国自驾游年度发展报告（2014～2015）》，"2014 年自驾出游人数较上一年度有了较大幅度的提升，自驾出游已经成为中国散客出游的主体部分。2014 年自驾车出游总人数约为 20.94 亿人次，较 2013 年增加 5%，约占年度出游人数的 58%。"[1]

由于本报告并未获该研究报告（《中国自驾游年度发展报告》）的详细背景资料，也不了解该报告所采用的统计办法，又基于目前中国对于居民的自驾车出游还没有一个完整的消费统计，故本报告在这里仍然试探着再做一次粗略的分析。

据国家统计局《2014 年国民经济和社会发展统计公报》，2014 年末全国民用汽车保有量达到 15447 万辆，比上年末增长 12.4%，其中私人汽车保有量 12584 万辆，增长 15.5%。民用轿车保有量 8307 万辆，增长 16.6%，其中私人轿车 7590 万辆，增长 18.4%。

如果再从"2014 年全国轿车销量排行 TOP10"等排名中选取其最受欢迎车型指导价的价格的低平均值（12 万元），根据有关资料选取 10 年作为其折旧更新时间（基于汽车折旧报废年限是由多种因素决定的）；再假设私人轿车拥有者每年将该车作为休闲出游使用的里程仅为其年使用公里数的6%，则私人轿车的每位拥有者每年为其休闲出游的汽车购置成本约为 720元。如以 2014 年全国私人轿车拥有量的 7590 万辆计算，则每年自驾车出游的汽车购置成本为 546 亿元。

如设定私人轿车拥有者每次出游往返和游览行程之和为 200 公里，每年自驾出游两次（或设定每次出游往返和游览行程之和为 100 公里，每年自驾出游四次等），并设定汽车配置的耗油量不大，所选道路路况也良好，故可推定其百公里的平均实际耗油为 9 升。每升油价选取 2014 年 11 月全国油价多次下调后 90#、93#、97#汽油中间价在多数城市的平均值（7.10 元/升）计算，那么每位私人轿车拥有者每年为其休闲出游支出的汽油费约为 194.7 元。如以 2014 年全国私人轿车拥有量的 7590 万辆计算，则每年自驾车出游的油耗费用约为 194 亿元。

---

[1] 《中国自驾游年度发展报告（2014~2015）》由该报告课题组完成（课题组组长：马聪玲；副组长：刘汉奇、吴金梅）。由于本报告撰稿人不清楚该报告中"2014 年自驾车出游总人数约为 20.94 亿人次"和"半数以上自驾出游平均每人每天的消费水平在 100-400 之间"的测算构成，故无法采用该数据来进行自驾车旅游消费数据的测算，特此说明。

姑且不计高速公路费、停车费，以及汽车保养费和维修费等，居民自驾旅游休闲时的汽车购置成本分摊和出游用油的花费，就达到了大约740亿元人民币①。

以上的粗略估算，对于许多自驾游的旅游者来说，尤其是对于轿车档次较高，休闲使用次数较多，选择出游距离较长，以及旅游道路路况较差的自驾车出游者来说，这个平均数的基数显然是较低的。如果自驾游时旅游者采取的是租车出游或包车出游，前面的花费估计也就显得更低了。

2. 有关2014年"第二住宅"的旅游消费测算

本报告所说的"第二住宅"，又称"旅游休闲住房"，在中国，它是一个较新的领域。它的实际所指，是居民职务工作和日常生活之外在闲暇时间所使用的另一套居所。它与中国此前一度实施的住宅"限购"政策时所说的"第二套住房"的概念是全然不同的。

为此，我们必须认清"第二套住房"与"第二住宅"的区别。2010年5月住房和城乡建设部等部门联合发布的《关于规范商业性个人住房贷款中第二套住房认定标准的通知》中所指的"第二套住房"，是就家庭拥有的成套住房与拟购住房的关系或者其购买的次数而言的；而本报告所指的"第二住宅"，不在于该家庭所拥有的房产的多寡，只定义在其用于闲暇生活的实际用途。

"第二套住房"大多与所有者"第一套住房"同处一个城市，它可能是家庭成员的分居使用，可能因为暂不适用于业主日常生活而被闲置，也可能是为了取得房租而用于出租等（乃至纯粹是为了资产的保值或投资）；而"第二住宅"则往往购置在所有者工作城镇的郊区，或者购置在环境优美的旅游目的地（乃至旅游城市），其主要目的在于供自己和家庭成员休闲度假时使用。早年海南房地产商在两广地区的积极招揽，近年山东海滨房地产商

---

① 本报告这里，主要是为了提出在目前中国国内旅游统计中尚涉及的"自驾游"的消费状况，以及如何对其测算的路径。关于此一问题，本报告撰稿人曾经在2006年提出。这个思路后来得到北京联合大学旅游学院曹芙蓉教授的重视，并且在其论文《休闲与旅游的辩证关系及其社会功能试析》（载《旅游学刊》2006年第9期）得到了运用。

在津京等地广泛促销，其所销售的就是"第二住宅"。

目前，虽然对"第二套住房"缺乏有效的统计已经是研究者们一直公认的世界性的问题，但是为了得出对大陆居民境内旅游消费的大致估算，本报告也试着做出一点探索性的努力。

基于居民的"第二套住房"里实际包含着所有者的"第二住宅"，为了有利于本报告对"第二住宅"的讨论，所以这里不能不从"第二套住房"里把"第二住宅"析出来给予单独研究。当前，中国还没有居民拥有"第二套住房"的全国性数量统计；虽然房地产企业及媒体等也有过关于大陆一些地方居民拥有第二套住房的估计与报道，但是却难以为据。

如果查阅较早的资料，据国家统计局安徽调查总队 2007 年在安徽对全省 2350 户城镇居民家庭的抽样调查显示，安徽全省城镇有 11% 的家庭已经拥有了第二套住房。在拥有第二套住房的家庭中，64% 用来出租，以提高家庭的财产性收入；15% 的家庭用来生产经营；还有一部分闲置。而在此之前，2006 年 10 月北京市统计局、国家统计局北京调查总队的调查数据已经显示，北京每十户居民就有一户除了现有住房外还拥有其他住房。较后一些的数据是，2011 年 10 月新华网来自国家统计局哈尔滨调查队的调查，在2011 年哈尔滨市有 10% 城市居民家庭也已经拥有了两套住房。也就是说，在社会发展不平衡的态势下，虽然部分居民买不起住房或居住十分拥挤，但是拥有两套或两套以上住房的现象也同时在全国存在。

较新的资料也证明，这种情况在全国各地也大多是十分相似的，甚至比例还更高一些。

如 2012 年 6 月由浙江大学不动产投资研究中心、清华大学媒介调查实验室与《小康》杂志联合发布《中国居住小康指数》报告就显示，在全国 40 个城市中有 21.4% 的受访者表示没有买房，65.4% 的受访者拥有一套住房，10.9% 的受访者拥有两套住房，2.0% 的受访者拥有三套住房，0.3% 的受访者拥有四套住房。

如 2013 年 12 月中国社会科学院社会学研究所发布的《当代中国调查报告丛书：中国社会和谐稳定跟踪调查研究》则称，据其 2013 年 6 月至 10 月开展的第四次"中国社会状况综合调查",目前大陆家庭住房自有率为93.5%,较2011年提高了1.9个百分点;其中城镇家庭住房自有率为89.6%,较2011年提高了1.7个百分点。18.6%的城乡家庭拥有两套以上住房①。

此外,稍早一些的2013年3月,《福布斯》发布的《中国大众富裕阶层财富白皮书》指出,中国的大众富裕阶层人群在2012年已经超过1000万,他们中间的39.9%已经拥有了3套及以上住房。

关于居民的"第二套住房"的使用,在《休闲绿皮书》这部连续出版物此前的相关报告中,撰稿人也曾经指出,除了部分拥有者纯粹是为了资产保值或投资升值外,不同家庭有不同的使用方法。据与部分研究者一起测估,"第二套住房"中真正的用于休闲用途的"第二住宅"的,大约为拥有"第二套住房"家庭的5%(据近年的重新估算,大约已经增加到了6%)。尽管这个比例并不太大,但是如放入整体去考虑,却也是个很大的数值。

值得注意的,还有"第二套住房"拥有者的不断增多。因为即使在收紧"第二套住房"贷款的那些年,也未能限制住富裕阶层对第二套、第三套房屋的购买,也未能限制住他们对异地休闲用途的"第二住宅"的购买。而随着近两年各地对购置"第二套住房"贷款政策的陆续解冻,购置第二套住房的居民家庭也正在大幅增长起来。

如以大陆城镇家庭现有2.2亿户的约数(见国家卫生计生委《中国家庭发展报告2014》)来计算,参照中国社会科学院《当代中国调查报告丛书:中国社会和谐稳定跟踪调查研究》的18.6%的城乡家庭拥有两套以上住房的比例,并设定18.6%拥有第二套住房的家庭中,只有很少的一部分居民(经与一些研究者商议后设定为其中的6%,即城镇家庭中的1.12%)的家庭拥有"第二住宅",那么拥有"第二住宅"的城镇家庭仍然达到了246.4万户。如果将这种休闲使用的"第二住宅"以三线城市近年房价低迷

---

① 针对"18.6%的城乡家庭拥有两套以上住房"这一调查结果,中国社会科学院社会学研究所研究人员2013年12月25日在发布会后接受中新网记者采访时指出,"这一统计数据只可能低不可能高,现实中可能更高一些,因为存在部分人少报的情况。"

时的价格作参照，每套估价 35 万元，再以产权 70 年折算，如再适当加上装修、维修、家具和家用电器等费用的平摊，每年的物业费用，以及居住时的水电费用等，合计约为 5500 元，如此算来，"第二住宅"拥有者家庭每年分摊的为了准备休闲的房屋购置费及相应费用，全国全年也达到了 136 亿元人民币。

这个估算数据，虽然可能与此一内容的实际数值还是有很大距离，但是作为一种思路，对于进一步认识中国居民休闲的支出状况，也许仍然不失其探索性的价值。

（五）走出窄口径的旅游休闲总花费

综上可知，2014 年大陆城乡居民境内旅游休闲 31.20 亿人次；出境旅游休闲 1.10 亿人次；大陆居民旅游休闲总计为 32.30 亿人次。

2014 年大陆城乡居民境内旅游休闲消费 22325 亿元人民币，出境旅游休闲消费 8133 亿元人民币；大陆居民旅游休闲补充测算为 740 亿元人民币和 136 亿元人民币，因此大陆居民旅游休闲总消费 31334 亿元人民币。

从上面 32 亿人次和 3 万亿的消费不难看出，目前中国居民的旅游休闲已经达到了何种水平。

二 2015年，对旅游休闲的测度，
对挑战和机遇的讨论

（一）对2015年中国居民的旅游休闲的初步预测

1. 2015年大陆城乡居民的境内旅游休闲规模

2015 年 7 月 12 日，国家旅游局官方网站以《今年上半年中国旅游业逆势上扬，旅游消费和投资保持高速增长》为题发表了 2015 年上半年全国旅游发展的一些数据。该新闻报道称，"上半年国内旅游人数 20.24 亿人次，

同比增长 9.9%；国内旅游消费 1.65 万亿元，增长 14.5%，比社会消费品零售总额增速高 4.1 个百分点。旅游景区接待人数同比增长 8.7%，旅游收入同比增长 12.4%，其中门票收入增长 8.3%。星级饭店经营出现回暖趋势，客房收入和平均房价增幅约 1%。旅行社接待国内游人数增长 7.8%，组织出境游人数增长 35.2%。"

为了对 2015 年全年中国居民的境内旅游有个概略的了解，课题组对中国居民境内旅游全年出游人数和旅游消费作个简单的预测。道理很明显，如果居民在一年四季的出游都是大致均衡的话，那么全年的出游人数和旅游消费只需用上半年乘以 2 就可以了。

但是从中国多年来对居民国内旅游（即"境内旅游"）的季度统计数来看，各个季度居民的出游和花费却是并不相同的。比如"十二五"期间的这四年，城镇居民的每年出游人数和总花费，第二季度都是全年最低的，而第一季度、第三季度与第四季度的水平大致相同（有时第四季度甚至更高一些）。也就是说，基于第三季度的暑期旺季与基于第四季度的"十一黄金周"使得下半年中国大陆城镇居民的出游活动和出游花费都要比上半年多一些。虽然基于春节的因素，农村居民每年出游人数和旅游花费均以第一季度为最高，可是由于农村居民出游总人数大致只有城镇居民出游总人数的 1/2，农村居民出游总花费大致只有城镇居民出游总花费的 1/3 或 1/4，以致几乎每年下半年中国城乡居民的出游总人数和旅游总花费总和都要明显地超过上半年。通过对此前多年情况的比照计算，可以初步预测，2015 年，中国大陆居民境内旅游人数可望达到 41 亿人次；境内旅游消费可望达到 3.5 万亿元人民币。

2. 2015 年大陆城乡居民的旅游休闲总规模

由于缺少 2015 年有关大陆居民旅游休闲的较完整的资料与信息，故很难就大陆城乡居民的境内旅游休闲规模做出较为精准的预测。但由于近几年影响居民旅游休闲的因素（变量）都大体相似，故可以初步预测，2015 年全年大陆城乡居民的境内旅游休闲人次数大约可达 36～37 亿人次，境内旅游休闲消费大约可达 2.5～2.6 万亿人民币。

如作进一步预测，则大陆城乡居民境内境外旅游休闲总人数将可望增至37亿~38亿人次，其旅游休闲消费大约可达3.5万~3.6万亿人民币。

（二）大陆居民旅游休闲面临的机遇与挑战

1. 难得的法律与政策的机遇

（1）《国民旅游休闲纲要（2013－2020年)》带来的机遇

在经过近三年的起草、推敲和专家讨论，在向各部委和全国各省市征求意见后，2013年2月，民众盼望已久的《国民旅游休闲纲要（2013－2020年)》（以下简称《纲要》）终于出台了，从而受到了广大民众的注目。

新出台的《纲要》将国民旅游休闲发展的主要任务和措施作为了核心部分，其所提出的保障国民旅游休闲时间、改善国民旅游休闲环境、推进国民旅游休闲基础设施建设、加强国民旅游休闲产品开发与活动组织、完善国民旅游休闲公共服务、提升国民旅游休闲服务质量等方面的内容，显然都是针对当前中国居民开展休闲活动所受制约提出来的。而其提出的指导思想、发展目标以及组织实施，正是做好这些工作的引领和保障。很显然，《纲要》的制度和出台，正是从国家的角度推动全国各相关方面克服这些制约因素的一个政策安排和举措。

该文件以"国民旅游休闲纲要"来命名，既以"国民"二字突出了旅游休闲活动对全国公民的普适性，以期让更多的居民都能够享受到休闲生活的美好，同时又以"纲要"的形式在总体上突出了国民旅游休闲中最为关键和最为重要的内容的战略部署，因此它又赋予了全国各个相关部门和各个地方更多的任务与责任。

该文件的落实，的确需要全国各个方面的积极配合。作为一项关乎全国居民生活的重要举措，只有在全国上下的积极推动下才有可能得到真正的落实，所以在《纲要》的起草和修改过程中，有关部门便特别注意了征求全国各个方面的意见，包括就《纲要》征求意见稿向教育部、财政部、人力资源和社会保障部、住房和城乡建设部、交通运输部、铁道部、农业部、文化部、广电总局、体育总局、民航局、全国总工会、共青团中央、全国妇联、全国老龄办、全国残联等征求意见，向全国 31 个省区市旅游局征求意见等。也正是有了这些准备，才使得《纲要》能够更好地反映各个方面的共识，从而在今后《纲要》的落实过程中才能够得到全国各个方面的积极支持。这是来自政策的机遇。

（2）《中华人民共和国旅游法》带来的机遇

中国旅游法的起草工作是开始得比较早的，据有关资料显示，国家旅游局最早的方案初稿远在 1982 年 7 月就已经形成。基于旅游产业链条长，涉及国务院 20 多个部门、110 多个行业，仅靠国家旅游局立法是十分困难的。直至近些年来，由于民众的不断呼吁，全国人大常委会财经委员会的重视，经过两届全国人大常委会的 3 次审议，终于才在 2013 年 4 月 25 日的第十二届全国人民代表大会常务委员会第二次会议获得表决通过。

《中华人民共和国旅游法》（以下简称《旅游法》）是在中国进入全面建设小康社会关键阶段和全面推进依法治国、加快建设社会主义法治国家的形势下出台的一部重要法律，也是中国旅游业发展史上的一座里程碑。法律全文共 10 章 112 条，包括"总则""旅游者""旅游规划和促进""旅游经营""旅游服务合同""旅游安全""旅游监督管理""旅游纠纷处理""法律责任""附则"10 个部分。

它的出台，既为维护旅游者和旅游经营者权益、规范旅游市场提供了法律保障，标志着中国旅游业全面进入了依法兴旅、依法治旅的新阶段，对中国旅游业持续健康发展具有重大意义，同时其中的许多明确的旅游发展方向性规定又为今后中国旅游业的新发展奠定了坚实的基础。

如第四条的"旅游业发展应当遵循社会效益、经济效益和生态效益相统一的原则。国家鼓励各类市场主体在有效保护旅游资源的前提下，依法合理利用旅游资源。利用公共资源建设的游览场所应当体现公益性质"。第五条的"国家倡导健康、文明、环保的旅游方式，支持和鼓励各类社会机构开展旅游公益宣传，对促进旅游业发展做出突出贡献的单位和个人给予奖励"。第六条的"国家建立健全旅游服务标准和市场规则，禁止行业垄断和地区垄断。旅游经营者应当诚信经营，公平竞争，承担社会责任，为旅游者提供安全、健康、卫生、方便的旅游服务"等。这些原则性规定，以及第三章"旅游规划和促进"自"第十七条"至"第二十七条"的全部内容，都是进一步推动旅游建设和旅游发展的可靠的法制保障。

最近几年老百姓关注的景区门票价格问题，或者也将随着《旅游法》的贯彻而得到解决，如《旅游法》第四条规定的"利用公共资源建设的游览场所应当体现公益性质"；第四十三条规定的"利用公共资源建设的景区的门票以及景区内的游览场所、交通工具等另行收费项目，实行政府定价或者政府指导价，严格控制价格上涨。对于拟收费或者提高价格的，有关部门应当举行听证会，征求旅游者、经营者和有关方面的意见，论证其必要性、可行性。利用公共资源建设的景区，不得通过增加另行收费项目等方式变相涨价；另行收费项目已收回投资成本的，应当相应降低价格或者取消收费。公益性的城市公园、博物馆、纪念馆等，除重点文物保护单位和珍贵文物收藏单位外，应当逐步免费开放"。第四十四条规定的"景区应当在醒目位置公示门票价格、另行收费项目的价格及团体收费价格。景区提高门票价格应当提前六个月公布。将不同景区的门票或者同一景区内不同游览场所的门票合并出售的，合并后的价格不得高于各单项门票的价格之和，且旅游者有权选择购买其中的单项票"等。正是因为法律条款的规定已经非常明确，所以此前关于门票价格的许多各说其是的争论已经无须再争了。因此可以说，《旅游法》对中国旅游发展的作用将是难以估量的。

2. 挑战举例

在2011年"休闲绿皮书"的《对近年中国居民休闲生活发展状况的分析》报告中，执笔人曾经指出："如从理论上来认识，对休闲的制约因素大致可分为三个部分七个方面：一是基础性的制约（包括①休闲时间的制约，②居民可自由支配收入的制约）；二是休闲供给的制约（包括③公共服务供给的制约、④市场供给的制约，⑤供给的相关环境的制约）；三是居民自身的制约（包括⑥居民间人际关系制约，⑦休闲者自我因素制约，而自我因素制约，又包含了认知、喜好和休闲技能)"。这实际也是世界各地几乎概莫能外所必须面对的挑战。不过在近些年来，这些制约中让中国居民感受最深的却是以下的几件事情。

（1）景区门票价格上涨的过高与过频

近些年来，景区门票价格问题一直是社会十分关注的话题，无论是居民私下的交谈还是民间个人的"自媒体"，都有不少对景区门票价格过高的抱怨，而大众传媒对景区涨价的报道往往也一并反映着居民对此反弹的声音。

如果就有关资料分析，景区涨价自也有其自身的原因，如全国物价的上涨，景区工作人员提高工资的愿望，景区管理者做大做强的"企业思维"、地方政府下达的经济指标等。大众的抱怨自然也有其理由，如门票价格与个人收入的不匹配，中国景区门票价格高过国外水平太多，门票涨价没有举行程序公正和实质公正的听证会，景区的服务应该体现社会主义的公益性等等。

从2012年1月的一则《调价窗口打开，旅游景区门票提价预期渐浓》的消息开始，2012年全年几乎都充满着景区涨价的气氛，尤其是到了临近出游高峰的4月和9月，更是"涨声阵阵"。虽然大众传媒的舆论多倾向于民众而抨击高价与涨价，也有少数地方政府制止了该地涨价的势头，可是仍然有不少景区在地方政府的支持或默许下实现了涨价的目标。

但是2013年初凤凰古城"买票入城"的决定却没有遇到那样的好运气，自从有关消息一经披露，批评之声就开始出现，而且还越来越多。有研究者认为这或许是多年来老百姓心中不悦的集中爆发，却偏让凤凰古城的地方政府和管理者赶上了。

平心而论，目前中国实在还不具有"杭州西湖免票模式"全面推广的条件。在一些经济不发达的地区（即人们通常说的"老少边穷地区"），地方财政还得靠景区门票收入"吃饭"；旅游者对此必须有充分的了解与体谅。但是更多的景区，却也应该改换自己的企业思维模式，因为绝大多数以公共资源为基础的景区都毫无例外的具有"公益性质"的属性，保护好国家财产，做好对游客的服务才是景区的主要责任。增加收入应依靠发展多种经营等适应国情国策的措施，更不应该将景区的开拓发展的投资强迫摊在游客身上。

可喜的是，2014 年"十一黄金周"前全国涌动的景区涨价潮却在不少地方政府的努力下得到了遏止。这也许与之前中央人民广播电台"中国之声"和许多媒体关于"景区涨价潮反映不少地方的懒政"的批评和对"景区价格上涨应依照《旅游法》"的呼吁有关，当然了《国务院办公厅关于做好 2014 年国庆期间旅游工作的通知》对"加强旅游市场监管"，"严厉打击哄抬价格"的规定，更配合媒体的呼吁加强了地方政府和景区自身的执行力。

虽然 2015 年的部分景区涨价并未形成大潮，但是在某些地方政府的默许下，一些以公共资源为依托的景区也仍然在研究如何涨价的策略。这是值得有未雨绸缪思维的政府高层和主管部门给予充分注意的。

2015 年关于景区门票价格引起民众广泛注意的，还有国家旅游局 2005 年 5 月首批"全国旅游价格信得过景区"发布后引起的争议。尽管本撰稿人在其发布前就通过媒体肯定了"在政府引导和景区自愿的原则下创建'全国旅游价格信得过景区'，不仅以法律为基础实施了对以公共资源为依托的景区的价格的引导，而且也是在旅游行业中推动诚信经营的一个实实在在惠及民生的好举措"[①]；并且在这一名单发布后第一时间就通过"央广财经评论"给予此措很高的评价。但却因对其具体内容缺乏了解而引起了部分民众质疑。其实"全国旅游价格信得过景区"的发布只是国家旅游主管部门推动景区门票价格管理改革工作的一部分，它针对景区实施一票制、价格无欺诈、特殊人群优惠、预约优惠、公布价格构成、三年不涨价等社会关注的核心问题，对参与创建"价格信得过"的景区提出了六条承诺条款；本着自愿、透明原则，在全国 30 个省区市的地方旅游部门和各地旅游景区的支持下，从而取得了全国 1801 家旅游景区对此签署承诺书的成绩。可是基于进入这个名单的景区都是自愿签署协议书的，所以有关部门不能把所有知名景区硬拉进来，更何况许多大型知名景区还是由它的直接上级领导的；而且签署协议书的景区也还有"实施一票制"的门槛，……所以有民众提

---

① 《南方日报》，《"价格信得过景区"能否让价格稳定下来》2015 年 4 月 1 日。

出的"1801家上榜景区中知名5A级景区不多"等问题，其实是有其客观的现实因素的。如果一定要从中找出值得人们关注的问题的话。那就是三年之后，这些景区会不会以"三年不涨价"的承诺到期而纷纷提出涨价；如果出现这样的问题，该如何来处理？在这个问题上，还得及早依据《中华人民共和国旅游法》找出具体的对策来才是。

（2）长假日的过分拥挤

由于这些年来出行旅游的国人越来越多，全国著名的景区也毕竟有限，所以假日中许多地方游人非常拥挤，也就是十分自然的事了；但是近年国庆长假日的过度拥挤，却仍然引起了各种舆论热评如潮。其间除了游客心中不快是不难理解的外，议论中关于原因的分析和缓解办法的思考更是十分有益的。应该说，这也是中国旅游休闲面临的极大挑战。

表15　2003～2012年"十一"黄金周人数与境内旅游人数增长的比较

年份	"十一"黄金周境内旅游人次数			全年境内旅游人次数		
	人次数（亿人次）	同比增长（%）	五年平均增幅（%）	人次数（亿人次）	同比增长（%）	五年平均增幅（%）
2003	0.89	11.5		8.70	−0.9	
2004	1.01	12.1		11.02	26.7①	
2005	1.11	10.5	12.23	12.12	10.0	12.89
2006	1.33	19.3		13.94	15.0	
2007	1.46	9.6		16.10	15.5	
2008	1.78	22.1		17.12	6.3	
2009	2.28	28.5		19.02	11.1	
2010	2.54	27.1	23.82	21.03	10.6	12.93
2011	3.02	18.8		26.41	13.2	
2012	4.25	23.3②		29.57	12.1	

说明：①因为"非典"的影响，2003年全年旅游人数骤减，所以在2004年全年国内旅游人数便出现了恢复性的陡增。②如将2012年的数据与2011年数据直接比较，则其增幅为40.9%，基于2012年的"十一"黄金周是加上了中秋节的1天形成的，故这里改以7天的可比数计算，实为23.3%。

资料来源：2003～2012各年《"十一"黄金周旅游统计报告》；2004～2012各年《中国旅游统计便览》。

　　表 15 中的十年，可以分为前后两个五年，2003～2007 是实施"五一"长假制度的五年，2008～2012 是取消了"五一"长假制度的五年。从表上的正式资料可以看出：①未取消"五一"长假制度的前五年，"十一"黄金周的旅游人次数的增长，大多处在 10% 略多一点的区间；而取消"五一"长假制度的后五年，"十一"黄金周旅游人次数的增长，大多一下子跳到了 20% 以上。那么造成后五年"十一"黄金周游人倍增的原因究竟在哪里？②如从五年的平均增幅来看，问题就更清楚：前五年，"十一"黄金周旅游人数的平均增幅为 12.23%；而后五年，"十一"黄金周旅游人次数的平均增幅却是 23.82%，几乎为前五年的两倍。是不是取消"五一"长假制度之后把游客从"五一"硬挤到了"十一"？③如果从全国全面的情况来分析，还可以看出，取消"五一"长假制度的前后五年，全国境内旅游的增长各年的差距并不十分显著，前后五年的全年平均增幅也都是 12% 略多一些（12.89%、12.93%）；前五年"十一"黄金周旅游人数平均增幅的 12.23%，与同期全国 12.89% 的增幅是相当一致的；然而后五年，"十一"黄金周旅游人次平均增幅的 23.82%，却几乎是同期全国 12.93% 增幅两倍，或者也就是说，后五年的变化是"十一"黄金周对全年游客的增长产生了极大地吸附。

表 16　近十年"十一"长假期旅游人数增长与全年旅游人数增长比较

年份	"十一"旅游人次数				全年人次数		"十一"在全年的比重（%）
	人次数（亿人次）	比上年净增长（亿人次）	同比增长（%）		人次数（亿人次）	年增长率（%）	
			直观比较	可比口径			
2005	1.11	0.10	10.5	10.5	12.12	10.0	9.16
2006	1.33	0.22	19.3	19.3	13.94	15.0	9.54
2007	1.46	0.13	9.6	9.6	16.10	15.5	9.07
2008	1.78	0.32	22.1	22.1	17.12	6.3	10.39
2009	2.28	0.50	28.5	28.5	19.02	11.1	11.99
2010	2.54	0.28	27.1	27.1	21.03	10.6	12.08
2011	3.02	0.48	18.8	18.8	26.41	13.2	11.44

续表

年份	"十一"旅游人次数				全年人次数		"十一"在全年的比重（%）
	人次数（亿人次）	比上年净增长（亿人次）	同比增长（%）		人次数（亿人次）	年增长率（%）	
			直观比较	可比口径			
2012	4.25	1.23	40.9	23.3	29.60	12.1	14.36
2013	4.28	0.03	0.7	15.1	32.62	10.3	13.09
2014	4.75	0.47	10.9	10.9	36.11	10.7	13.15

说明：由于2012年"十一"长假期一天"中秋"假日出现了叠加，以致其游客人次数变成了8天的合计，所以"同比增长"便出现了两个数值。而2013年的长假日只有7天，以致游人的绝对数增长就不明显了。

资料来源：2004～2014年各年《"十一"黄金周旅游统计报告》。

　　表16反映的近十年的情况。特别注意的是表16中所列的每年"十一"长假期旅游人数的净增长和"十一"长假期游人数值在全年的比重。从表16中不难看出，①在取消"五一"长假制度前的2005年、2006年、2007年三年，每年"十一"长假期旅游人数的净增长范围是1000万～2200万人次；而2008年以来的七年，每年"十一"长假期旅游人数的净增长，一度达到了1.23亿人次。②在取消"五一"长假制度前的2005年、2006年、2007年三年，"十一"长假期游人在全年所占比重都处在10%以下（分别为9.16%、9.54%、9.07%）；而在取消"五一"长假制度之后的几年，"十一"长假期游人在全年所占比重便都越过了10%（分别为10.39%、11.99%、12.08%、11.44%、14.36%、13.09%、13.15%）。让长假期的7天时间来接待全年365天的百分之十几的游人（比平均一个月的接待量还多），怎么会不拥挤？

　　面对游人过度集中的这种挑战，其化解的办法大致有三。如果简而言之，一是在积极落实带薪年休假的同时，进一步优化目前的法定假日制度（包括制定落实带薪年休假的具体办法与措施，增加法定假日，以及恢复"五一"黄金周等）；二是加强长假日的旅游休闲供给，并注意对游人的疏导（如各地改善交通条件，进一步培育更多的旅游休闲目的地，拓展著名景区的接待能力，实施旅游景区门票预订，推动景区疏导预案和疏导措施的落实等）；三是增加其他类型的休闲供给，并给广大居民以多样休闲方式和休闲技能的辅导，这不仅能够进一步丰富居民的休闲，也是对居民假日休闲过于集中于旅游的分流。

（三）乐观的前瞻

首先，由于有了 2013 年 2 月公布的《国民旅游休闲纲要》和 2013 年 10 月 1 日开始实施的《中华人民共和国旅游法》，中国居民的旅游休闲已经迎来了它千载难逢的机遇。随着各地地方政府和旅游主管部门对旅游休闲认识的加深，执行力度的加大，随着各相关部门对休闲的重视，展望未来，中国百姓的旅游休闲的确正在迎来它发展的新时期。

其次，由于多因素的促进，这两年，地方和民间资本对旅游休闲的关注度有了更多的提升，规划、投资和新技术新理念的运用，正处在一个前所未有的成长期。可以展望，旅游休闲的供给即将出现一个前所未有的新态势。

最后，近年来，旅游休闲的研究也正在形成一个新的活跃期。不同个人、不同民间机构、不同院校、不同研究部门、不同企业、不同会议、不同媒体等，正在以各自研究探索为基础发出自己的声音，一个表现为非主流、非中心的旅游学术研究的百家争鸣气氛正在开始出现。这些研究，将有可能为中国旅游休闲的发展增添更多的理论和人力的支撑。

中国居民旅游休闲生活的改善与丰富，也正需要全国上下的共同努力。"预测未来的最好办法，就是把它创造出来"，愿未来学家这样的名言能够给我们带来更多的激励和启迪。

主要资料来源

全国人民代表大会常务委员会：《中华人民共和国旅游法》，2013 年 4 月 25 日。
中华人民共和国国务院办公厅：《国民旅游休闲纲要（2013 - 2020 年）》，2013 年 2 月 2 日。
中华人民共和国国家统计局：《国民经济和社会发展统计公报》2010～2014 各年。

国家旅游局：2010~2014各年《旅游抽样调查资料》，中国旅游出版社，各年。

刘德谦、高舜礼、宋瑞：《2010年中国休闲发展报告》，社会科学文献出版社，2010年5月。

刘德谦、高舜礼、宋瑞：《2011年中国休闲发展报告》，社会科学文献出版社，2011年4月。

刘德谦、唐兵、宋瑞：《2012年中国休闲发展报告》，社会科学文献出版社，2012年6月。

http：//www. gov. cn，中华人民共和国中央人民政府网。

http：//www. stats. gov. cn，中华人民共和国国家统计局网。

http：//www. cnta. gov. cn，中华人民共和国国家旅游局网。

http：//www. people. com. cn，人民网。

http：//www. china. com. cn，中国网。

http：//www. xinhuanet. com，新华网。

http：//www. toptour. cn，第一旅游网。

G.3
中国旅游演艺发展：趋势、问题与建议

魏小安*

摘　要： 中国国民消费的发展趋势、新的产业体系以及宏观环境的变化等促使旅游演艺发展成为一种重要的消费和投资领域。未来，中国旅游演艺将形成具有民间性的广场演艺、具有传承性的室内演出、具有震撼性的实景演艺、具有亲和性的日常演出等不同类型，并呼应"一带一路"战略，通过"一企一金"的运作模式走向世界。

关键词： 旅游演艺　趋势　建议

旅游演艺在中国是一个相对比较新的事物，必然要形成新的模式，要谋求新的发展。在这里，最重要的是三个问题：一是要以战略为导向，紧跟国家的大战略；二是以人性为基点，只有契合人性，才会有商业性，也自然会有文化性；三是以特色为灵魂，旅游演艺必须得讲求特色，形成自己的灵魂。

一　中国国民消费的大趋势

（一）旅游消费是中国经济新常态的必然发展

从一般的消费发展阶段看，在求温饱的时期，主要解决"吃、穿、用"

---

* 魏小安，世界旅游城市联合会专家委员会主任，中国社会科学院旅游研究中心特约研究员。

的问题，基本上是人们在 20 世纪 80 年代的追求。在进入小康时期之后，形成新的概念——"住、行、游"，住是房地产市场的培育，行是交通体系的培育和汽车产业的完善，把游字加上去，是旅游发展的根本定位，意味着旅游成为小康生活的基本要素，是小康社会的发展目标之一。这就是人们现在所处的阶段。目前房地产市场已经遇到天花板，这是一个态势，除了一线城市，北、上、广、深，基本上现在房地产市场在风雨飘摇。交通体系培育现在算是比较完善，也推动了旅游的发展，可是汽车产业再往下好像也没法发展，很多城市现在都开始限行、限号。如此看来，只有旅游消费可以说是无止境的。到中等发达时期，是更多的精神消费追求，是"文、体、美"的概念，这是旅游消费普遍化的时期。到发达时期，是"多、新、奇"的个性化消费时代，基本上美国的消费就是多、新、奇的追求。目前中国的特点是融各个阶段于一体，各种旅游方式丰富多彩。中国是一个大国，人口众多，这四个层次的消费同时存在。比如说在沿海发达地区，追求文体美，追求多新奇，可是在一些落后的地区现在可能还只是吃穿用的追求。总体而言，旅游消费是经济低迷的亮点，是中国经济新常态的必然发展。从本质上来说，这是我们的研究背景。

（二）国民旅游消费呈现新的特征

目前中国的国民旅游消费呈现如下六个特征。

一是全球消费。2014 年中国出境人数是 1.14 亿人次，总消费花费额是 1.2 万亿人民币。这个数字还是很惊人的。国务院还专门责成有关部门研究。习近平主席曾经在大会上指出，未来五年，中国将有五亿人次出境，产生五万亿元的消费。二是全值消费。现在的旅游者是有经验的旅游者，其基本特点就是追求价值。例如 20 世纪 90 年代国内旅游刚刚兴起时，大家追求的是看的越多越好，花钱越少越好，而现在的市场环境则明显不同了。三是全程消费。旅游者的消费，形成了一个消费链，围绕消费形成服务链，再进一步形成产业链，在产业链里面必然形成一个利益链，这个利益链就是各个方面如何分配，旅游里面存在很多问题实际上都出在利益链上，最后形成一个价值链。旅游者要感受到自己的旅游价值，我们通过为旅游者的服务要获取价值。四是全域消费。从点、线、面到域，一直到境。五是全家消费。现在是合家出行，有的不是合家出行，但是一个人代表一个家庭的购买力，或者代表一个朋友圈子的购买力。六是全年消费。尤其是年轻人，不拘时间，只要"够酷"。原来还得研究什么时间、什么状态，旅游淡季、旺季、平季，现在只要有时间就出去。

（三）新的产业体系正在形成

旅游娱乐消费已经成为一种新的社会消费方式。这种方式不同于日常生活的娱乐，具有更深的文化性和传承性，具有更多的创新性和差异性。目前，对应市场的需求，一个新的产业已经开始形成，形态多种多样，模式千变万化，电影人、文化人、投资人、旅游人各种组合，正在创造一种新的格局，谋求新的发展。总体而言，作为一个产业已经形成了。

（四）宏观环境发生变化，对旅游演艺提出新的要求

一是消费水平已经提升。30 年以前，中国的人均 GDP 300 美元，现在是 7500 美元。如果在那时候我们搞类似《长恨歌》这样的项目，后且不论能不能搞出来，就是能搞出来也不能有这样的消费水平。现在不同了，我们已经是中等收入国家，已经步入工业化发展的中后期。二是交通条件极大改善。从交通不便到四通八达，什么道路创造什么市场。原来我们最大的困难就是交通，现在交通问题基本上不影响发展，包括一些曾经是交通不便的地方，比如说新疆、西藏这些地方，内蒙古、青海，现在交通都很方便。这就涉及项目选址，在原来的交通条件下是不可能的，别说更远的地方，就是像武隆这样的地方，十年以前都不可能。我上次去武隆是 2007 年，那时觉得是远天远地，来往不易，现在轻轻松松，所以印象武隆才可能做成。三是从城镇化起步到城市群。像这样的实景演出尤其是规模比较大的实景演出，为什么在国外做不了，很大程度上是因为人口少，没有这么大的城市规模，尤其是没有这么大的城市群的规模。在欧洲 30 万人的城市算是一个较大城市，

50万人的城市算"大城市"，而在中国，50万人口对城市而言，是非常小的规模，甚至算不上城市，只能说成一个镇。比如说北京的天通苑小区，一个小区住了50万人，但在我们的概念里，就是一个小区正是这样的城市规模和依托，才使这个产业能够进一步发展。四是从本地眼光到世界视野。原来做这样的东西基本都是本地眼光，这些东西很早就有一些，但是基本上就是随起随灭，现在不同了，现在我们是世界视野。所以，旅游演艺，尤其是实景演艺，应当有几个要求。

一是追求世界水平，达不到就别干。如果按这个要求，现在多数产品都得淘汰，但是有不同的消费层次，所以许多产品都可以"混"下来。比如说一个很差的东西，要按我们的眼光来看简直不能看，但是因为有初级需求，所以这样的初级产品也可以对应，在市场上可以看到。二是中国特色，人口众多，需求外溢。城市休闲空间短缺，度假产品不足，这是我们的基本状况。可是我们的观光产品现在至少供求是平衡的。之所以变成这么多中国人出去，也不光是买东西，我们的度假需求是刚性需求，刚性需求已经形成了，但是我们的供给不足，所以形成了需求外溢。三是大规模。规模小难以适应需求，难以形成品牌，难以创造效益。现在一个状况就是规模越做越大，虽然大有大的风险，但是追求大规模是一个必然的趋势。四是花样众多，汇总项目，集中消费。五是丰富功能，娱乐第一，快乐度假，商业充实，新型生活。从产业的格局来看，这样一个格局基本形成。当然要从总体供求关系来看，我们现在还差很多。总体来看，现在的旅游演艺并不是做多了，做过头了。从总的供求关系来看，还差很多。

二　关于旅游演艺

这里所说的旅游演艺是超越了实景演出的大概念。

（一）国际上的旅游演艺方式

国际上三种主要类型：一是户外演艺。比如说埃及、希腊、西班牙等国家都有，但是这种户外演艺是在资源基础上的简单利用，规模也小，形不成震撼力。二是室内演出。室内演出在国外是非常发达的，代表性的就是法国红磨坊、英国音乐剧、纽约百老汇，像这样的东西我们现在只能望其项背，追不上。三是广场演艺。广场演艺遍布城市、丰富多彩。在中国，广场演艺现在基本没有了，历史上有，比如说北京的老天桥、上海的大世界，都是广场演艺的格局。国外的广场上会有各种杂耍、各种演艺。

这样形成了三个主要作用：一是展示文化。三种主要类型的旅游演艺充分展示了一个地方的文化。二是创新产品。尤其是民间的这种创造力无穷，像广场演艺，完全是个体户的形式，创造力反而更强，最近上海开放，给一百多个人发了牌子，可以在城市里面公开合法地进行演艺活动。三是推崇意境。恰恰这种丰富多彩的组合，构造了一种意境，也在推崇一种意境。

（二）中国旅游演艺的发展

1990 年，国家旅游局从旅游者的消费链出发，提出"行游住食购娱"六要素，并设立了文娱生活指导处，作为工作机构，选择了全国七处节目及机构，加以推广。但是，始终没有见到突出效果，工作机构也撤销了，文娱生活指导处当时在管理司，后来调整到综合司去，最后就没了，他们说我们实在找不到事干，原因还在？初级阶段的需求，市场不成熟。但是对应外国旅行团的一些项目表现了生命力。可是在国内的旅游需求和发展过程中，那时候确实没有形成。

总体上来看，中国的旅游演艺大体上经历了三个阶段：第一个是起步阶段，以西安唐乐宫为代表，30 年坚持不懈，到现在已经演了 8700 多场。之后就是宋城千古情，与景区结合，后来发展到大家可以不看景区，但是必须看这台演出。第二个是摸索阶段。各类节目起起落落，多数是红磨坊模式，多数做不下去。当时在北京就有十几个这样的节目，最后多数做不下去。第三个是创造阶段。超越室内，开拓山水实景。这里面有两个典型，一个是印象系列，按照我的评价，是"成功的开端，不景气的后续"。如果一个模式到处套用，不追求创新，这个东西恐怕很难弄起来。此外，对当地文化的把握和挖掘得透不透也很关键。另一个典型是梅帅元系列。基本上是好产品突出，一般性存在，这也是客观评价。看《天门狐仙》是一种震撼，看《禅宗少林》是一种感染。不管怎么样，这两个系列应该说开创先河，形成了好的导向。

总体而言，旅游实景演出成为中国的突出创造。一是实景的运用，这种运用在中国目前来说，已经达到了比较高的水平。二是文化的凝聚，通过对当地文化的挖掘、整理、创新，构造了一种新的文化，所以这种东西完全不是原生态的，而是一种新生态的。三是手法的应用，声光电包括各种各样的新手法都得到了全面应用。四是规模巨大，在国外是很难看到的。五是市场的呼应。中国已经达到 7500 美元的人均 GDP 水平，人们也有很强的文化追求，尤其是年轻人的文化追求。

这些项目，带来了各方面的效应。一是创造了乡土与现实的深度结合。几百个群众演员天天要演出，当地的老百姓在其中得到了实惠，得到了个人价值的肯定。二是创造了文化与市场的良好结合，这种结合程度就现在来看，我评价很高。三是创造了中国旅游的全情体验，这个词是我发明的。就是把你全部的情绪抓住，全部的情感吸引过去，这种深度体验就是全情体验。我看《印象刘三姐》《禅宗少林》《长恨歌》都是这种感觉。实际上《长恨歌》我已经看过两次了，但是仍然被吸引住，这就是一种全情体验。四是创造了世界旅游的亮点，就从世界范围来说，中国这样成体系、成规模的实景演艺，应该说是一个亮点，相信今后也会成为吸引世界旅游者的一个亮点。

分析原因，主要有以下几个方面。一是文化人创新。中国文化人很多，但是能创新的文化人不多，但毕竟有一批文化人进入这个领域创新。二是迅速形成了商业化模式，这种商业化模式的形成，实际上给这一类节目奠定了一个扎实的基础。三是消费提升。四是文化追求。五是群体巨大。六是有新一代的消费者产生。当然现在也形成了竞争的态势，这个竞争的态势就是大投资、大场景，追求大效果。百花齐放是好事，但争豪竞奢不是好引导。就项目来说，一是投资过量，价格偏高。二是金玉其外，内涵不足，追求的只是形式上的效果，看着震撼。三是成本较高，难以为继。四是一次轰动，大片效应。五是劣币淘汰良币。当然也不乏成功的例子。例如，目前华侨城形成了世界最大的演艺格局，十台节目、十个场地、五千演员，常演常新，形成了一个经验积累和人才的积累，应该说这是一个规模化的运作。再如陕西旅游集团，《唐乐宫》成为经典，《长恨歌》形成品牌，《延安保育院》一炮而红，形成系列。现在来看，主题公园配歌舞，景区配歌舞，度假区配歌舞，这是一种综合配置，对应市场。

（三）中国旅游演艺发展的深层分析

按照陕西旅游集团张小可的说法，旅游演艺就是要做到"政治上站得住"，"艺术上树得起"，"市场上做得稳"。第一代讲印象，第二代讲故事。这个话是挺新鲜的话，我们的故事怎么讲？也得研究和需求的对应。现在最大的问题是大家没有耐心。网络化培养了人的快捷、方便，但是也减低了人的耐心。梅帅元老师说，两种不同审美体系的两种产品，中国寄情山水，西方看重人体，说得非常精采。我们之所以这个东西能够走到今天，从文化角度来说，是两种不同审美体系的产品——中国创新实景演出，美国拉斯维加斯秀。把最好的文化放在最美的山水中，此山，此水，此人。故事发生地，无可替代，可以长盛不衰。中国社会科学院的张晓明研究员说，要体现地方文化的记忆，国家层面的记忆。中国故事要有中国表达。说到底，旅游演艺是"内容为王，安全为要，特色为魂"。这里面是价值发现、体验发现和市场发现的问题。怎么发现价值？从项目选址、故事设计到整个一套流程，都涉及价值发现和价值挖掘问题。如何发现体验？作为生产者，作为创意者、供给者，要研究价值发现，但是要给观看者一个体验发现。所谓体验发现就是超出了其预期。我相信这几个经典性的节目，这种体验发现是永恒的。最后是市场发现，以前是酒好不怕巷子深，现在酒好也怕巷子深，但是无论如何，首先得酒好，要没有好酒，就是在大街上照样不灵。

（四）中国旅游演艺的发展前景和方向

旅游演艺产品在中国的发展还有着巨大的空间。即使有的项目失败了，但也是摸索过程中的失败，也不能就此认为是这个行业不行。真正成功项目的共性是契合人性，挖掘特色，构造灵魂，打动人心，这些是共性的东西。当然表现手段各有各的手段，题材各有各的题材。就下一步而言，应该倡导一个比较健康的发展方式，因此要制定相应的标准，通过分等定级的方式来引导。

就中国旅游演艺未来发展方向而言，主要是以下几类产品：一是广场演艺的民间性，要大力推行。我始终觉得在广场演艺方面，中国差得太多，到现在为止看不到这些东西，只有少数地方能够看到一点。二是室内演出的传承性，尚待锤炼。现在的室内演出项目基本上没有什么经典的项目，都是三天打鱼两天晒网，然后就过去了，所以尚待锤炼。三是实景演艺的震撼性，要分类发展。下一步恐怕需要研究这个，有的是山水实景，有的是山水和历史的融合，有的就在一个历史场景里面，比如说借助长城做一个，不是山水而完全是历史的东西。所以恐怕需要分类发展，因为每一类都有自己的不同的特点，每一类也会有不同的市场格局。四是日常演出的亲和性，要吸引参与。我们现在日常演出也很少，在国外经常能碰到，比如说到一个旅游区，往那儿一坐，几个小表演就过来了，觉得挺好玩的，游客走了演员也走了，又一波人来了换一下，这就是日常演出。甚至在某一个广场都能感觉到这种，有点类似咱们现在快闪的东西，让人觉得很好玩，就是一种亲和性，而且可以吸引大家的参与。五是晚宴秀的普遍性，要锦上添花。这五类会形成一个非常丰富的结构，当然也有产品结构的合理性问题和科学性问题。这需要进一步研究。

三 中国实景演出的世界化

（一）指导思想

指导思想就是李肃先生提的金木水火土，金：文化之金，要挖掘。

木：创意之木，要变化。水：艺术之水，要完美。火：资本之火，要产业。土：市场之土，要延伸。产业化发展，全球化机会。这是我们一个总的指导思想，而且就现在来看，这些条件我们都有了，所以这个事就可以运作了。

（二）呼应"一带一路"战略

中国古代对外贸易通道主要有三条：汉唐陆上丝绸之路，宋明海上陶瓷之路，蒙元草原茶马之路。其间有交错，有重叠，也有各种小的通道。从历史上来说是这样，现在把它简化成"一带一路"。如今中国已是世界第二大经济体，资源需求、海运需求、发展需求都不小。大国需要大战略，大国谋求大突破。这个国家战略的实质就是谋求国际格局。在此过程中，要实现从中国制造到中国创造、从粗放型向集约型发展的转变。现在中国的产能输出、资本输出、技术输出包括游客输出、能源输入、物产输入、文化输入，这一系列的输出输入实际上给我们提供了一个重大机遇。"一带一路"涵盖 44 亿人口，GDP 规模达到 21 万亿美元，分别约占世界的三分之二和三分之一。互联互通是目标，共同发展是根本。此乃大国之举，应谋大国之局，体现大国气度。就中国在世界上的格局来说，原来是边缘者，后来是参与者，现在应该努力成为引领者和塑造者。从"走出去"到"一带一路"，从探索到开拓，旅游首当其冲。

（三）一企一金运作

建议组建中国实景演出公司，采用混合所有制的方式，培育一个资源能够互补、能够优化整合的企业。建议组建实景演出发展基金，支持公司运作。建议按照"一地一景""一地一故事""一地一演出""一城一产业群"的方式推进。八千公里丝绸之路，中国段不用说了，中亚段非常有特色，有非常好的资源。比如说吉尔吉斯斯坦有一个湖，当年苏联高层领导们都到那儿度假，也是世界自然遗产。类似这样的东西很多。如果能够挖掘出这么几个点来，就构造了对中国人的吸引力。通过旅游演艺打头突破，形成产业群。

（四）培育发展条件

一是要国家支持，对应国家战略。实际上就是各个部门，这个题目各个部门都会支持，都觉得给他的工作添彩。二是世界格局，对应世界发展。三是中国积累，创造世界高端。四是系列形成，可以系统输出。从国家来说，经济硬实力，军事刚实力，科教长实力，文化软实力，旅游巧实力。旅游应当成为"一带一路"战略的突破点，文化成为起爆点，实景演艺成为重点。制造业以高铁为象征，文化旅游业以实景演艺为重点。

四 未来的发展趋势

从旅游角度看，生活可以分为两种，一是宅在家里，二是行在路上。前者是卧游、神游，后者是身游、壮游。从个人而言，旅游是短期的生活过程。从社会而言，则是长存的生活方式。旅游休闲度假，从生活要素，到生活元素，到生活目标。"世界这么大，我想去看看"。农业社会，与之对应的是少数人的漫游。工业社会，与之对应的是多数人的观光。后工业化社会，与之对应的是全体人的全面休闲。休闲是旅游的蓝海，几千年来，我们一直在说家园，在追求家园。当代社会，工业化发展，城市化膨胀，只能有家不可能有园。休闲就在构造新园，空间分离，质量提高，公共园林，休闲生活。大园弥补小家，质量弥补距离。

未来中国旅游业的转型升级，从单一观光到复合型，观光旅游出人气，休闲度假出财气，文化旅游出名气；商务旅游主导，特种旅游补充。旅游资源无限制，靠差异吸引；旅游行为无框架，以合法为底线；旅游体验无穷尽，涵盖古今中外；旅游消费无止境，旅游产业无边界，旅游发展无约束，创意为王。旅游发展要达到五看（想看、可看、好看、耐看、回头看），形成五可（可进入、可停留、可欣赏、可享受、可回味），强化五度（差异度、文化度、舒适度、方便度、幸福度），建设五个力（视觉震撼力、历史穿透力、文化吸引力、生活沁润力、快乐激荡力）。

从本质上看，旅游具有超越性，超越平庸的日常生活，超越紧张的工作状态，超越所谓的成功追求。其核心是追求幸福最大化。未来的社会观念会发生变化，从"不会休息就不会工作"到"工作是为了休闲"。

G.4
中国网络游戏发展现状及前景展望

雷 霞*

摘　要： 随着网络技术的不断升级，移动终端的革新与发展，大众休闲娱乐的逐渐多元化，网络游戏成为非常重要的一种网上休闲娱乐形式。多媒体终端和智能手机用户的快速增长以及社交网络的普及，手机网络游戏和社交网络游戏发展迅速。随着网络游戏用户向低龄化拓展，付费用户数量增加，未来网络游戏将更加展现出移动化、社交化、多平台互通化等特点。同时，随着多种游戏课件走向课堂，学习也将变得更加游戏化，而高品质的寓教于乐的知识型游戏将有很大的发展空间，或许将成为游戏产业良性发展的有效路径之一。

关键词： 网络游戏　移动化　社交化　知识化

　　随着新媒体技术及多媒体娱乐终端和平台的发展，互联网已经成为大众休闲娱乐的重要平台，网络游戏因其本身固有的娱乐属性成为网上休闲娱乐中非常重要的组成部分，成为满足大众，尤其是青年群体休闲娱乐需求的重要途径。同时，网络游戏产业不仅成为中国休闲产业的重要组成部分，也成为大国间文化竞争和激荡的重要平台。然而，大众对网络游戏产业的态度则是充满纠结与矛盾的。一方面，顾虑游戏带来的负面效应，尤其是对于未成年

---

* 雷霞，博士，中国社会科学院新闻与传播研究所助理研究员，主要研究方向为新媒体传播、组织文化传播、游戏文化传播等。

人沉迷于游戏而"不务正业",或受不良游戏影响而做出不当行为(甚至犯罪)充满担忧;另一方面又考虑到对游戏带来的轻松娱乐休闲体验及其带给玩家网络协作团队组织参与、学习体验、工作角色模拟等方面的益处表示认可。因此,努力降低游戏的负面效应,强化其正面效应极为必要。只有网络游戏走向正面、阳光和全民化,游戏产业才能更加朝着积极、稳固的方向发展。

一 中国网络游戏发展现状

近年来,中国网络游戏用户数趋于稳定,进入增长缓慢期。同时,随着智能手机等移动多媒体终端的发展和普及,网络游戏走向多种平台和移动终端,其中,手机网络游戏占比持续增大。中国网络游戏用户以青年为主体,学生占比大,并有向低龄化拓展的趋势。中国网络游戏市场实际销售收入逐年增加,其中自主研发网络游戏市场增幅显著。

(一)2014年网络游戏用户概况

1. 网络游戏用户规模整体增幅不大,手机游戏更为普及

根据中国版协游戏工委(GPC)发布的《2014年中国游戏产业报告》,2014年中国游戏市场用户数量约达到5.17亿人(包括客户端游戏、网页游戏、移动游戏、社交游戏和单机游戏五个部分),比2013年增长4.6%。[①]中国互联网络信息中心(CNNIC)发布的《第35次中国互联网络发展状况统计报告》显示,截至2014年12月,网民中整体游戏用户的规模为3.77亿,占网民总数的58.1%。2010~2013年以来,中国网民游戏用户数逐年上升,但网民中游戏使用率逐年下降,2014年,使用率有所回升(见图1)。[②]究其原因,CNNIC归因于"手机网民的增长远高于PC网民的增长,

---

① 中国音数协游戏工委(GPC)、CNG中新游戏研究(伽马数据)、国际数据公司(IDC):《2014年中国游戏产业报告》(摘要版),中国书籍出版社,2014,第13页。
② 中国互联网络信息中心:《第35次中国互联网络发展状况统计报告》,2015年2月3日,http://www.cnnic.net.cn/hlwfzyj/hlwxzbg/。

而对应的手机网游的发展则比较滞后。随着 2014 年手机网络游戏逐步走向成熟以及游戏用户终端设备的普及，这一状况正在被扭转。"① 笔者认为，除了上述原因之外，网民使用网络的更加多样化的选择，尤其是微博、微信等社交媒体的普及也是一个重要影响因素。而随着社交媒体中内嵌的游戏的增多，游戏使用率有所回升，也在情理之中。

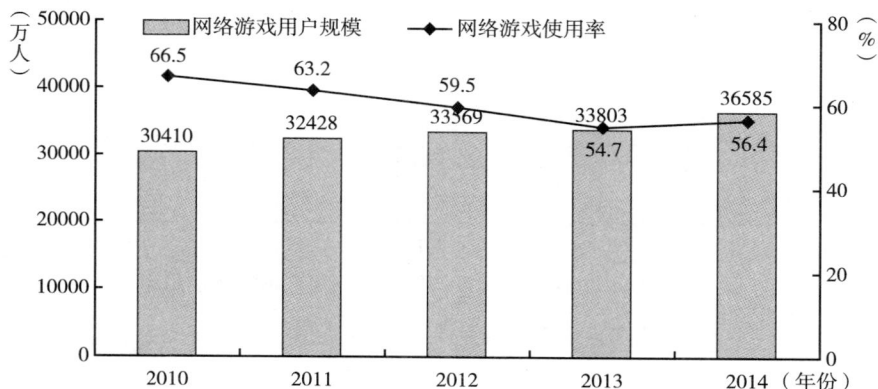

图1　2010～2014 年中国网络游戏用户规模及使用率

资料来源：CNNIC 发布《第 35 次中国互联网络发展状况统计报告》。

近年来，随着移动终端技术的发展和无线上网技术的提升，网络游戏逐渐走向移动多媒体终端。2014 年，网络游戏用户中，使用手机的占比为 88.8%，使用 PC 台式机的用户占比为 74.1%，使用笔记本电脑的占比为 45.5%，使用平板电脑的占比为 37.5%，使用电视的占比为 17.1%。可以看出，网络游戏逐渐走向多平台、多终端，尤其是手机成为网络游戏用户第一终端平台。2014 年，中国手机游戏的用户规模为 2.48 亿，在手机网民中的使用率为 44.6%（见图 2）。② 与 PC 网络游戏用户规模增长缓慢形成鲜明

---

① 中国互联网络信息中心：《第 35 次中国互联网络发展状况统计报告》，2015 年 2 月 3 日，http：//www.cnnic.net.cn/hlwfzyj/hlwxzbg/。

② 中国互联网络信息中心：《第 35 次中国互联网络发展状况统计报告》，2015 年 2 月 3 日，http：//www.cnnic.net.cn/hlwfzyj/hlwxzbg/。

对比的是，手机网民中游戏用户数量的上升很快，由 2010 年的 0.78 亿增加到 2015 年的 2.48 亿，增长率为将近 318%，这主要得益于智能手机的普及及其游戏种类和数量的增加。

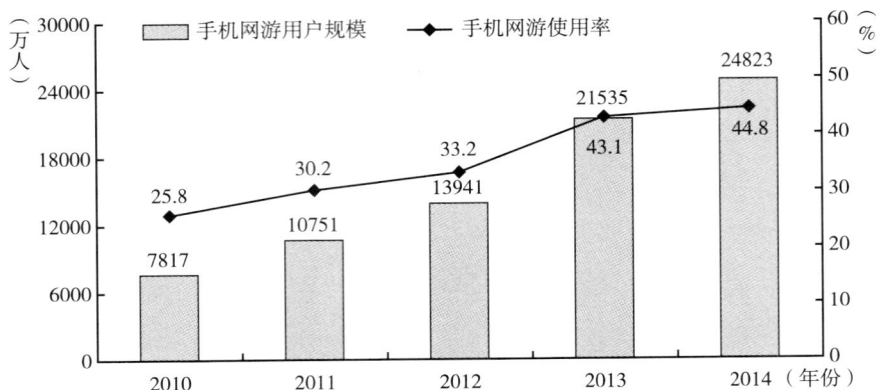

图 2　2010～2014 年中国手机网络游戏用户规模及使用率

资料来源：CNNIC 发布《第 35 次中国互联网络发展状况统计报告》。

2. 游戏用户以青年为主，并有向低龄化拓展的趋势

随着智能手机终端、社交网络平台附带游戏种类和数量的增多及其更加简便的操作，类似《愤怒的小鸟》《植物大战僵尸》《滑雪大冒险》等游戏变得普及，玩家的范围由传统意义上的游戏玩家拓展到家庭主妇和儿童，在年龄和受教育程度等方面都有了拓展。2012 年，中国网络游戏用户中占用户总量百分比最大的是 19～22 岁的年龄段，占用户总量的 27.5%；其次是 23～25 岁的年龄段，占用户总量的 20.3%；排第三位的是 30～39 岁年龄段，占用户总量的 17.7%；低年龄段中，13～15 岁的用户占用户总量的 4.7%；12 岁以下的用户占到了 1.5%[①]。2013 年，中国网络游戏用户群体以 20～30 岁为主要群体，约占到了整个网络游戏玩家的 85% 以上[②]。随着

---

① 中国版协游戏工委（GPC）、国际数据公司（IDC）、中新游戏（伽马新媒 CNG）：《2012 年度中国游戏产业报告》，2013 年 1 月 9 日。

② 07073 产业频道康康：《2013 年中国网络游戏用户整体特征分析》，2014 年 4 月 11 日，http：//chanye. 07073. com/guonei/802037_ 3. html。

4G 网络技术和包括智能手机和平板电脑等各种移动终端的普及，游戏用户形成以青年为主，并呈现出向低龄化拓展的趋势。

3. 游戏用户多半为男性

相关调查显示，2012 年中国网络游戏用户结构中，男性用户数占用户总量的百分比为 63.8%，女性用户占用户总量百分比为 36.2%。[①] 2013 年中国网络游戏用户男性占比为 71.55%，女性为 28.45%。[②]

4. 游戏用户以学生占比为最多

2012 年中国网络游戏的主要用户是学生群体，占用户总量的 30.6%；企业就职的一般职员，占用户总量的 15.3%；专业技术人员和自由职业者分别占用户总量的 11%、10.1%[③]。2013 年学生用户急剧增加，占比达到了 39.8%[④]。

（二）2014年网络游戏市场实际销售收入概况

1. 自主研发游戏市场实际销售总收入稳步增长

根据中国版协游戏工委（GPC）发布的《2014 年中国游戏产业报告》，2014 年中国游戏市场用户数量约达到 5.17 亿人，比 2013 年增长 4.6%；游戏市场（包含网络游戏、移动游戏和单机游戏等）实际销售收入达到 1144.8 亿元，比 2013 年增长 37.7%，其中中国自主研发网络游戏市场收入达到 726.6 亿元，比 2013 年增长 52.5%（见图 3）。[⑤]

---

① 中国版协游戏工委（GPC）、国际数据公司（IDC）、中新游戏（伽马新媒 CNG）：《2012 年度中国游戏产业报告》，2013 年 1 月 9 日。

② 07073 产业频道康康：《2013 年中国网络游戏用户整体特征分析》，2014 年 4 月 11 日，http：//chanye. 07073. com/guonei/802037_ 3. html。

③ 中国版协游戏工委（GPC）、国际数据公司（IDC）、中新游戏（伽马新媒 CNG）：《2012 年度中国游戏产业报告》，2013 年 1 月 9 日。

④ 07073 产业频道康康：《2013 年中国网络游戏用户整体特征分析》，2014 年 4 月 11 日，http：//chanye. 07073. com/guonei/802037_ 3. html。

⑤ 中国音数协游戏工委（GPC）、CNG 中新游戏研究（伽马数据）、国际数据公司（IDC）：《2014 年中国游戏产业报告》（摘要版），中国书籍出版社，2014，第 17 页。

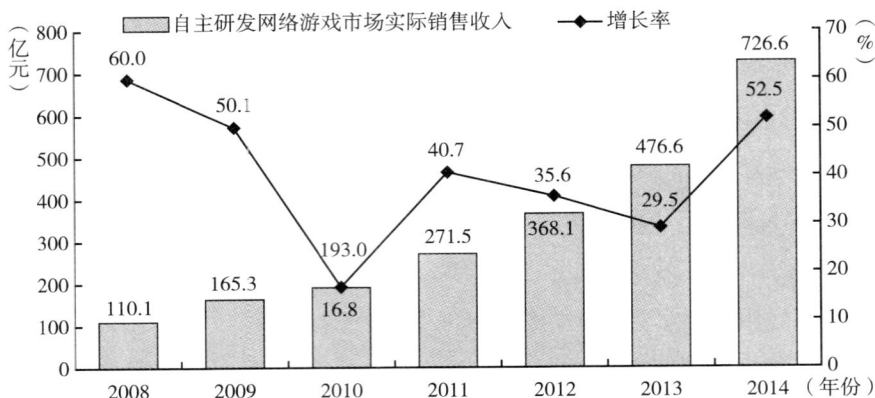

图3 2008～2014年中国自主研发网络游戏市场实际销售收入及增长率

资料来源：中国音数协游戏工委（GPC）、CNG中新游戏研究（伽马数据）、国际数据公司（IDC）发布《2014年中国游戏产业报告（摘要版）》。

2. 网页游戏增长趋势放缓，客户端游戏市场占有率大

2014年，中国游戏市场实际收入中，客户端网络游戏市场占有率为53.19%，网页游戏市场占有率为17.71%，移动游戏市场占有率为24.01%，社交游戏市场占有率为5.05%，单机游戏市场占有率为0.04%（见图4）。①

3. 移动游戏市场实际销售收入快速增长

2014年，中国移动游戏市场实际销售收入274.9亿元，比2013年增长144.6%（见图5）。②

4. 客户端游戏市场占有率呈下降趋势，社交游戏呈增加趋势

2012年，中国客户端网络游戏市场实际销售收入达451.2亿元，同比增长率为23%。③ 2014年，中国客户端网络游戏市场占有率为53.2%，比2013

---

① 中国音数协游戏工委（GPC）、CNG中新游戏研究（伽马数据）、国际数据公司（IDC）：《2014年中国游戏产业报告》（摘要版），中国书籍出版社，2014，第17页。

② 中国音数协游戏工委（GPC）、CNG中新游戏研究（伽马数据）、国际数据公司（IDC）：《2014年中国游戏产业报告》（摘要版），中国书籍出版社，2014，第68页。

③ 中国版协游戏工委（GPC）、国际数据公司（IDC）、中新游戏（伽马新媒CNG）：《2012年度中国游戏产业报告》，2013年1月9日。

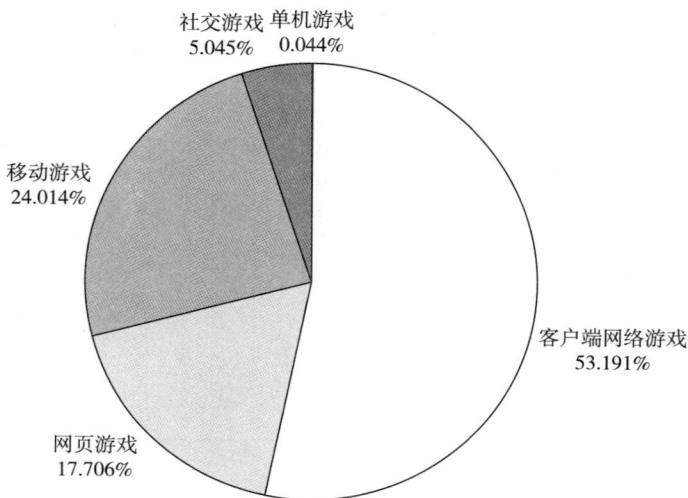

图4　中国网络游戏市场销售不同平台收入占比

资料来源：中国音数协游戏工委（GPC）、CNG中新游戏研究（伽马数据）、国际数据公司（IDC）发布《2014年中国游戏产业报告（摘要版）》。

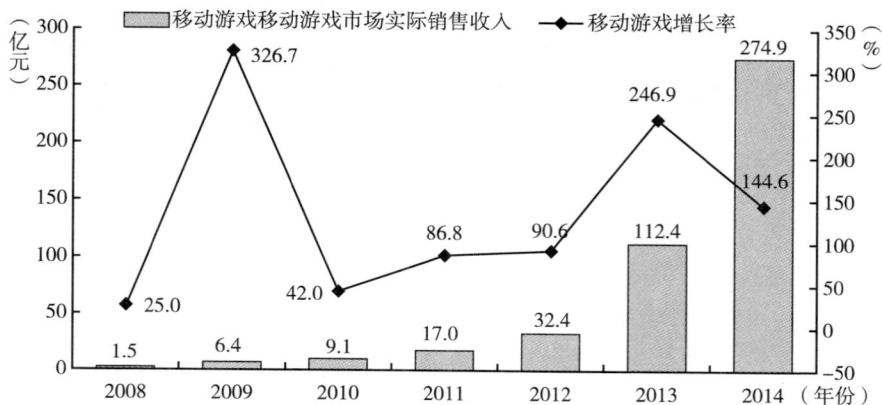

图5　2008～2014年中国移动网络游戏市场销售收入情况

资料来源：中国音数协游戏工委（GPC）、CNG中新游戏研究（伽马数据）、国际数据公司（IDC）发布《2014年中国游戏产业报告（摘要版）》。

年下降 11.3%（见图 6）。① 客户端游戏用户趋于稳定，向精品化与细分化方向发展。

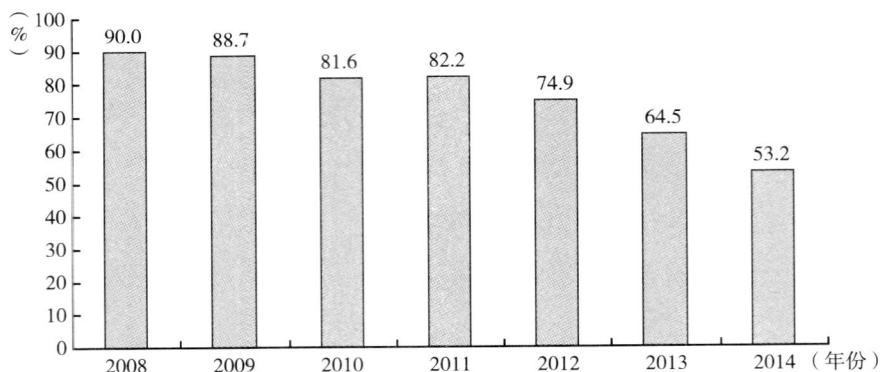

图 6　2008～2014 年中国客户端网络游戏市场占有率

资料来源：中国音数协游戏工委（GPC）、CNG 中新游戏研究（伽马数据）、国际数据公司（IDC）发布《2014 年中国游戏产业报告（摘要版）》。

与此同时，社交游戏市场占有率逐年增加。艾瑞咨询（iResearch）根据 eMarketer 发布的研究数据指出，2008 年中国社交游戏的收益仅为 7600 万美元，2009 年增长为 6.39 亿美元，2010 年的规模为 8.26 亿美元，2014 年整体的收益预估为 15.26 亿美元（收益包括虚拟交易、内置广告和赞助性收益三部分）。

二　影响中国网络游戏发展的因素

（一）网络游戏用户规模增长进入平缓期

中国互联网络信息中心（CNNIC）发布的数据显示，中国网络游戏用户规模 2014 年比 2013 年增长 2782 万人，2013 年比 2012 年增长 234 万人，

---

① 中国音数协游戏工委（GPC）、CNG 中新游戏研究（伽马数据）、国际数据公司（IDC）：《2014 年中国游戏产业报告》（摘要版），中国书籍出版社，2014，第 37 页。

2012 年比 2011 年增长 1141 万人。① 中国网络游戏用户规模增长明显进入平缓期。网络游戏用户不再出现明显的高增长，有多方面原因，其中一个最重要原因是随着多终端及其技术的发展，尤其是在 2012 年有明显用户增长率的多种移动应用 APP 的发展等，占用了用户的大量休闲时间，也为用户提供了更多休闲娱乐选择。

（二）游戏同质化现象依然严重

同质化依然是制约中国游戏产业发展的重要因素，往往一款成功的游戏背后就会跟随大量的模仿游戏，缺乏创新，内容与题材同质化现象严重，形成低质量的粗放型竞争，游戏的质量直接影响了游戏的生存周期及用户对游戏的黏合度。根据中关村在线发布的《2011 年中国网络游戏黏着度及寿命调查报告》显示，游戏玩家放弃一款游戏的原因中，排第一位就是"玩不到新鲜东西，厌倦了"（见图 7）②。

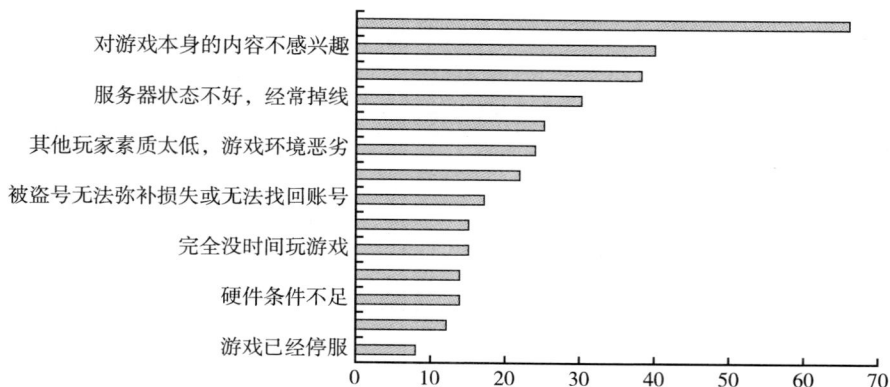

图 7　2011 年中国大型网络游戏用户放弃某一游戏的原因

资料来源：互联网消费调研中心（ZDC）。

① 中国互联网络信息中心：《第 35 次中国互联网络发展状况统计报告》，2015 年 2 月 3 日，http：//www.cnnic.net.cn/hlwfzyj/hlwxzbg/。
② 王川：《2011 年中国网络游戏黏着度及寿命调查报告》，中关村在线，2011 年 8 月 31 日，http：//web.766.com/yjxw/201108/1277806_1.shtml。

（三）游戏利用不雅照进行推广宣传有碍网络文明

部分网络游戏低俗化现象严重，并且在网络搜索页或者搜索内容页弹出的游戏广告中出现不雅照片，或者直接利用不雅照片引诱玩家点击进入游戏页面。这种做法严重影响了网络文明，也直接加重了社会和家长对于未成年人使用网络搜索的担忧和对网络游戏的负面看法，不利于游戏的健康发展，因此该问题需要引起足够重视和解决。

（四）游戏玩家付费意愿低

玩家付费习惯的培养是一个漫长的过程，目前玩家为游戏付费的意愿不高。以 2012 年快速发展的移动游戏为例，仅有 32% 的手机使用者表示愿意玩收费的移动游戏，而消费者最常玩的游戏类型也不是目前营收较高的重度网络游戏，而是"棋牌娱乐"类游戏，比重占到 57%。在不付费的理由方面，"觉得付费不值得"的用户数量占了半数以上，其次是认为"免费游戏选择多，没必要花在这方面"。[①] 玩家付费意愿低直接影响了网络游戏产业的良性发展，加上游戏成功之后马上就有多款"山寨"游戏流入市场，严重影响了高品质游戏的研发和创新。

三 中国网络游戏发展前景展望

（一）网络游戏市场前景乐观

1. 网络游戏市场实际销售收入将稳步增长

根据中国版协游戏工委等判断，网络游戏市场实际销售收入将稳步增长，前景看好，中国游戏市场实际销售收入在 2015 年将达到 1056.6 亿元，

---

① 中国版协游戏工委（GPC）、国际数据公司（IDC）、中新游戏（伽马新媒 CNG）：《2012 年度中国游戏产业报告》，2013 年 1 月 9 日。

2016 年将达到 1203.5 亿元, 2017 年将达到 1352.2 亿元, 2013 ~ 2017 年的年复合增长率为 12.3%（见图 8）。

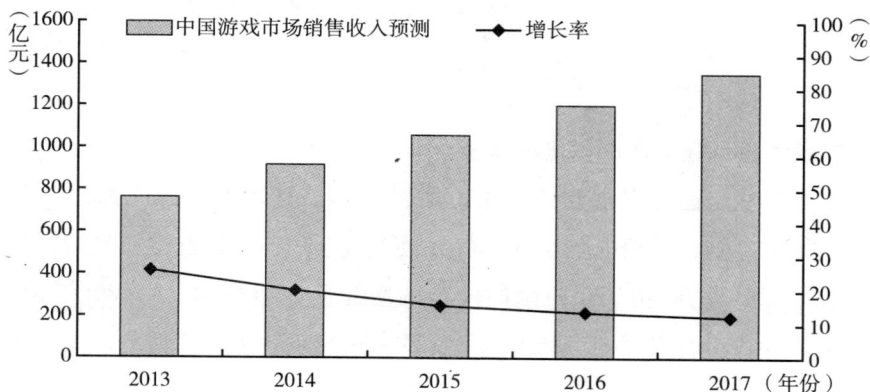

图 8　2013 ~ 2017 年中国网络游戏市场实际销售收入预计

资料来源：中国版协游戏工委（GPC）、国际数据公司（IDC）、中新游戏（伽马新媒CNG）发布的《2012 年度中国游戏产业报告》。

2. 游戏收费模式细分，吸引不同付费意愿用户

玩家将有更多的便捷通道和付费选择。同一款游戏可以迎合不同付费习惯的用户，推出免费版、收费版，收费版进一步细分玩家，为不同玩家带来不同体验。玩家通过付费（或免费）下载游戏、购买（或者不买）道具、购买游戏进程（或者不买）以及通过付费墙（或者不使用）等自主选择是否付费和付费多少，尊重玩家的选择权，同时有效培养不同付费意愿玩家的付费习惯。另外，随着多平台和多终端游戏的多样化发展及竞争，免费体验类游戏发展空间广阔，而免费的体验可通过多平台和多终端带来的其他便捷服务和途径实现变相赢利。

3. 游戏衍生品市场看好，并能带动相关产业共同发展

网络游戏的发展能直接或者间接带动其他行业如音乐、电影、科技、文化、玩具、图书等的发展，尤其对高科技信息产业也有一定的促进作用。比如，2012 年儿童游戏虚拟社区的发展就全面带动了动漫、影视、图书产业发展，尤为明显的是根据游戏《植物大战僵尸》改编的中文系列图书的发

行量已突破 500 万册。① 与游戏同题材的电影、电视剧的制作也将大大拓展游戏的发展空间。游戏为电影和电视剧提供了新的拍摄视角和制作理念，影视化的游戏与游戏化的影视互相促进，共同为游戏业的繁荣奠定了基础。

（二）玩家游戏体验将发生变化

1. 游戏移动化，随时随地的体验

移动游戏是运行在移动终端上的游戏软件。移动终端广义概念包括手机、笔记本电脑、平板电脑、POS 机甚至车载电脑，但目前主要是指智能手机以及平板电脑。② 由于手机随时随地的便捷性、随身性、隐蔽性等特点，手机网络游戏将有很好的市场前景。保罗·莱文森认为，手机的使用对于人类使用媒介来说，是一个进步。莱文森认为，"从长远来看，互联网可以被认为是手机的副手。身体的移动性，再加上与世界的连接性——手机赋予我们的能力——可能会具有更加深远的革命性意义，比互联网在室内带给我们的一切信息的意义更加重大"。③ 另外，手机网络游戏因与手机号码绑定，更有利于游戏实名制的执行。同时，由于可以控制是否给未成年人佩戴或者使用手机，因此未成年人玩游戏的时间和场合可以得到有效的控制。根据百度 2012 年第 4 季度的互联网发展趋势报告，互联网的大中型站点中有 47.8% 提供移动网页，其中 5% 使用 HTML5 技术框架开发④。从使用环境来看，移动智能终端产品和 3G 的日益普及，以及 WiFi 热点的进一步覆盖，游戏的移动化已经是一个不可逆转的趋势。

2. 游戏多平台互通化，遍地登录续接游戏

玩家拥有多种游戏终端或平台是趋势，但同一款游戏，同一个玩家，如

---

① 中国版协游戏工委（GPC）、国际数据公司（IDC）、中新游戏（伽马新媒 CNG）：《2012 年度中国游戏产业报告》，2013 年 1 月 9 日。
② 中国版协游戏工委（GPC）、国际数据公司（IDC）、中新游戏（伽马新媒 CNG）：《2012 年度中国游戏产业报告》，2013 年 1 月 9 日。
③ 保罗·莱文森：《手机：挡不住的诱惑》，何道宽译，中国人民大学出版社，2004，第 9 页。
④ 艾瑞咨询：《手机浏览器的命运——坚守现在等待未来》，http://www.iresearch.com.cn/Report/View.aspx? Newsid = 194586，2013 年 3 月 8 日。

果不能在不同的终端上以相同的身份认证进行有续接性的游戏，显然是不适应移动化、多终端化、媒介融合化时代的玩家需求的。游戏厂商开发的游戏可以有适应掌机、家用机的低配版和高配版，也有针对不同移动终端的版本，这样，玩家可以在家用机和掌机、手机等不同终端间游移，在不同时间、不同场景玩游戏，但是不用担心玩的同一款游戏在不同终端上无法衔接，通过云存储就可以实现。无疑，游戏的跨平台服务将增加用户的黏性。

3. 游戏社交化，凸显人际互动特征

随着社交平台的增多和普及应用，游戏带给玩家的人际交往和社交体验将会越来越强。游戏玩家在玩游戏过程中进行的人际互动包括两种类型，一类是游戏内的互动，另一类是依托于游戏的游戏外的互动。游戏内的互动包括像棋牌游戏那样与现实中的人互动和沟通，像角色扮演类游戏那样与所扮演的角色之间的互动和沟通。沟通方式有点对点式的玩家之间"密语"与"悄悄话模式"，玩家组队的共同游戏中的"队伍聊天模式"（组队中的玩家会针对游戏地点、策略展开讨论），以及玩家组织"公会"（为玩家共同探险提供资源，公会会员可以就游戏展开讨论）等。多数网络游戏基本都是以团队模式进行，以团队的形式完成任务。游戏的外部互动，从中观层面来说，包括游戏论坛、QQ 群等，所有这些互动都是线上进行的，还有一些游戏外的互动是线下进行的，并且是在现实世界中的。另有一类游戏，本身就是依附于社交网页的游戏，这类游戏在社交网基础上产生，最初目的是更加吸引用户来上社交网站。这种游戏玩家在玩的同时，更加强化了人际互动的特征。这对于玩家锻炼和提高自己的人际交往能力、团队协作能力、创新能力、社会分工适应能力等都是有好处的。比如《红色战警》就是考验玩家综合的管理、协调和组织能力，以及在瞬间决策和行动的能力。

4. 游戏3D 化，更加真实的模拟

3D 游戏画面进一步增强了游戏场景的真实感和用户所扮演角色的"存在感"。随着技术的进步，3D 游戏还有很大的市场空间。2012 年，3D 类游戏产品开服数量仍然偏少，占比约 2.2%；开服数量最大的是 2D 类，占比约 88.8%；2.5D 类产品占比约 7.5%，纯网页类占比约 1.5%。《惊天战

神》等 3D 网页游戏实现收入增长。用户需要新形式的网页游戏带来新鲜体验，网页游戏运营平台也需要培养 3D 网页游戏成为新的业务增长点，从产品内容形式和技术运用的变化来注入活力。同时，技术的发展也为 3D 网页游戏产品提供了数量增长的基础。随着 Unity3D 3.5、Flash11、HTML5 的普及，虚幻 3、CryEnergy 相继加入对 3D 网页游戏的支持，开发 3D 网页游戏的复杂程度不仅被大大简化，画面品质也得以保证。目前，网页游戏产品的表现形式多以 2D 为主，积极开发 3D 网页游戏产品将是一个趋势。

（三）游戏走向知识化、阳光化和全民化

1. 游戏走向知识化

有一些网络游戏本身的题材跟历史、地理、兵器等相关，玩家通过体验这类游戏来了解相关历史、文化、语言等知识，这是网络游戏带给玩家的一个有益方面。因为玩家知道和了解的相关知识越多，游戏就会玩得越好，这种激励机制超过了校园似的说教机制。即便游戏本身涉及的历史人物和故事与史实不符，也同样能促使玩家查阅相关资料，获得更加全面的历史知识。某些游戏是可以带给玩家不同于日常生活的体验的，恰恰这样的体验或许能够激发玩家日后展开相关领域研究和工作的兴趣，比如关于航空的模拟游戏。而角色扮演、工作实习游戏使游戏玩家（包括在校大学生）可以进入游戏，选择自己即将扮演的角色，来模拟未来正式走上社会之后的种种工作场景。比如学习体验型游戏作为一种介于理论学习与社会实践之间的途径，不必花费大量时间和精力去找合适的实习岗位，并且能够极其迅速地扮演各自选择的角色，扮演完一个角色的任务之后还可以迅速转换到其他角色，这在现实生活中完全是不可能实现的。同时，学习、体验型游戏可以通过与别的扮演者所扮演的角色之间的协作，发起一定的会话，并就一定的目标、任务展开讨论及利益的分配，具有一定的意义。通过这样的软件系统，从未实际工作过的校园里的学生可以拥有模拟得来的工作经验，比如模拟了人力资源管理者角色，那么玩家就了解和体验到了招聘、面试、入职培训等一系列环节的工作状态。当然，玩家也可以应聘某个工作，从求职、入职到成为员

工，完成工作实践。

2. 游戏走向阳光化

除了某些个别的网络游戏角色设计和内容涉及色情、暴力等不适宜所有年龄阶段和心理素质的玩家外，目前一些游戏的广告网页设计也非常低俗，甚至故意诱导玩家点击链接等，这些都是阻碍网络游戏向正面化和阳光化发展的因素。那么，对游戏进行积极正面的游戏研发、应用和引导就变得非常重要。政府和有关部门可以用积极的行政手段干预市场，积极引导游戏行业制作一批趣味性、娱乐性与知识性、教育性高度融合的游戏。对于确实对青少年的发展有帮助的游戏，可以采取减免税收等一切方式来激发和鼓励。可以适当鼓励网络游戏与教育的结合，让游戏更好地走向阳光化。

3. 游戏走向全民化

多媒体技术教学手段已被广泛用于有条件使用的中小学校内校外的各种课堂，而游戏化的学习课件及互动平台更是能够激发学习兴趣，营造课堂好的气氛，这也使得游戏及其用户的定义被拓展和延伸。使用这些游戏性课件的中小学学生和老师不一定被统计在游戏玩家数量中，但这一部分用户不容忽视。而目前统计数据中的游戏玩家年龄向低龄化和高龄化拓展的趋势也说明了游戏正在向全民化发展。

综上所述，随着多种终端使用的普及和使用人数的不断增多，以及游戏玩家低龄化的发展趋势，学习也将变得更加游戏化，高品质的寓教于乐的知识型游戏将有很大发展空间和前景。游戏既然是人的天性，并且现在有多种平台和终端实现各种各样的丰富多彩的游戏，那么，我们与其谈游戏色变倒不如好好利用。一方面，利用广大青少年对于游戏的热爱和兴趣；另一方面，利用不断更新和发展的游戏平台和技术，来设计和生产高品质的游戏及其终端和平台。游戏吸引广大青少年已是共识，而游戏容易影响学业的观念也早已深入人心，那么，中小学学校可以有针对性地开设与网络游戏相关的课程，用孩子们感兴趣的语言来解释基本的有关网络法规条例，引导孩子对网络的应用，介绍适合的网络游戏，介绍过于沉迷网络游戏对于生活以及未来前途的危害等，避免因为缺乏对相关知识的了解而导致不适当行为。正面的引导远比强硬的阻断显得更加有效。

　　因此，游戏研发企业和个人努力探求和开发高品质的知识积累及探索型休闲娱乐游戏，使游戏产业更加向知识化、阳光化和全民化发展，或许成为中国良性发展游戏产业的有效路径。同样，面对国际游戏产业的激烈竞争，中国游戏产业已经逐步走过了单纯靠引进和模仿的阶段，正在逐步促进国产游戏的原创性和创新性，努力提升国产游戏的内容品质，正在逐步地走向国际化。面对这样一个朝阳产业，唯有政策和监管更加有力，促进其更加健康地发展，那么游戏在大众心目中才会变得更加正面和阳光，而作为文化产业重要组成部分的游戏产业也才会更加有效地朝着良好的态势发展，更好地成为大众休闲娱乐的方式，也更大地促进国民经济的增长和提高。

G.5
中国户外用品行业发展现状与展望

李洪波　陈　慧　杨美虾*

摘　要： 近年来，中国政府出台多项法律法规及政策，为推动国民旅游休闲发展做出了努力。伴随大众旅游休闲的兴盛，参与到户外活动的人越来越多，而与户外活动密切相关的户外用品行业也随之风生水起。本文从近年来户外用品行业快速发展的环境推动因素出发，分析目前中国户外用品行业在产品、品牌、价格、渠道等方面的发展现状及存在的问题，并就中国户外用品行业未来发展提出相关建议。

关键词： 户外用品行业　产品品牌

　　著名未来学家格雷厄姆·莫利托曾预测，到2015年，人类将走过信息时代的高峰期而进入休闲时代，休闲将成为人类生活的重要组成部分。随着中国进入全面建设小康社会时期，人们的休闲需求也日益增强，并呈现多元化趋势，回归自然的多元化深度户外休闲需求迅猛增长，户外用品行业也随之风生水起。

　　户外运动起源于欧洲，经历了从专业化到泛户外、从小众到大众的过程。中国的户外运动起源于20世纪80年代左右，由国外登山爱好者将户外运动的概念传入中国，90年代末，户外运动在北京、上海、广州、昆明等

* 李洪波，华侨大学旅游学院教授，人文地理与城乡规划系主任；陈慧，华侨大学旅游学院硕士研究生；杨美虾，华侨大学旅游学院硕士研究生。

地兴起。其中1995年，中国第一家户外店在北京开业，这一年也被公认为中国户外用品行业起始元年。21世纪初，户外用品更为大众所接受，该行业开始初具规模。2010～2014年，中国户外用品行业市场零售总额和出货额分别以年均增长率29.54%和3.17%的速度增长，并已成为零售板块中增速最快的细分行业之一。

目前，户外运动的概念尚未有统一的明确界定。通常而言，有狭义与广义之分。狭义的户外运动是指以自然环境为场地（非专用场地），且带有探险性质或体验性质的体育运动项目群；而广义的户外运动则包括所有在室外进行的运动。尽管人们对户外运动的理解不尽相同，但参与户外运动需要户外用品是户外运动爱好者的共识。户外用品行业是体育产业的一个分支，是围绕户外运动所需要的各种物质装备及服务而组成的相互联系、相互分工的集合体。目前户外用品大致可分为服装、鞋、背包、装备、器械及配件五大类。

一 中国户外用品行业的发展环境

（一）国家：政策助推旅游休闲业的发展

2012年全国旅游工作会议上指出，中国旅游业处于重要战略机遇期，国民经济保持持续平稳较快发展的总体格局不会改变，居民收入稳定增加、旅游需求较快增长的基本趋势不会改变。2012年，中国人民银行等七部委联合发布了《关于金融支持旅游业加快发展的若干意见》，以加强和改进旅游业金融服务，支持和促进旅游业加快发展。2013年中央经济工作会议突出强调扩大内需的重要性，把旅游消费纳入扩大内需的重要领域，将加大旅游业发展的政策优势，同年，《中华人民共和国旅游法》和《国民旅游休闲纲要（2013－2020年）》的实施。2014年，国务院正式发布《关于促进旅游业改革发展的若干意见》（国发〔2014〕31号）。这些政策的实施，使得国内旅游发展环境不断完善，并且带动相关户外休闲行为的发展。

（二）企业：户外企业积极培育和引导户外市场

根据中国纺织品商业协会户外用品分会（简称 COCA）每年的统计数据，户外用品行业平均每年以 40% 多的速度增长，到 2014 年中国户外运动产业零售总额达 200.8 亿元，出货额为 109.7 亿元，同比增长分别为 11.28% 和 13.35%。2014 年，中国国内市场共有户外品牌 945 个，其中国内品牌为 504 个，同比增长 10.04%，国外品牌为 441 个，同比增长 1.85%。近三年来品牌数量增长相比之前有所放缓，其中，国内品牌数量放缓较为明显。一方面说明中国户外用品行业的发展正在向精细化发展，另一面，说明中国本土户外用品企业力图将本土品牌做大做强。

（三）户外俱乐部协会：提供良好的户外资讯及交流平台

根据各类户外网上统计数据，中国目前户外协会有登山类、攀岩类、钓鱼类、骑行类、自驾游类、水上类及其他。协会的主要功能是活动策划和组织、信息交流与共享。此外，种类繁多的户外俱乐部和各种网络论坛也是推动户外运动发展的重要媒介之一。全国性的户外网站有中国登山协会、中国滑雪协会等，各省、市、自治区也有地方性的户外网站，如北京绿野和深圳磨坊等，其中户外论坛成为"驴友"提供资讯、组织活动、分享经验、介绍装备的重要平台。

（四）民众：旅游休闲大众化发展带动户外运动的普及

一方面居民休闲消费能力和生活质量提高，另一方面工业化与城镇化带来居民生活环境变化，人们向往自然和崇尚户外的心理诉求越来越普遍。特别是在 2008 年北京奥运会之后，户外运动向更广阔的人群推广，旅游休闲活动正向大众化发展趋势渗透到民众的生活。据《中国体育产业发展报告（2013）》调查结果，2012 年，中国人参与比例最高的户外活动是散步，占 56.7%，其次分别是羽毛球、跑步、自行车、登山[1]。

---

[1] 国际在线网：《调查显示中国人参与最多的体育活动是散步》，http://gb.cri.cn/41280/2013/04/03/6611s4073372.html。

（五）自然环境：丰富的自然资源为户外活动提供广阔天地

中国地域辽阔，拥有丰富的地形地貌，山峰、湖泊、草地等自然资源丰沛。截至 2013 年底，全国国家级森林公园总数达到 779 处，总面积达 105 万公顷。[①] 2014 年底，国家级自然保护区增至 428 处，总面积 93 万平方公里，占国土面积的 9.72%。[②] 这些都为户外运动提供良好的资源条件。

二 中国户外用品行业发展现状与存在的问题

（一）中国户外用品行业的发展现状

1. 户外用品行业产业链已经形成

总体来看，中国户外用品的产业链与普通服装、装备企业差别不大，从上游到下游依次为：产品设计研发、产品生产、品牌运营和销售渠道。首先，产品设计研发处于最上游，附加值较高，并且能体现产品的差异性。通常情况下，知名的户外用品企业都具有较强的自主设计研发能力。设计研发可分为产品功能设计和面料研发。功能设计包括设计产品如何能拥有减震、抗菌、透气、防水、防静电、保暖、抗紫外线、耐磨、防滑等功能，这部分主要由户外用品企业独立完成。面料的研发市场属于寡头垄断，这些面料生产企业具有较强的研发实力，并占据大部分的市场份额，但是有的龙头户外用品企业也拥有自己的面料研发技术，或者与专门的面料制造公司联合开发。产品的其他材料，如辅料、五金配件和皮革等目前处于完全竞争的市场，附加值较低。其次，产品生产属于产业链的中间环节，也是附加值较低的部分。为了增加盈利能力，目前多数户外用品企业都选择把产品生产外包

---

① 国家森林网：国家级森林公园名录（截至 2013 年底），http：//www.forestry.gov.cn/portal/slgy/s/2452/content－684348.html。

② 人民日报（海外版）：中国新增 21 处国家级自然保护区，http：//paper.people.com.cn/rmrbhwb/html/2014－12/24/content_1513636.htm。

出去。最后，产业链下游的品牌运营和销售渠道属于附加值较高的环节。户外用品品牌的运营属于企业的核心竞争力之一，其中企业文化是品牌运营的着力点。户外用品企业一般主要通过赛事赞助、媒体广告、户外俱乐部等方式进行品牌推广。在户外用品的销售渠道中，百货商场是销售的主渠道。其他还包括户外卖店、网络及其他渠道。

2. 户外用品沿功能化和时尚化两大方向发展

一方面，户外运动主要在森林、高山、峡谷等自然环境中展开，因此对户外用品的功能要求高，重点体现在其健康、舒适、防水、透气、保温、防滑等的专业性和安全性上。对于材质的严格要求，也决定了户外用品生产商需要投入大量的科学研发资金。从每年的慕尼黑冬季体育用品及运动时装贸易博览会上就可以看到，新型高科技材料和技术革新大量展出并获得众多奖项。这些材料能优化装备的功能，满足户外运动爱好者的更多需求。因此，对户外用品企业来说，产品功能研发是制胜的重要手段之一。

另一方面，与欧美发达国家相比，中国的户外运动起步较晚，专业化的、具有危险性质的户外探险运动尚不普及，大部分户外运动爱好者更热衷于"大户外"或者"轻户外"运动，即任何一项走出家门的健康休闲娱乐运动。数据显示，中国户外市场中的专业型"小户外"运动用品市场仅占15%，另外85%都属于"大户外"或者"轻户外"。对于大多数从事"大户外"或者"轻户外"的民众而言，在户外产品选择上除了关心产品的功能性外，更加关注的是产品的款型设计和时尚元素的应用。[①] 此外，在中国，户外用品的目标群体是26~35岁的男性，属于"80后"的他们喜欢新奇和变化，引导户外用品的设计也向潮流化发展。

3. 品牌竞争趋于激烈，大品牌占据主要市场

第一，品牌数量众多。2014年国内市场共有户外品牌945个，较2013年增加了6.06%，其中国内品牌504个，较2013年增加了10.04%。国外

---

① 中国品牌服装网《户外市场逐渐升温本土运动品牌不断涌入》，http：//news. china - ef. com/20130306/377415. html。

品牌 441 个，较 2013 年增加了 1.85%（见表 2）[①]。经过近 5 年的发展，中国本土户外品牌超过国外品牌数量，并且增速快于国外品牌。究其原因：一是国内外户外品牌市场重点选择不同，国际品牌重心在一线城市，而国内品牌选择二、三线城市为主要市场，避免了正面竞争。以二线城市合肥为例，探路者共有 21 家店，而北面（The North Face）仅有 5 家店，探路者在二线城市的覆盖率达 70%。[②] 另外，从每年递增的国内品牌数量可见（见表 1），国内品牌竞争趋于激烈，但近两年增长速度有所放缓，说明国内品牌更加理性面对市场竞争，着力培养品牌实力、提升品牌知名度和美誉度。

表 1　2009～2014 年中国户外品牌数量增长情况

单位：个，%

项　目 年　份	2009	2010	2011	2012	2013	2014
国内品牌	187	229	343	405	458	504
同比增长	23.8	22.5	49.8	18.1	13.1	10.4
国外品牌	286	325	374	418	433	441
同比增长	8.3	13.6	15.1	11.8	3.59	1.85

资料来源：根据户外资源网整理。

第二，品牌出货额持续增长。2014 年中国户外用品市场品牌出货总额 109.7 亿元，较 2013 年增长 13.35%，其中国内品牌出货额 57.1 亿元，较 2013 年增长 13.75%；国外品牌出货额 52.6 亿元，较 2013 年增长 12.88%。从 2009～2014 年，中国户外品牌出货额总数呈逐年上升（见表 2），平均增长率为 22.5%，其中国内品牌和国外品牌平均增长率分别为 25.9% 和 19.6%，国内品牌出货额增长迅速，尤其是在 2011 年以后出货额超过国外品牌。[③]

---

① 中纺协户外用品分会（COCA）：《中国户外用品市场 2014 年度调查报告》。
② 户外资料网《国内户外用品行业竞争程度低于体育用品行业》，http://www.8264.com/viewnews‐77496‐page‐1.html。
③ 中纺协户外用品分会（COCA）：《中国户外用品市场 2014 年度调查报告》。

表 2　2009~2014 年中国户外品牌出货额增长情况

单位：亿元、%

项目 ＼ 年份	2009	2010	2011	2012	2013	2014
国内品牌	11.8	15.8	27.6	37.4	50.2	37.4
同比增长	29.7	33.9	74.7	35.5	34.2	35.5
国外品牌	14.9	16.3	26.7	36.5	46.6	36.5
同比增长	17.3	9.4	63.8	36.7	27.7	36.7

资料来源：根据户外资源网与 ISPO BEIJING - 亚洲运动用品与时尚展官方网站综合整理。

　　第三，品牌的销售额分档格局有所改变。2013 年，销售额超过 1000 万元的品牌达到 77 家，销售额超过 3000 万元的品牌有 62 家，销售额超过 5000 万元的品牌达 37 家，销售额超 1 亿元品牌只有 22 家（见表 3）。各大品牌定位呈现金字塔分布，中小品牌数量较多，位于金字塔中底层，大品牌居于上层。然而，就其市场份额而言，其中过亿元的品牌几乎为国外一线品牌所垄断，中高端品牌主要是国外二、三线品牌及少数国内品牌占有，国内品牌徘徊在中低端户外阵营。据《中国十大户外品牌的市场销售报告》显示，哥伦比亚（COLUMBIA）、始祖鸟（ARC'TERYX）、狼爪（JACK WOLFSKIN）、布莱亚克（BLACK YAK）、米勒（MILLET）、猛犸象（MAMMUT）、沃德（VAUDE）等国际户外品牌占据中国户外用品市场销售量的 54.89%[1]。以哥伦比亚为例，截至 2012 年，哥伦比亚在中国门店总数已超过 600 家，2011 年全年总收入高达 16.94 亿美元。

　　第四，品牌区域划分明显。占据国内市场份额前四个品牌为哥伦比亚、北面、探路者、奥索卡。国外品牌哥伦比亚及北面对一线城市的市场占有率是最高，二线城市市场占有率最高的是国内品牌探路者，国外品牌对三线城市仍然占据超过 50% 的市场份额。在户外用品销售的增速上，三线城市增长速度最快，二、三线城市的增速均高于一线城市，且增长速度迅猛；二、

---

　　① 中国经济新闻网《体育用品蜂拥户外市场"救命稻草论"待考》，http：//www.cet.com.cn/sypd/yw/776428.shtml。

表3　2011～2013年中国品牌销售层次情况

单位：家

品牌销售额分档	年份		
	2011	2012	2013
超过1000万元的品牌	52	65	77
超过3000万元的品牌	40	52	62
超过5000万元的品牌	23	30	37
超过1亿元的品牌	13	6～7	22

资料来源：根据亚洲运动用品与时尚展（ISPO BEIJING）官方网站整理。

三线城市户外用品成长空间广阔，国内外品牌在战略选择上有各自的侧重点；国外高端品牌侧重于一线城市，国内品牌和国外中端品牌将重心落于二、三线城市。但总体上，国内品牌的影响力不足，国外品牌对中国一、二、三线城市占有率仍然比国内品牌具有明显优势。[①]

4. 户外用品价格明显高于传统体育用品

在单价方面，户外用品平均单价明显高于体育用品。在运动服市场综合占有率居前30位的品牌中，单价最高的四个品牌均是户外时尚运动品牌，分别是北面、狼爪、奥索卡和哥伦比亚，排第四位的哥伦比亚平均单价超过700元，远高于运动服的平均单价。在运动鞋市场综合占有率居前30位的品牌中，单价最高的4个品牌同样是户外时尚运动品牌，分别是爱步（ECCO）、卡特（CAT）、哥伦比亚和北面，其中爱步的平均单价超过了千元。在运动服市场上平均单价位居前六的品牌中，有4个是专业户外用品，平均价格比运动服整体高出70%。[②]

在品牌类型上，近年来中国传统体育品牌业绩下滑，表现主营业务收入及利润总额增长缓慢，毛利率平衡波动（见表4）。而户外用品却显示出旺

---

① 金融界网《户外用品行业：竞争弱于体育行业，持续增长决定估值》，http://istock.jrj.com.cn/article，yanbao，13235462.html。

② 中华人民共和国工业和信息化部网《2011年全国重点大型零售企业户外时尚运动用品销售增长》，http://www.miit.gov.cn/n11293472/n11293832/n11294132/n12858432/n12858658/14489292.html。

盛的生命力。据中国纺织品商业协会户外用品分会统计显示，近五年来中国户外用品市场持续发展，2014年度零售总额为200.8亿元，年增长率达到29.54%。重点大型零售企业户外运动用品销售额增长比体育用品增速高15.6%，户外运动用品在体育用品的零售占比从13.8%提升至19.9%（见表5）①。

表4 2010～2014年中国体育用品行业运营情况表

单位：亿元、%

项 目 时 间	2010	2011	2012	2013	2014
主营业务收入	830.42	945.42	1022.97	1106.29	1284.31
利润总额	31.00	43.22	53.72	56.60	69.94
毛利率	14.24	16.55	15.67	16.11	15.66

资料来源：中商情报网。

表5 2010～2014年中国户外用品零售总额

单位：亿元、%

项 目 时 间	2010	2011	2012	2013	2014
零售总额	71.3	107.6	145.2	180.5	200.8
同比增长	47.01	50.91	34.94	24.31	11.25

资料来源：中商情报网。

5. 三大渠道间竞争加剧，侧重点各不相同

中国纺织品商业协会户外用品分会对典型城市户外用品渠道分布情况进行了调查。户外用品三大销售渠道近5年情况见表6。从中可见，百货商场是户外品牌是主要销售渠道。百货商场专柜的数量从2009年到2012年增长了3倍，到2012年末，百货商场专柜达到5962个。哥伦比亚、北面、狼爪等国外品牌主要是通过百货商场渠道实现了中国户外行业大半的销售额。

① 中商情报网《中国户外运动用品市场潜力巨大》，http://www.askci.com/news/201209/03/16014_38.shtml。

2013 年，专业户外用品店零售额达 36.7 亿元，在三类渠道中增长速度缓慢，主要是因为成本经营费用高，且来自其他渠道的竞争压力大。不过，网络及团购渠道的涨幅最大，在 2013 年以 34.33% 的涨幅实现了 35.6 亿元的零售额。

从三大渠道销售户外产品的类别来看，服装类销售量占整个户外用品销售量的 50% 以上，而鞋类销售量占总销售量是 26% ~ 27%。其中，服装类和鞋类在商场渠道占的比重达到 85%，在专业户外店达到 75%，装备类比例在户外店比例仍然偏低，只有不到 5%[①]。可以看出，百货商场仍然是三大渠道的主力军，不仅体现在品牌的数量和种类上，还体现在销售额上。这一格局在短期内不会改变。

表6　中国户外用品销售终端渠道增长情况

单位：家，%

年份	专业户外店	比上年增长	百货商场	比上年增长	网络及其他	比上年增长
2008	1285	- 2.4	1620	22.1	9	50.0
2009	1379	7.3	1851	14.3	23	155.6
2010	1442	4.6	2092	13.0	43	87.0
2011	1841	27.7	3957	89.1	87	102.3
2012	1982	7.7	5962	50.7	347	298.9

资源来源：根据金融界网站与户外资源网整理。

（二）中国户外休闲用品行业存在的问题

1. 产品质量参差不齐，未形成统一标准

户外运动体力消耗大，且受户外气候、地质、水文等自然环境的影响，因此，户外鞋、户外服装等在保暖、耐磨、防风、防水等功能方面要求相对严格。国内目前还没有出台针对户外运动服装的国家标准，而是执行纺织品

---

① ISPO BEIJING – 亚洲运动用品与时尚展官方网站，http：//beijing.ispo.com.cn/templates_detail.aspx？id = 161。

的质量标准。在纺织品质量标准中，也有自愿采用标准和国家强制性标准之分，目前大部分户外用品生产企业采用国家强制标准。同时，根据各地"3·15"报道，在集中销毁的假冒伪劣物品中，运动鞋、登山鞋类商品就占到了总量的近70%，是查获最多的品类。

2. 品牌自主创新能力低，多为贴牌生产

近年来，中国户外用品品牌数量持续增长并占据一定市场，但是在品牌快速增长的背后，存在一些问题。其中主要问题是中小品牌众多，其研发能力不足。考虑到企业生产成本的问题，大部分中小品牌户外运动用品企业都采用外来加工，与供应商进行现金交货，在价格、产品上没有优势，面临产品同质化的问题。目前，国外品牌在中国市场占据主体地位，与之相比，国内品牌力量式微。

3. 专业户外渠道陷入困境，亟待转型

就销售渠道而言，百货商场、专业户外店、网络及其他分别占户外用品整个终端销售渠道的第一、第二、第三，百货商场的零售店占据整个终端渠道的半数以上。一方面专业户外店承受租金和人员成本上涨的压力，另一方面高端品牌选择入住百货商场，低端品牌选择网络商场，专业户外店面临双重的挤压，近年来发展情况不尽如人意，生存日益艰难。专业户外店渠道作为户外用品市场关键的组成部分，需要思考其战略定位及差异化路线。网络销售渠道，发展潜力充足，也是增速最快的渠道，但产品质量往往难以保证。

三 中国户外用品行业发展趋势与建议

（一）发展趋势

1. 品牌发展中，大众化与专业化并行

户外用品品牌呈现两种发展趋势：一是走大众化的"泛户外"路线，设计以时尚新潮为主，定位于中高端市场的大众消费群体；二是走专业化道路，强调产品功能的开发，注重高科技给用户带来的新体验，品牌定位于以技术为核心的高端市场。不管是大众化还是专业化道路，户外用品企业始终

关注产品的舒适度、耐磨度、透气等功能，同时融合时尚前卫的设计理念，为消费者带来更多选择。

2. 向儿童、女性、中老年市场延伸

从消费群体来看，儿童、女性、中老年人是未来市场发展的重要对象。在儿童户外用品方面，阿迪达斯户外系列中有专为儿童设计的产品系列。女性户外用品的发展是基于女性在当代中国参与社会活动的活跃，以及角色地位的多元化。与此同时，中国已经步入老龄化社会，"银发族"的户外运动用品的开发是一个不可小视的市场。

3. 自驾游驱动户外用品消费

目前在中国民众的日常生活中，汽车扮演着越来越重要的角色，从而改变了人们的出行方式，扩大了居民的活动半径。2014年，中国机动车保有量达2.64亿辆，私家车总量超过1.05亿辆，每百户家庭拥有25辆[1]。2012年国务院下发关于重大节假日小型客气车高速公路免费通行的政策后，自驾车旅游成为重要的出行方式。数据显示，2012年国庆长假期间，通过公路前往景区旅游总客流量比2011年同期增长近70%[2]。随着自驾游市场兴盛，露营区概念开始萌芽，露营设备的需求将带动户外产业发展新的方向。

4. 传统体育用品进军户外用品市场

中国传统体育用品产业近年来遇到发展的"瓶颈"：一方面是传统体育产业的利润空间在缩水，另一方面是新兴户外用品高利润的驱动。激烈的市场竞争迫使传统体育产业开辟新市场、扩张新业务，持续增长的户外用品市场成为传统体育产业的新"蓝海"。传统体育产业进军户外用品市场是对体育产业细分的结果。传统体育品牌进入户外用品市场，可以凭借已有的品牌知名度和美誉度，但也存在一定风险。户外用品对产品的功能性要求更加严格，这是一个机遇与挑战并存的进军过程。

---

[1] 中国公安部网站：《2014年全国机动车和驾驶人迅猛》，http：//www.mps.gov.cn/n16/n1252/n1837/n2557/4330449.html。

[2] 东方网《交通运输部：黄金周共免收小客车通行费65.4亿元》，http：//news.eastday.com/c/20121009/u1a6909431.html。

5. 电子商务平台扩大销售渠道

在销售渠道的选择上，电子商务凭借方便快捷的操作、优惠的价格、丰富的种类等优势，一方面扩展了渠道的多样性，增强了渠道间的竞争力，另一方面，延伸了传统实体店和品牌，提高了市场占有率和增加销售额。2014年天猫商城策划的"双十一活动"中，骆驼品牌销售额达 4.7 亿元。电子商务平台为户外用品销售构建了一个全新、广阔的交易平台。

6. 科技创新是户外用品业制胜的砝码

功能仍然是户外服装、鞋类和设备等最重要的标准，注重户外产品面料、设计、功能等的技术创新仍是户外用品行业成功的重要砝码。而目前国内整个户外用品行业的自主科技创新能力都比较弱，大部分企业处于贴牌生产阶段，导致产品的同质化，品牌间的区分度模糊。

（二）促进中国户外用品行业发展的建议

1. 制定行业标准，规范行业行为

国际上，户外装备生产已有统一的行业标准，且规定细致。比如一根绳子能反复使用多少次，负重 80 公斤时冲坠系数是多少，帐篷的耐磨程度、抗撕裂程度等都有明确规定。而目前国内的户外用品行业还没有形成统一生产标准，户外用品质量良莠不齐。应尽快制定相关法律法规，形成行业统一的生产规范和标准。在参照国际标准的同时，结合中国的实际情况和特点，制定适合中国发展的户外用品的生产标准。

2. 重视产品研发，提升渠道竞争力

在产品研发上，要避免当前中国户外产品同质化的趋势，需要在产品开发上寻求突破。产品要有自己的风格，不断加强产品的科技含量，不断注入科技"因子"。在产品上，向舒适、轻便、时尚等方面靠拢，形成自己的特色，并提升品牌形象。在渠道上，近年来户外用品市场的渠道多样性日益增强，只有赢得终端才能赢得市场，也才能取得消费者的认可。终端经营模式上，除了传统的百货商场、俱乐部等外，户外用品企业更要重视专卖体系的建设，使产品系列化。

3. 重视品牌差异化，塑造品牌文化

国内户外产业呈现大众化与专业化两大发展趋势。一方面，走大众化生产的企业对品牌形象的选择侧重于时尚新潮，符合大众消费的理念；另一方面，走专业化生产的企业则注重技术含量及科技创新在品牌中的运用，主要目标群体是专业户外运动者。目前，国内民族户外品牌在数量、质量、知名度、美誉度等方面均不及外国品牌，还有许多户外用品企业还处于代加工的粗放阶段。对于中国的户外用品生产企业而言，不管选择大众化道路还是专业化道路，都应该重视自身品牌文化建设。

G.6

中国体育旅游精品项目发展：
现状、问题与对策

凌 平 陈德旭 张 斌*

摘　要： 体育旅游精品项目是指以体育运动为主要内容，以旅行游览为基本形式，以满足游客参观、欣赏、体验为目的，特色鲜明、知名度较高、有一定人气和市场的旅行项目。基于中国体育旅游精品项目数量不断增加、地域分布广泛、种类丰富多样、特征显著及价值丰厚等特点，本文分析了其发展进程中的问题，如项目层次不同、项目高低不平、规模大小不一、产品差异明显、价值参差不齐、评价主观性强、标准模糊不清、区域发展失衡等现象，并针对上述问题提出了相应对策和建议，以期推动中国体育旅游精品项目的健康发展。

关键词： 体育旅游　精品项目

　　体育旅游是旅游产业和体育产业交叉渗透产生的一个新领域。体育旅游精品项目是指以体育运动为主要内容、以旅行游览为基本形式，以满足游客参观、欣赏、体验为目的，特色鲜明、知名度较高、有一定人气和市场的旅行项目。目前关于体育旅游精品项目的概述多集中于评选通知中。例如2010 年中国体育旅游博览会组织委员会《关于推选中国体育旅游精品项目

---

* 凌平，教授，杭州师范大学体育与健康学院；陈德旭，上海体育学院体育休闲与艺术学院博士研究生；张斌，杭州师范大学体育与健康学院硕士研究生。

的通知》中要求：各省、自治区、直辖市申报含有体育特色内容的旅游景区、旅游景点、旅游线路及相关赛事节庆活动精品项目。又如，2011年度《中国体育旅游精品推荐项目》及2012年中国体育旅游精品推荐项目的函中规定，中国体育旅游精品项目至少要具备以下条件："已开发运营或对外开放的融合体育和旅游因素的景点、景区、线路等；已经或将连续多年举办的国际和全国体育赛事以及特色民族民俗体育赛事，以及常年举办的特色体育旅游节庆活动；已经形成一定活动规模和社会影响的上述各类体育旅游休闲项目。"再如，2013、2014年《中国体育旅游精品项目推介活动》方案中规定推介分类及范围为："体育旅游精品景区，指融合特色鲜明的体育旅游项目的景区；体育旅游精品线路，指以体育项目如健身步道、自行车骑游、漂流等为主要载体，融合相关旅游资源，依托单个体育资源（如单个体育项目、大型体育场馆等），或各类型体育资源之间，以及体育资源与旅游资源的串联组合而形成的优质体育旅游线路；体育旅游精品赛事活动，指已经连续多年举办的国际和全国体育赛事及特色民族民间民俗体育赛事，以及常年举办的特色体育旅游节庆活动。"

自2007年首届中国体育旅游博览会在上海举办以来，成都和哈尔滨先后举办了第二届和第三届，第四届、第五届、第六届都在海口市举行，第七届、第八届均在安徽省芜湖市举行。

一 中国体育旅游精品项目发展现状

中国多样的风景地貌和多功能的气候资源，为休闲体育旅游活动提供了多姿多彩的优越环境。中国拥有丰富的休闲体育旅游资源和开展体育旅游活动的天然场所，1072万公顷的湖泊和水库面积，28万平方公里的海岸地带面积，9491万公顷的森林面积，320万平方公里的山地面积和95.59万平方公里的河流流域面积等，为发展休闲体育旅游业提供了良好的自然条件。在东北各省有天然滑雪场以及国家级森林公园数十个，是冬季滑雪旅游的胜地。除东北地区之外，中国雪源地区广大，华北、西北和西南等地区都有可开发的滑雪资源。万里海岸线上有诸多著名的海滨城市，如大连、秦皇岛、青岛、厦门、三亚等地，都是开展游泳、潜水、冲浪、日光浴等体育旅游活动的理想场所。内陆众多的江河、湖泊和水库，大多可开展漂流、划船等体育娱乐活动。许多名山大川，也为登山、攀岩等活动创造了条件。除登山、滑雪、海滨游泳等传统项目外，近年来不少地方还推出了具有体育特色的项目，如漂流、徒步穿越、滑草、温泉浴、驾车旅游等。风筝、龙舟、武术以及众多少数民族特有的传统体育项目也正在成为重要的旅游项目。

总体来看，中国体育旅游精品项目有如下特征。

（一）规模渐增

随着评选活动的连年举办，目前共有422个项目入选（含连续入选项目）中国体育旅游精品项目，分别为2010年58个、2011年71个、2012年69个、2013年89个、2014年135个。

（二）分布广泛

从表1可见，目前有30个省份先后申报并入选中国体育旅游精品项目。

表1　各地区历届体育旅游精品项目获选情况

单位：个，%

地　　区	第四届		第五届		第六届		第七届		第八届	
	数目	比例	数目	比例	数目	比例	数目	比例	数目	比例
北京市	3	5.17	2	2.82	0	0	0	0	0	0
天津市	2	3.45	1	1.41	0	0	0	0	0	0
河北省	3	5.17	4	5.63	3	4.35	4	4.49	7	5.19
山西省	1	1.72	4	5.63	5	7.25	6	6.74	4	2.96
内蒙古自治区	0	0	0	0	3	4.35	11	12.36	7	5.19
辽宁省	1	1.72	1	1.41	0	0	0	0	0	0
吉林省	0	0	1	1.41	0	0	0	0	1	0.74
黑龙江省	3	5.17	5	7.04	4	5.80	2	2.25	6	4.44
上海市	3	5.17	0	0	0	0	0	0	3	2.22

续表

地　　区	第四届		第五届		第六届		第七届		第八届	
	数目	比例	数目	比例	数目	比例	数目	比例	数目	比例
江苏省	3	5.17	5	7.04	0	0	5	5.62	15	11.11
浙江省	3	5.17	4	5.63	3	4.35	2	2.25	0	0
安徽省	3	5.17	4	5.63	9	13.04	15	16.85	19	14.07
福建省	0	0	3	4.23	5	7.25	4	4.49	6	4.44
江西省	1	1.72	1	1.41	2	2.90	1	1.12	0	0
山东省	3	5.17	5	7.04	2	2.90	0	0	11	8.15
河南省	3	5.17	5	7.04	6	8.70	0	0	8	5.93
湖北省	2	3.45	5	7.04	3	4.35	8	8.99	11	8.15
湖南省	0	0	0	0	0	0	0	0	0	0
广东省	0	0	0	0	5	7.25	3	3.37	0	0
广西壮族自治区	3	5.17	2	2.82	5	7.25	2	2.25	3	2.22
海南省	3	5.17	7	9.86	3	4.35	2	2.25	6	4.44
重庆市	0	0	3	4.23	1	1.50	0	0	0	0
四川省	3	5.17	3	4.23	0	0	0	0	0	0
贵州省	3	5.17	0	0	3	4.35	13	14.61	10	7.41
云南省	3	5.17	0	0	0	0	0	0	0	0
西藏自治区	0	0	0	0	0	0	0	0	1	0.74
陕西省	1	1.72	0	0	0	0	6	6.74	1	0.74
甘肃省	0	0	3	4.23	3	4.35	1	1.12	7	5.19
青海省	2	3.45	3	4.23	3	4.35	4	4.49	6	4.44
宁夏回族自治区	2	3.45	0	0	1	1.45	0	0	0	0
新疆维吾尔自治区	4	6.90	1	1.41	0	0	0	0	3	2.22
中国香港	0	0	0	0	0	0	0	0	0	0
中国澳门	0	0	0	0	0	0	0	0	0	0
中国台湾	0	0	0	0	0	0	0	0	0	0

（三）种类丰富

体育旅游精品项目种类繁多、形式各异。其中，既有依托赛事开发的项目，又有依托景区开发的项目；既有利用自然资源开发的项目，又有借助文化资源开发的项目；既有传统的民间民俗体育项目，又有现代西方时尚流行的体育项目；既有滨海体育旅游项目，又有冰雪体育旅游项目；既有空中体育旅游项目，又有陆地体育旅游项目；既有室内体育旅游项目，更有户外运动休闲项目①（见表2），内容丰富，形式多样。

表2　不同类型体育旅游精品项目*

项目类型	体育旅游精品项目类型	体育旅游精品项目举例
旅游景区景点类	指依托自然风景、资源，挖掘体育元素，将其有机结合而形成的一类项目集群，主要满足人们视觉审美，同时附加体验体育带来的乐趣	十渡风景区；五排河漂流风景区；万峰林景区；崇礼滑雪旅游景区；黄崖洞风景区；都江堰景区；喀纳斯旅游风景区；抚仙湖风景区；长湖风景区；龙门古镇景区；江西大觉山旅游风景区；水墨汀溪风景区等
体育观光旅游类	指以体育场馆设施、主题公园或训练基地等为题材的旅行游览形式，是一种对体育物态怀旧式的参观	北京国际时尚体育公园；下司激流回旋训练基地；桃山天然野生动物饲养狩猎场；天津奥林匹克体育中心；安徽石关国家体育训练基地等
体育旅游度假区	指集体育运动（滑雪、游艇、高尔夫等昂贵项目）、旅行（异地游览）、度假（节假期间）于一体的一种奢侈、高端休闲的旅游形式	港中旅（珠海）海泉湾度假区；古兜温泉综合度假区；黑龙江亚布力滑雪旅游度假区；河南栾川伏牛山滑雪度假乐园；江苏世业洲旅游度假区；亚龙湾热带森林旅游区等
体育赛事类	指以观看某项体育赛事为主要目的，从而达到间接获取体育体验与欣赏竞赛魅力的旅游形式	环海南岛国际公路自行车赛；环太湖国际公路自行车赛；环崇明岛国际自行车联盟女子公路世界杯赛；鉴真国际半程马拉松赛；厦门国际马拉松赛等
民族民间体育节庆类	指独具民族特色的、文化底蕴深厚且历史悠久的传统体育活动，或是民间组织的一系列节会活动等，此类体育旅游精品项目包括较多非物质文化遗产，利于引起世人关注	青龙湖"国际红酒城杯"龙舟邀请赛；瑶族民族传统体育旅游；北戴河轮滑节；中国玉珠峰登山节；泰山国际旅游文化登山节；中国四川国际峨眉武术节；重庆广阳龙舟会；湖北武汉国际横渡长江节；湖北武汉国际赛马节；湖北武当山武术旅游等
健身休闲娱乐类	指促进人们身体健康、心情舒畅的健身、休闲、娱乐性活动或集两者或三者于一体的综合性项目，是未来社会发展不可或缺的生活方式	太平湖中国国际健走节；北京国际时尚体育公园；中国·焦作国际太极拳交流大赛；"一米单车"休闲游；古兜温泉综合度假区；中国舞钢体育健身休闲旅游城；徽州绿道旅游等

---

① 刘德谦、高舜礼、宋瑞主编《2011年中国休闲发展报告》，社会科学文献出版社，2011。

续表

项目类型	体育旅游精品项目类型	体育旅游精品项目举例
极限探索拓展类	指密切联系、依托独特的自然资源，旅行者精心设计某些体育内容和活动形式，可在水陆空三域挑战极限、磨炼意志、探索奥秘、拓展素质的旅游方式	世界水上极速运动大赛；蜈支洲岛潜水；林虑山国际滑翔基地；白河第一漂；大觉山峡谷漂流；"激情穿越柴达木"——"国际精华杯"徒步探险活动；横渡兴凯湖系列活动；新疆北疆探险游线路等
其他	国家体育、旅游主管部门推荐的项目	宁海国家登山健身步道等

* 根据历届体育旅游精品项目评选通知关于其推选范围、选定项目、概念等将其大致划分为：旅游景区景点类、体育观光旅游类、体育旅游度假区、体育赛事类、民族民间体育节庆类、健身休闲娱乐类、极限探索拓展类及其他等。当然，这一分类方式仍需不断细化完善。

（四）特征显著

通过对五届体育旅游精品项目的申报材料进行归纳及结合官方网站公布的信息资料等，笔者将不同类型精品项目特征总结汇集（见表3）。以下分别从发展模式、设置目的、参与对象、参与时间、地理位置、开展规模等方面进行简要叙述。

表3　不同类型体育旅游精品项目特征汇总

项目类型	发展模式	设置目的	参与对象	参与时间	地理位置	开展规模
旅游景区景点类	自然资源依托型：依赖自然风光匹配体育项目	景区风光审美体验为主，体育活动参与为辅	不受性别、年龄等因素限制，任何人都可介入	景区景点的开放时间与游客时间吻合即可	多位于环境优美、自然景色秀丽且远离闹市之地	依托景点景区开展，人数众多，带动体育参与规模
体育观光旅游类	地方特色型：突出当地体育馆、园、中心、基地特色	满足人们参观体育器物设施，积累体育文化体验	青少年与老人居多，或以家庭组织形式参与	游客空余时间在馆、园开放期可进入参观	位于城市繁华地带或是符合体育项目开展地域	各色的体育文物、设施等吸引大规模的参与人群
体育旅游度假区	高端休闲型：高档会所、休闲体育俱乐部，奢侈消费	发展中国高级别的休闲体育产业，高尔夫、游艇等	高昂的消费决定参与此类项目的人群必须富有	一般会在节假日或商务会谈期间组织开展	与项目参与相匹配的海滨、雪原、高尔夫球场等	项目的场地、器械设施、服务质量一流，经济收入高

项目类型	体育旅游精品项目特征					
	发展模式	设置目的	参与对象	参与时间	地理位置	开展规模
体育赛事类	城市品牌标志型：借赛事促城市建设	营销城市；带动全民健身热潮	具备专业知识的欣赏者或进行比赛	体育赛事规定的时间内，或早到迟归	一般位于城市的繁华区段或郊外	参赛观赛人数、组织管理工作等庞大
民族民间体育节庆类	传统文化、节庆传承型：突出民族文化底蕴、展示异样风土人情	宣传与推广民间传统体育文化、节庆活动等，使人欣赏、了解	多为热爱中国传统体育文化或对其充满好奇的社会人群	一般为当地民俗文化举办日或节庆活动日，时间相对固定	位于中国边境的少数民族地带或易于展开节庆活动的区域	项目的参与人数多、仪式独特、活动内容丰富、开展规模较大
健身休闲娱乐类	健身休闲与观光游览结合型：前者为主，后者为辅	满足普通大众的健身休闲需求，丰富其日常生活	热爱体育活动的群众，他们健身目的极其明确	可随时个人出发，亦可组队定规确切时间开展	多与某些健身路径、线路、步道等地域相联系	群众基础好，参与人数众多，多能吸引国内外群体
极限探索拓展类	单一型：吸引乐于冒险、挑战自然、突破自我的群体	满足乐于追求刺激、勇于探索自然群体的欲求	一般为喜爱极限运动且不乏追寻时尚的年轻人	时间不固定，可在节假或周末等时间段进行拓展	幽僻的山林、湍急的水流、高耸的岩端等险要之地	参与人数不会太多，但带给人们的体验足够丰富
其他	政府直接介入型	借权力部门推广冷项目	普通民众，对象范围较广	由政府确定时间	一般为提前设定的项目	人数众多，活动意义巨大

（五）价值丰厚

体育旅游精品项目本身所蕴含的价值不容小觑。结合历届体育旅游精品项目申报材料及其官方网站相关信息等，对其价值可进行如下归纳（见表4）。

表4 体育旅游精品项目价值

价值	具体体现
经济价值	中南百草原体育旅游景区：2012年"十一"8天长假门票收入831.7万元，总销售额1155.3万元，比上年同期增长142%，游客达到112511人次。环青海湖国际公路自行车赛事：2010年"中国体育品牌商业价值百强"榜单中，环湖赛以13.6亿元的身价列第76位（《销售与市场》）；2011年"中国文化品牌价值排行榜"上，在200个中国最具影响力的文化品牌中，环湖赛以21.629亿元的身价列体育休闲与文化旅游品牌类第10位（《2011中国文化品牌报告》）等

价值	具体体现
文化价值	中国姜堰·溱潼会船节：促进国内外文化交流（会船节期间，先后有 2000 多位嘉宾光临姜堰，其中有美国、加拿大、韩国、日本等 10 多个国家的友人、客商和全国各地的投资者）；吸引游客众多（2005 年 4 月 6 日，被定为中国十大民俗节庆之一的中国姜堰·溱潼会船节在江苏省姜堰市溱湖风景区揭幕，当地 500 条各式船只参加表演，吸引了中外 10 多万游客）；促进民俗文化的发展与传播（"船文化""水文化"）；推动相应文化节庆活动的举办（姜堰市群众文化艺术节）等
环境价值	宁海国家登山健身步道：宁海属亚热带季风性湿润气候区，四季分明，日照充足，雨水充沛，且森林覆盖率达 62%，全年空气质量达到 1 级的天数在 300 天以上，素有"天然氧吧"之美誉。独特的环境条件定会增强人们对其保护的意识，《宁海国家登山健身步道环保手册》有准备篇、行走篇、宿营篇及卫生篇，强调了对环境的维护，加强了人们的环保理念，从而体现出此项目的环境保护推广价值。海南五指山大峡谷漂流：空气质量极好（负离子含量 10000 个/cm³），让人体验一种生态旅游；漂流项目的开发能够促进对该地自然环境的保护（河流、森林等）等

二 中国体育旅游精品项目评选存在的问题及相关建议

（一）存在问题

1. 项目层次不一

不同地域因迥异的或自然或文化等资源而开发出各色的体育旅游精品项目，从而将出现层次不一的体育旅游精品项目。目前的评选活动并未完全进行类别细分，而是统一参评，这就导致评选标准不一、结果有失公正。因此，亟须配合项目类型筛选，按一定层次和标准进行评定，否则就会极大地伤害真正具有发展潜力的精品体育旅游项目。

2. 评选标准执行不严

在历届申报通知中都有数额限制（第四届为每个地区 2~3 个，第五届最多可有 5 个，第六届规定每个年度每个地区最多可有 5 个），但通过对各地区历届获选数额进行梳理后发现，第四届各地区入选项目的数量较符合评选规定；第五届时海南省有 7 个项目获选，第六届中安徽省有 9 项获选，河南有 6 项，与评选通知的规定略有出入，第七、八届地区差异更大，多则十数项，少仅一二项。

3. 专家作用未充分发挥

现行的评选流程遵循主办单位发出通知，各地区开始申报，相关专家审阅上报材料，给出主观评语，最后确定入选项目等。在整个评定的过程中，专家的实质性参与不多，从而影响了评选的科学性和公平性，导致项目水平高低不平、规模大小不一、产品差异明显、价值参差不齐、评价主观性强、标准模糊不清、区域发展失衡。此外，除各地区进行主动申报外，还存在政府部门（体育局、旅游局）直接推荐获选现象。

（二）完善中国体育旅游精品项目评选的策略建议

1. 完善评选细则

体育旅游精品项目的产生须经过中国体育旅游博览会组织委员会的评选确定，这就须要有一套详细合理的评选机制。针对现行的评选通知内容，特作如下建议，以保证体育旅游精品项目的制度环节更加科学、公正。

首先，要明确参选项目范围。结合目前体育旅游精品项目推选条件，严格控制参选项目范围，在增加体育旅游精品项目来源的同时，获取更多、更加优秀的地方特色项目。其次，要严格执行评定标准。一旦评选标准制定完毕，就须严格遵照执行，绝不可出现违背行为，即使主办地也应遵守评选规则。在坚持原则的前提下可视情况而破例，但须做出详细说明，使人信服，否则将会影响活动的日后发展。再次，要丰富申报材料。目前，五届体育旅游精品项目申报材料要求基本一致，包括填写申报表、文字介绍、图片展示与视频资料等。在四块材料中，文字介绍明显需要加强，不仅要有申报项目的基本简介，更应突出其之所以称为"精品"的特征与价值，以及区别于一般体育旅游项目的独特之处，这样从评审的角度衡量更能够使其获选，也更具说服力。又次，要深化评审流程。除专家进行评审外，应该增加考察团进行实地调研，以证实申报材料的准确或发现未被提及的优点。对项目的实地调查过程孕育着丰富的课题，这为体育旅游精品项目的学术探究奠定基础。最后，根据申报项目的类型对应邀请相关领域的专家，这样评选更具针对性。

2. 加大宣传力度

有些地区未曾申报体育旅游精品项目评选，从主办方考虑应是宣传力度不够，未能促使他们进行积极申报。因此，在日后的申报过程中，主办单位应加大宣传力度，通过一切途径鼓励各地区选送优秀的体育旅游项目。

3. 增强申报单位积极性

申报单位应根据评选细则积极参与评选，并不断开发出更具特色的体育旅游项目。各地体育局、旅游局等部门给予申报单位适当奖励，从而激励其热衷融入，最终形成一个良好的关于体育旅游精品项目发展的评选系统。

4. 促进理论研究发展

体育旅游精品项目的发展急需自身理论体系的构建与完善。在实践层面领先的情形下，学界应多多关注理论的修补，包括概念的不断修正、类型细分与扩充、特征的归纳概括、社会价值的挖掘等。在搭建理论体系的同时，也支撑起整个评价系统，具有重要的指导作用。

"中国休闲30人"组织的发起与成立

高舜礼*

2014 年 7 月 27 日,中国旅游报社(以下简称"旅游报")在山东省烟台市养马岛评选出"中国休闲 30 人"。该组织由休闲及相关产业的杰出人士组成,旨在搭建休闲业界沟通交流的平台;发挥成员所在领域的地位优势,扩大行业和产业的整体影响;通过关注热点、研讨大势、引领时尚、建言献策,为推动休闲发展贡献才智。该组织的发起成立,标志着中国休闲业发展达到了一个新水平,必将对未来休闲业发展发挥积极的促进作用。

一 背景原因

"中国休闲 30 人"的评选,基本背景是中国休闲业的快速发展,以及党和国家非常重视国民旅游休闲。着眼点是发挥休闲业界杰出人士的影响力,推动《国民旅游休闲纲要(2013 - 2020 年)》的贯彻,引领和促进国民休闲健康发展。具体来说,旅游报携手有关方面发起成立这一组织,主要基于三方面考虑。

第一,发挥专业媒体的宣传优势。普及、宣传和提升国民休闲意识,是促进和推动休闲业发展的必要条件。旅游报作为覆盖全行业的权威性媒体,具有做好舆论引导和宣传服务的先天优势,可以广泛携手休闲及相关业界,

---

* 高舜礼,中国旅游报社社长,中国社会科学院旅游研究中心特约研究员,"中国休闲 30 人"秘书长,曾任国家旅游局政策法规司、综合协调司副司长,长期从事旅游和休闲发展实践与政策研究。

为推动国民休闲充分发挥专业优势。2014 年是《国民旅游休闲纲要（2013 – 2020 年）》实施一周年，通过发起组织"中国休闲 30 人"评选，可以唤起业界对国民休闲的重视。

第二，凸显行业报的关联功能。国家旅游局是主管国民旅游休闲的职能部门，旅游报作为机关直属的唯一行业报，有责任为国家旅游局履职尽责发挥作用。发起"中国休闲 30 人"评选活动有诸多宣传优势：以揭晓休闲行业代表人物的方式，可向社会公众清晰呈现休闲的诸多业态和要素；以跨行业、跨领域、跨专业的方式邀集各方代表者，可实现休闲领域诸多要素、链条、环节的携手与互补；以逐步覆盖旅游休闲领域的新闻媒体、研究团队、企业家队伍为依托，可搭建一个沟通供需、联络业界、面向市场、发挥优势的专业化服务平台。

第三，服务国民休闲的发展需求。在有 13 亿多人口的中国推进休闲事业，注定需要社会各领域的广泛参与。在信息业日趋发达的今天，新闻媒体也越来越凸显其重要性，成为在政府部门、行业协会、休闲企业、消费者之外的又一重要生力军，可以发挥联系面广、敏感性强、影响力大的优势，为推动休闲市场发育和产业发展贡献力量。

二　发起过程

"中国休闲 30 人"评选的发起创意源于"中国经济 50 人"，但又有明显的差别。前者汇集的是国民休闲领域各相关业态的代表者，后者则联合了当今最前沿的经济学家。

在《国民旅游休闲纲要（2013 – 2020 年）》颁布以后，各地推动休闲发展的热情和力度空前提升。2013 年 9 月，中国旅游报社会同京沪高铁沿线数省市创办了《乡村周末》专刊。山东省旅游局于冲局长提议，希望中国旅游报社仿照"中国经济 50 人"，发起评选"中国休闲 30 人"活动，利用中国旅游报社传媒的号召力和影响力，为国民休闲发展贡献力量。中国旅游报社对上述提议进行了认真研究，听取了国家旅游局领导和业界专家的意见，认为从休闲产业的研究现况看，尚不具备组建以研究专家为主体的联盟或组织的条件，而立足当前休闲诸多业态，可以发起成立以核心休闲及相关业态代表者的相关联盟。

在经过反复比较、确定上述思路后，中国旅游报社刊登了发起征集"中国休闲30人"的启事，征集具有代表休闲某一细分业态资质的代表人物，通过公众推荐、专家提名、综合评议等步骤，到2014年5月提出了初步入围的"中国休闲30人"候选名单。为了使参与人员知悉该组织的性质与功能，也为保障即将成立的组织有序运行，中国旅游报社着手研究起草相关规约。该规约相当于有关会盟的盟约或协会的章程，包括该组织发起的目的、性质和目标，对参与者约定的权利义务等共13条。

2014年7月26日晚，中国旅游报社在山东省烟台市养马岛天马宾馆举行"中国休闲30人"评选筹备会议，该组织的候选人参加会议。会议首先通报了该组织发起的背景、目的和意义，介绍了该项创意的酝酿和形成过程；其次，讨论审议并原则通过了《"中国休闲30人"活动规约》和《"中国休闲30人"养马岛宣言》；最后，征求了对"中国休闲30人"评选活动计划的意见。

2014年7月27日上午，"中国休闲30人"组织揭晓与成立大会举行。现场宣布了有关成员名单及推荐词，"休闲30人"按制了手模，并在海滨举行了《"中国休闲30人"养马岛宣言》发布纪念地揭牌仪式。在成立大会现场，会议主办者回顾了国家休闲产业政策，宣布了评选"中国休闲30人"活动计划，举行了以国民旅游休闲纲要颁布周年成果与回望的高端对话，开设了"国民休闲的个性与多元"的沙龙论道。最后，宣读《"中国休闲30人"养马岛宣言》。

"中国休闲30人"包括：毕淑敏、陈妙林、段强、葛宝荣、胡波、姜忠平、李存修、李秀媛、刘春平、刘卫兵、马惠娣、马未都、毛佩琦、齐景发、佘阳毅、舒乙、宋举浦、田军、魏小安、许鲁海、殷旭、于冲、张柏、张健、高明、张树义、张涛、张晓振、赵文敬、周洪江。

三 活动开展

按照"中国休闲 30 人"活动规约，自该组织成立以来，举办的较有影响的活动有两项。一是举办"中国休闲 30 人大讲坛"，通过发挥每位成员的知识才干和社会影响力，围绕推进国民休闲商定一些题目，不定期举行"大讲坛"。每次讲座活动结束后，将在《中国旅游报》相关版面予以专版或专栏报道，各有关媒体也同期进行了报道。截至目前，已邀请马惠娣、于冲、魏小安、张树义、许鲁海、宋举浦、张柏 7 人做了讲座，题目分别是《我们为什么要旅游》《我们应为大众休闲做什么》《从亚马逊到南北极》《中国休闲 20 年》《体验中国人的生活之道》《摄影和旅游休闲的关系以及摄影创新的几点思考》《中国博物馆事业发展现状及前瞻》。二是在横店影视城举办了"漫享影视休闲行"活动。2015 年 1 月 17~18 日，在古色古香的浙江省横店影视城国学馆成员们围绕横店影视休闲与发展规划，以及"中国休闲 30 人"今年要开展的系列活动进行了热烈研讨交流。"中国休闲30 人"的代表宋举浦、马惠娣、张树义、殷旭、姜忠平、许鲁海，以及浙江省旅游局副局长许澎，金华市、东阳市旅游局领导等与会座谈，该活动由"中国休闲 30 人"组织秘书长高舜礼主持。与会者对横店影视城成绩予以高度评价，并为其发展规划积极建言献策。

按照"中国休闲 30 人"组织成立大会宣布的计划，其今后还将筹备"中国休闲产业发展成果评价推选及采访采风活动"；筹划成立"中国休闲30 人"活动媒体俱乐部；策划下一期的"中国休闲 30 人"沙龙。

调查分析篇

Investigation and Analysis

G . 8

公园的价值与国民健康

马惠娣 *

摘 要： 公园属人工自然物，是近现代工业社会的产物。公园的前身是皇家花园、猎场、私家花园、天然生态园林等。公园从皇家、私家走向了公共体现了社会文明的追求和平等意识的崛起。其功能不仅是美化城市，而且与人民大众的身心健康紧密相连。在当代社会，公园作为政府公共服务的内容之一，对人民大众身心健康发挥着不可替代的作用。本文通过对公园史的梳理，了解公园的价值；并以北京宣武公园参与公园活动的市民为调查对象，了解公园活动对人体健康、生理、心理所产生的影响，以及公园与公共健

---

* 本文系国际休闲社会学第二届中期会议大会交流的论文，选入本书时进行了必要修改和补充。
马惠娣，中国艺术研究院休闲研究中心主任、研究员。

康的依存关系。

关键词：　游憩空间　公共健康　科普教育　政府职责

一　国内外公园发展简史

公园是人类创造的一种人工自然物，是近现代工业社会的产物。公园与人的健康的关系，可从公园变迁的历史中窥见一斑。

（一）公园的历史

在西方，早期的花园出现于古波斯国的苑囿，是供骑射的驰道和遮蔽风雨的处所。古希腊时期，公园还是露天集会场地，人们在露天场所从事运动、社交活动，其后又结合了艺术与宗教的功能。到文艺复兴后期，树林、浮雕长廊、鸟舍和野生动物都成为供人消遣和欣赏的景致。

公园是伴随近现代工业的兴起而逐渐发展起来的。虽然公园的作用与功能体现在多个方面，但满足人的审美、提升公众健康构成公园最重要的两大要素。

世界闻名的英国海德公园位于伦敦市中心地区，占地 360 多英亩（约合 145.7 公顷），公园里有著名的皇家驿道，道路两旁巨木参天，整条大道就像是一条绿色的"隧道"。公园中有森林、河流、草原，绿野千顷，静谧悠闲。平日里英国市民很容易在这里与自然融为一体。英伦三岛总面积不到 25 万平方公里，地域非常狭小。伦敦城市是逼仄的，市内许多马路不很宽阔，建筑密度大，但生活在这里却不感到沉闷与压抑。伦敦又是人们公认的世界大都市，这里寸土寸金。以白金汉宫为城市的核心区域，毗邻的三大皇家公园（海德公园、詹姆士公园、格林公园，其实海德公园的另一侧还有一个荷兰公园）原来都属于皇家猎场或皇族园林，但于 400 多年前全部变为人民大众共享的空间，且全部免费。而这些地域的周边大多是繁华的商业街区，不难想象，资本家们对这些园林是如何垂涎三尺。但是几百年来，不曾被蚕食一分一毫。由此也见，英国政府对国民健康以及休闲生活之尊重。

美国纽约曼哈顿中央公园坐落在寸土寸金之地，占地843英亩，横跨51个街区，宽3个街区，是世界上最大的人造自然景观之一。公园始建于19世纪中叶，内有50万株树木和灌木林，还包括湖、塘、水库、森林等天然自然物。为了满足人们休闲娱乐的需要，公园内还建设了大量的人工创造物，诸如：人行跑道、滑冰场、动物园、庭园、露天剧场、室内剧场、城堡、旋转木马、儿童乐园、网球场、人造石头山、雕塑、喷泉、美术馆等，免费向游人开放。

这两个世界闻名的公园均坐落于城市中心地带，是近距离地保持人与自然联系的典范，是政府以人为本执政理念的杰出行为，是维护市民休闲生活权益的重要体现。

（二）美国公园发展历史

19世纪的美国，休闲产业还十分荒疏，工人们周末几乎没有可选择的消闲方式。他们可能去公共场所喝酒或伴唱，也可能聚在一起唱歌跳舞；他们还有可能逛妓院，去拳击场或去玩"放狗扑熊"的游戏；他们也可能在大街上闲逛。除此之外，他们再也没有别的活动了。实际上，许多城市并不能提供高雅的公共娱乐——几乎没有剧院与舞厅，没有供游人散步的公园，没有博物馆或艺苑，也没有开放的图书馆。1855年，波士顿在一个志愿者小组的努力下，利用自己的辖区修建了一个沙滩公园，使生活在附近的妇女和儿童有了娱乐的场所。后来马萨诸塞州波士顿市政府看到了公共娱乐场所对人的休闲生活的调剂作用，便于1899年投资3000美元，将波士顿海滩公园重新进行专业化设计，并扩大了规模，从而使更多的人可以漫步其间，获得身心的放松。

美国学者克兰兹在追溯城市公园的演变时指出，美国的公共娱乐和公园服务业的发展经历了四个阶段。

一是娱乐场所。从19世纪中叶到19世纪末，由奥姆斯提（Frederick Olmstead）等人开发的公园代表了在城市中心重新恢复田园特色的一种尝试。来此参加娱乐活动的人，可以在其中开展棒球、骑车、聚会、滑冰、骑马等诸多活动，能够在公园中度过整整一天。所以，公园就要为人们提供休息处、餐饮部以及其它配套服务。

二是公园改革。在1900～1930年的城市公园规划中，人们最为关注的是儿童，许多娱乐活动是为了小孩子而组织的。这些小孩子在没有大人引导的情况下是无法以一种令人满意的方式来"使用"休闲时间的，公园便根据孩子的年龄和性别做出区分。此时人们认识到娱乐能促进个性发展，特别是孩子们具有很强的模仿能力，所以，公园管理者的品质和资格就变得至关重要。随着时间的推移，许多运动场慢慢地演变为娱乐中心，它们兼有运动场与休闲的双重特征。改进公园不是为了取代乡村，而是为了取代街区。公园内的游泳池有助于人们的个人卫生。以儿童蔬菜花园参观、纯牛奶出售、技能表演、民间舞蹈、图书馆服务和体育运动的兴起等为特征的"公园改革"，其目的是促进城市居民德、智、体、美、劳的全面发展。

三是娱乐设施。在城市公园时代，公园管理者逐渐放弃了利用公园来改进社会或控制社会的努力。公园变成人们城市生活的一部分。公园娱乐系统的发展开始由"需求"的观念来驱动。娱乐项目常常由社区小组来规划，他们的兴趣是个人活动，例如，摄影、驯狗或射箭。在这个时期，人们将公园设计作为城市"包装"的一部分来考虑。"需求"意味着在闲暇期间人们所做的或所想做的事。城市发展的指导思想和标准也都立足于公园的开放空间、设施器材的配备以及总体设计的合理性。

四是开放的空间。大约从1965年开始，关于公园的价值是什么，人们的认识仍很模糊。后来随着像微型公园、"游戏街道"之类的非传统的开放空间的发展和对被放弃的娱乐地区的利用，这一时期（尤其是在贫困地区）成为一个"试验"的时期。此外，有关"系列公园"及其相应联系的思想也被提了出来，并在实施过程中获得了不同程度的成功。①

开发城市公园的过程与其说是一个技术的过程，不如说是一个文化发现

---

① "美国公园的历史"，参引托马斯·古德尔＆杰弗瑞·戈比：《人类思想史中的休闲》，成素梅、马惠娣等译，云南人民出版社，2002，第130～135页。

的过程。公园的创建已从一个技术层面上的问题上升到一个被用来阻止青少年犯罪和改善市民的健康状况和家庭生活凝聚力的社会层面的问题。公园和休闲之所以成为人们追求的目标，就是因为人们需要它们，它们是体现人性的重要组成部分。既然公众需要这样的服务，那么公园建设与服务自然地就有存在的价值。

二 中国公园建设的必要性

经过三十余年的经济增长，中国目前已成为世界第二大经济体。但六大问题正拖累着中国由大变强的发展步伐，这六大问题包括：

（一）人口快速老龄化

据卫生部统计，目前中国 60 岁以上的老人已经超过 1.8 亿，而且每年还以 500～800 万人的数量不断增加。人口老龄化所带来的慢性疾病、老年生活质量等问题已对中国社会持续发展提出严峻挑战。人口老龄化还带来一个问题，年龄渐长，健康指数下降，患病风险增加，而且容易患上治疗成本高的大病，这不但造成单个家庭医疗开支的增加，也加重了全社会的医疗负担。有资料显示，2013 年，中国老年人口数量已经达到 2.02 亿，人口老龄化水平达 14.9%。2020 年，老年人口将迅速增加到 2.6 亿。60 岁以上老人虽然占总人口的 14.9%，但消耗了 40% 的医疗总资源。①

（二）"富贵病"正困扰着人们的健康状况

据有关方面统计，中国有 2.5 亿缺铁性贫血、维生素和矿物质缺乏者，有3000 万肥胖症患者和 2.4 亿超重者。卫生部 2012 年公布的"中国国民营养与健康现状"显示，中国成人高血压患病率为 18.8%，成人糖尿病患病率达18.6%，中年人和老年人患病率相近。中国成年人体重超重率为 22.8%，大

---

① "老龄产业报告：2025 年中国老龄人口突破 3 亿"，item. jd. com/115503. html。

城市达 30%，肥胖率上升尤其明显，患有"四高症"① 的人约有三亿。②
60%的中国人处于"亚健康"状态③，而青少年的身体状况也不容乐观。

（三）中国人工作压力和精神压力为世界之最

中国人力资源开发网一项调查显示，80%以上的企业存在员工经常加班现象，工作压力④十分繁重。在业者人群中仅三成能享受带薪休假，且休假时间全世界最短，身体透支现象严重，很多年轻人面临"未老先衰"的尴尬境地。除了身体素质下滑，他们同时还要在竞争中面临精神压力⑤。英国医学杂志《柳叶刀》的调查显示，目前每 10 个中国人中就有 1 个患精神障碍疾病，预计中国患抑郁障碍的人群有可能达到 6100 万，其中精神压力过大、持续得不到排解是重要原因之一。⑥

（四）城市化快速发展导致自然生态空间越来越小

中国社会科学院《中国城市发展报告（2012）》显示，至 2011 年，中国的城镇人口已达 6.91 亿，城镇化率为 51.27%，而按照每年 0.8 ~ 1.0 个百分点推进城市化，到 2020 年前后，中国的城镇化率将要超过 60%。⑦ 由于城市化阻隔了城市与乡村的天然联系，因而城市人的焦虑与不安情绪难以得到释放。而城市人口的持续增长和高度集中，使各种废气、污水、垃圾等恶化了自然生态环境。

（五）公共文化娱乐设施匮乏

目前，中国正处在经济结构转型、产业结构重组、社会结构多元、城市

---

① "四高症"指：高血压、高血脂、高血糖、高尿酸。
② 卫生部公布《中国居民营养与健康现状》，www.56.com/w18/play_album - aid - 455671，2013 年 6 月 16 日。
③ http://liuchang.jiangshi.org.
④ 工作压力：工作时间长，加班加点多，休假制度不完善。
⑤ 精神压力：人们普遍陷入买房难、就业难、教育难、养老难、医保难、社保难等困境。
⑥ "美媒称中国人欲望膨胀，上班族工作压力全球第一"，tieba.baidu.com/p/1966327，2012 年 12 月 21 日。
⑦ 中国社会科学院 2012 年城市蓝皮书《中国城市发展报告（2012）》，社科文献出版社，2012。

功能调整的历史时期。广大人民群众在物质条件丰富以后，对文化精神产品的消费与享受愈加强烈，身体保健与养生意识普遍增强。据统计，公共文化设施投资不足，社区文体设施覆盖不全，空间狭小，专业指导人员奇缺等现象十分普遍（国家规定居民小区文体设施人均 0.2 ~ 0.3 平方米的标准）。国家统计局资料显示，目前中国的文化消费量存在 3000 ~ 4000 亿元的结构性缺口。①

（六）城乡公园数量不足、布局失衡、宜人性能缺陷仍是普遍现象

以北京为例，通过举办 2008 年奥运会，近些年北京的公园建设取得了可观的成就。据统计，全市公园绿地已经达到 1000 余处，其中城镇注册公园 180 个（免费公园 140 个，占总数的 78%），面积 6903 公顷，游人总量 1.8 亿人次/年。城近郊区注册公园达到 105 个，面积 5275 公顷；远郊区县注册公园达到 75 个，面积 1628 公顷。② 但是，其整体格局、功能、服务、便利性、舒适度等方面存在许多问题。

事实上，作为日常休闲生活方式中重要的组成部分，公园具有与学校、图书馆、博物馆、艺术馆、运动场等文化设施同等重要的作用，尤其是在促进国民健康方面发挥着其他设施所不可替代的作用。

三 公园与国民健康：一个案例

（一）调查对象——北京宣武公园基本概况

宣武公园是北京 180 个注册公园之一的公立公园，占地面积 8.37 公顷（约 11000 平方米），内分七个功能区，免费向市民开放，是方圆 5 ~ 10 公里内 50 余万居民休闲健身的活动场所，公园面积人均不足 0.05 平方米。

调查显示，公园平均每天有 10000 人次的访问量（冬季人会少一些），

---

① gzdaily. dayoo. com/gb/content/2003 – 10. 2003 年 10 月 13 日。

② "绿色北京 – 公园绿地建设情况介绍"，见 finance. sina. com. cn/roll/20090417/18。

不同的功能区承载着不同的休闲健身活动。数据显示，约有 3000 人次每天必来休闲健身，有 20000 人每周来 2～3 次，有 50000 人每周来一次。据对经常来此健身的人的统计，大多数人，特别是疾病患者认为，公园正成为他们生活中最好的"朋友"，公园在解除病痛、治疗孤独，以及矫正不健康的生活方式等方面正发挥着重要的作用。

（二）调查概况①

本次调查共发放 400 份问卷，收回问卷 268 份，有近百人接受了专访，有 20 人接受了深度访谈，对 10 人和 3 个活动群体进行了长期追踪调查。受访对象以中老年为主（40～70 岁），主要了解受访者参加公园活动的类型、每周来公园的次数、每次停留的时间长度、坚持来公园活动的时间长度、参加公园活动的动机、身心所获得的益处等 19 个项目。

槐柏树街居民、公园交际舞的组织者赵先生夫妇，珠市口街道居民李先生父女二人，公园民族舞组织者刘女士，太极拳活动组织者马先生，休闲体育（如踢毽、抖空竹、武术、羽毛球）组织者毛先生，唱歌和唱戏组织者多，他们参与组织公园活动均有 5～10 年的历史，并成为这些活动的带头人和代言人。

（三）调查主要目的

考察公园与公共健康之间的关系，了解参与公园活动对人体生理、心理所产生的影响，以及公园与大众科普的依存关系，在此基础上为改善国家公共服务提供真实数据和科学论证。

（四）调查分析

1. 基本数据分析

受访者年龄方面，以 60～69 岁年龄段的人为最多；第二为 50～59 岁；

---

① 北京旅游学院休闲与旅游专业五名硕士研究生（他们是：单位、马国琴、路琪、吴平、赵悦），北京槐南小区居委会协管员李长根先生参与了问卷调查和个案访谈工作；中国人民大学档案系大二学生郜艺和北京 15 中学高三学生杨昊成参与了问卷数据的统计和制表工作，并做出了重要贡献。马惠娣设计了问卷，并坚持多年对部分群体进行了追踪调查与深度访谈。

第三为 40～49 岁；第四为 70～79 岁；第五为其他年龄段（见图 1）。男性与女性比例为 120∶100。

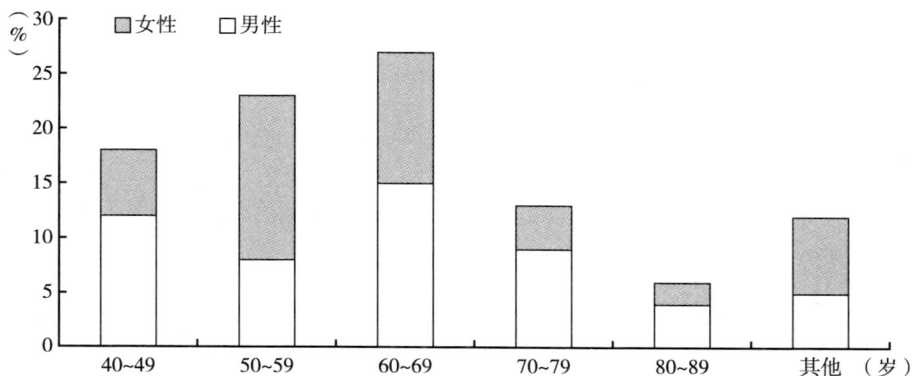

图 1　受访者年龄结构

其中，有医疗保险者占 74％；公费医疗者占 19％；无医疗保险者占 7％；另有 4.1％ 没有填答（见图 2）。

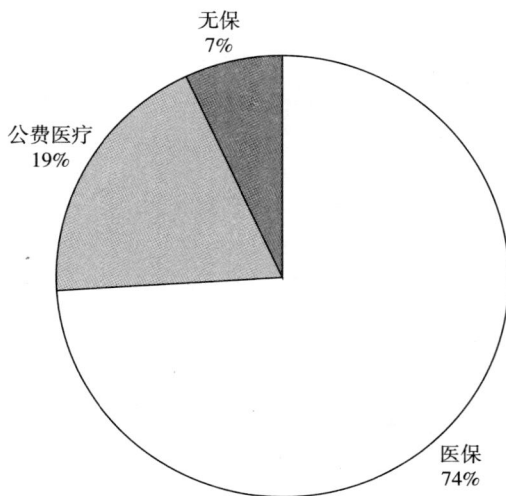

图 2　受访者医疗情况

患有"四高症"之一者（有个别的是"多高症"）占受访者1/3（见图3）。

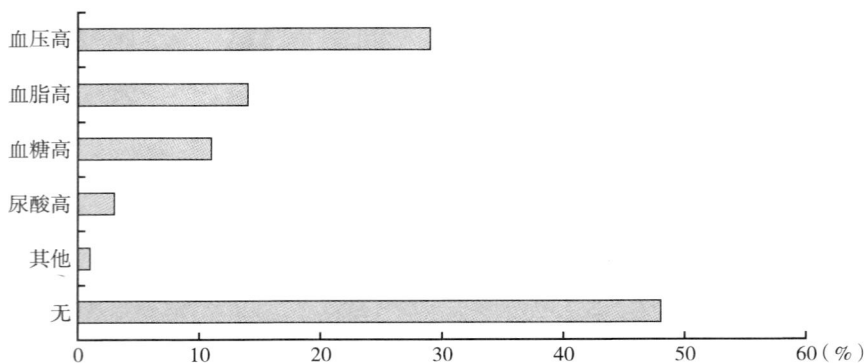

图3　受访者患老年常见病情况

在职业方面，退休者为多数；其他各类人群次之；自由职业者、下岗、待业者比例较少（见图4）。

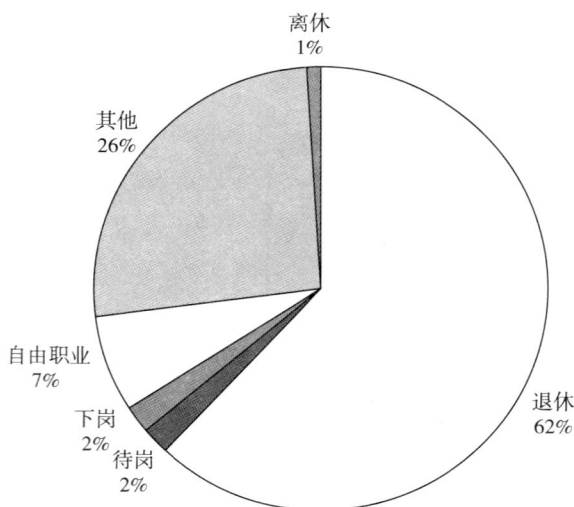

图4　受访者职业情况

调查显示，坚持 3 ~ 5 年参加公园活动的人群，每周来 3 ~ 5 次，每次在 1 ~ 2 小时，身心状况都有明显的改善，每年用于医疗的费用有所减少（见图 5、图 6）。

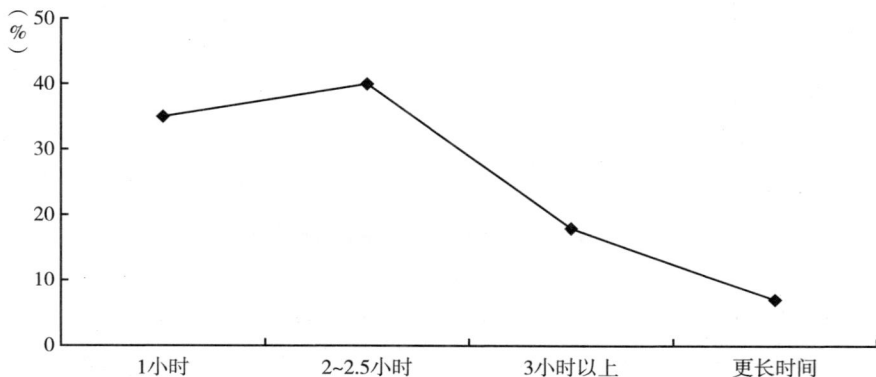

图 5　受访者每次来公园的停留时间

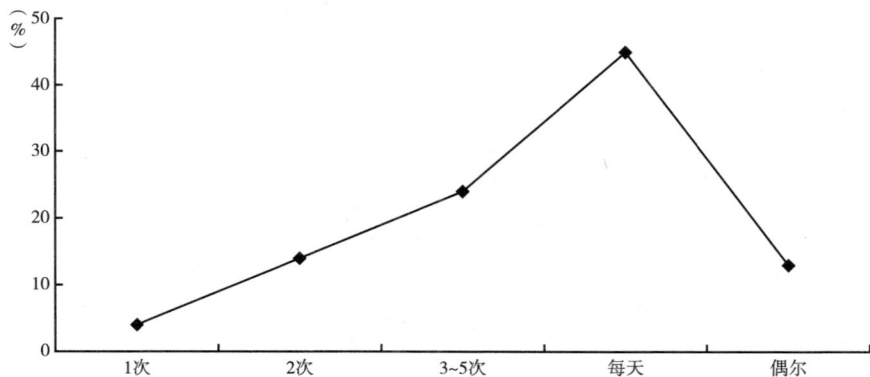

图 6　受访者每周来公园的次数

调查显示，坚持五年以上，每天来一次，每次活动在 2 ~ 3 小时的群体，过去有明显重病患者（比如严重的血脂高、血压高、血糖高、尿酸高）身体有了显著的改善，服药量有了明显的减少，高寿比率较高。

调查显示，参加活动的类型依次为散步、跳舞、唱歌唱戏、体育健身、饲养公园流浪宠物、其他（见图 7）。

121

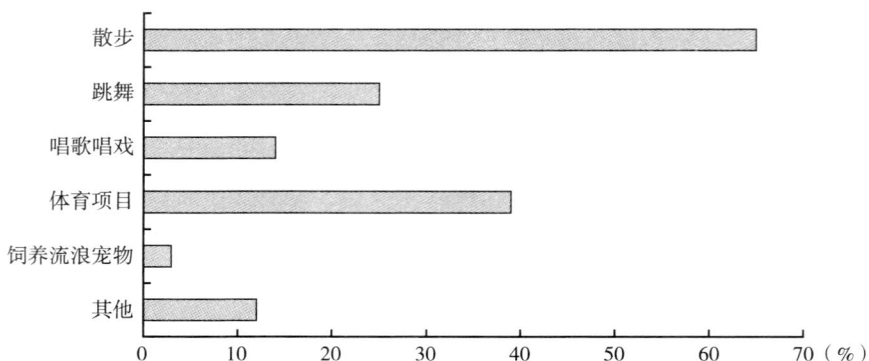

图7 受访者参加活动的类型

参加公园活动的心理动机依次为健身防病、保持良好的生活习惯、保持社交、打发时间（见图8）。访谈中注意到，有相当一部分人是以打发时间为主。

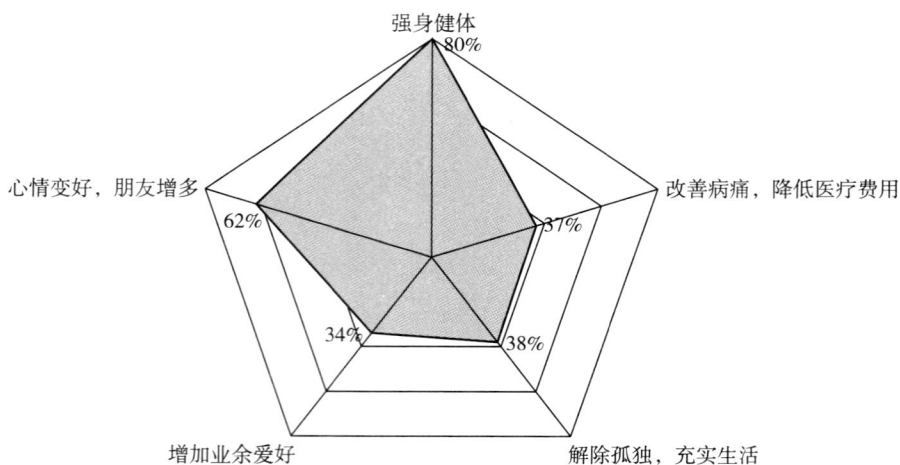

图8 受访者参加公园活动的动机

绝大多数人对公园在生活中的重要性给予肯定，其中认为公园极其重要的占受访者的大多数（见图9）。而漠视公园重要性的人群主要反映在青年人中。对这部分青年人访谈时了解到，之所以认为公园在生活中不重要是因为：

首先工作忙，根本无暇参加公园活动；其次电子网络产品（手机、iPad、网络等）对他们更具有吸引力；最后，认为身体健康，没有必要锻炼身体。

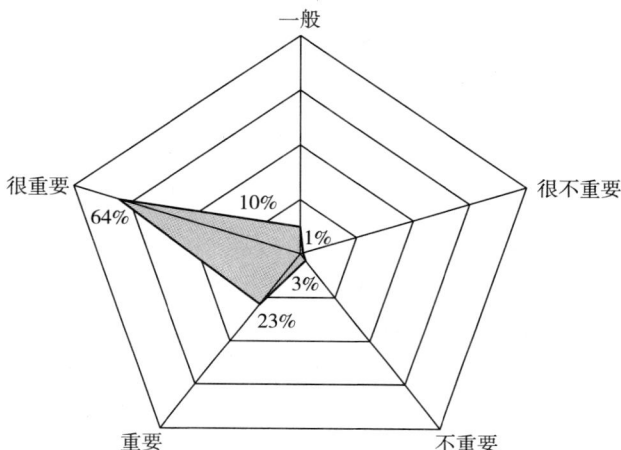

图9 受访者对公园在生活中的重要性的评价

调查显示，经常参加公园活动，且参与时间较长者（一般3～5年）都有较好的社交能力、沟通能力、协助精神。数据和调查显示，常年坚持参与公园活动的人群，其身体状况一般比没有运动前好得多，既节省了医疗费和跑医院的时间，也明显增强了体质。而选择较之以往"相同"和"没效果"的人，所占比重极少。

总之，经常参加公园活动，人们可获得玩耍的兴奋与激情，保持张弛有度的生命节律；增强户外运动、接触自然、调节肌体、获得愉悦；增强社区意识、促进交流与沟通、增进相互了解。

2. 公园与公共健康关系的生理医学数据

坚持常年锻炼的老年人在改善身心健康方面都有显著的效果。具体来看：①在身体健康方面，躯体无明显畸形、无明显驼背，骨关节活动基本正常；无偏瘫、无老年性痴呆等神经系统的疾病；心脏基本正常，"四高症"患者在很大程度上得到了改善；无慢性肺部疾病、视听能力较好。②在精神状况方面，无精神障碍、性格健全、情绪稳定；能恰当地对待家庭，有一定的社交能力；能适应环境，有一定的学习能力、记忆能力和创造能力。③在心理健康方面，不封闭自我，与人保持和谐的关系，降低对物质生活满足的要求，适应配偶、朋友、家属的死亡和由此带来的死亡临近感，适应社会角色的转变，关心他人、鼓励他人、帮助他人。④在人体生理方面，李春媛论文提供的数据显示，森林覆盖率高的环境，对人体十项生理指标产生明显的变化，测定结果表明：游人在森林环境中运动后，其手指温度总体均值升高 1.80℃，血氧饱和度总体均值升高 0.29%，皮肤电导率总体均值降低 33.88%，等等，尤其对心理健康产生了显著的影响，通过 POMS 量表（即心境状态量表）测验，结果表明运动过后 POMS 指数总体均值降低 42.95，心境状态显著好转、压力得到缓解、情绪更加稳定，心理健康状况明显改善[1]。而环境视频对脑电功率谱的影响主要表现在 Delta（变量）和 Theta（时间值）频带上，可以诱发出更大的 Delta 和 Theta 活动，使人放松、平静、记忆力增强[2]。据运动医学专家的科研结果表明，汗液具有排泄体内疲劳物质或对人体有害的重金属和毒素等重要作用，具有调节体温与自律神经的功能；汗液还可以消耗热量，提升代谢能力，减少脂肪，有助减肥。

3. 公园科普园地可以提升市民健康认知度

本次调查显示，85% 以上的受访者认为，利用公园开展科学知识的普及，既有利于科学素养的提升，也丰富了公园活动的文化内涵。比如，他们认为宣武公园内设置的步行里程标识图以及消耗卡路里的量表，提高了人们对科学散步的认知；而防火知识、避难知识画廊的布置，也对避难和防火有了直观的认识；公园对培育出的新树种、花卉给予基本知识介绍，也增强了市民对植物的认知。但是，参与公园活动的大多数人认为，公园每年开展科普活动的项目太少了。

---

① 北京林业大学李春媛硕士研究生论文："城郊森林公园游憩与游人身心健康关系的研究"，2009 年。

② 北京林业大学温静硕士研究生论文："北京森林游憩区对游憩者身心健康影响研究"，2012 年。

据中国科协每年一次的"中国公众科学素质调查"① 显示②：外来务工人员尤其希望通过公园、植物园、博物馆等场所获得更多的科学技术知识，但是现实情况却很不尽人意。

四 结论

公园正在成为现代城市公共服务和文化生活的重要场所，它在满足人的心理需求、精神需求、审美需求、健康需求，以及社交需求等方面发挥着其他场所不可替代的作用。

人类文明进化的历史告诉我们，在工业化社会中，公园的作用日趋重要，它所展现的意义是为城市人与自然的沟通保留了一个有机通道。布局合理的公园设计，既能提升城市的亲和力，也能使城市变得宜居。

在城市中保持相当比例的绿地、生态林木、游憩空间，可以发挥城市"肺"的功能，为整个城市吐故纳新、新陈代谢，涵养城市的空气、水、气候（温度与湿度）、森林，调节人口密度、改善活动空间、抑制噪声、缓解交通拥堵、消除空气污染，最大限度地保障人的身心健康。

在这方面，虽然各级政府已做出了许多努力，但各级地方政府的经济利益（往往是眼前利益）和开发商发财动机的结合，便将众多的山川、湖泊、岛屿、海滩、森林和古城纳入了旅游目的地开发和建设工程中。日益显现的是，生态环境、人文环境在恶化。在中国各地，尤其是北京等城市，近年来频繁遭遇的"雾霾"袭击，事实上是城市公园绿地萎缩的表征。而中国公园中普遍缺少专门的儿童游憩场所，那些少有的公园内的儿童游乐场却设施陈旧、安全系数较低、收费高昂，这对儿童身心的成长都是极其不利的。早在1915年，美国学者 Joseph Lee 曾写道："给孩子们的

---

① 公民科学素质指标（Civic Scientific Literacy）简称 CSL，是反映群体公民科学素质发展水平的综合指标，由了解科学知识、理解科学方法、理解科技对个人和社会的影响等三部分构成。

② "中国公众科学素质调查（一）"，见 www.china.com。

创造力以一个广阔的空间吧！这种想象力所建立起来的殿堂是除了孩子们以外的任何眼睛都不会看到的。如果你们破坏了他们的想象力，那么未来的创造力就会失去。"①

在当代，人们居住在钢筋水泥建筑的环境中，城市人在连续、高速、紧张、路怒、激烈的社会竞争中，缺少宁静、和睦、安详的社会生态环境，更缺少天然自然的抚慰与滋养。可是，人是自然的产物，如果长期远离自然生态环境，身－心，魂－魄，脑－体，忙－闲都将失衡，这必然对人的健康带来威胁。发达国家公园建设的历史与理念值得我们很好地借鉴。

在未来中国的城镇化建设中，政府应肩负起应尽的职责，将更多的纳税收入用于公园建设，在城市建设中将更多的自然资源保留下来，尽量少地用于商业开发。关注公园建设，不仅关乎国民身心健康，也考验政府的执政理念。

公园，是一个城市的气质、文明的符号、管理者的良心。显然，公园建设不是一个技术活，是文化、是美学、是文化传承。

---

① 托马斯·古德尔 & 杰弗瑞·戈比：《人类思想史中的休闲》，成素梅、马惠娣等译，云南人民出版社，2002，第127页。

G.9
中国人休闲行为的数据分析与相关建议*

王鹏飞　魏　翔**

摘　要： 本研究利用对中国经济生活调查的第一手数据，在国家层面和
跨区域层面总结出中国人休闲行为的分布特征主要包括：①与
国际水平相比，中国人每天的休闲时间较少，仅为2.191小时；
②中国人的静态休闲活动明显偏多，而运动等积极休闲活动较
少；③中国东、中、西、东北四大区域的休闲时间存在显著差
异，但休闲活动的分布规律较为相似；④不同人口统计特征人
群的休闲行为分布存在显著差异。年龄、受教育程度、收入与
休闲质量之间存在显著的正相关关系。休闲时间和休闲质量关
乎个人的工作效率、创新潜力和幸福感，政府和企业不但需要
关注个人工作内的活动和环境，还需要通过带薪休假政策设计和
激励改进来调节、改善个人的休闲质量，提高其效率和福利。

关键词： 人口特征　地域特征　休闲行为　中国

一　引言

作为全球第二大经济体和增长速度最快的经济体之一，中国经济在过去

---

* 本文调查的"中国人"特指不包括港澳台地区的中国大陆居民。

** 王鹏飞，管理学硕士，讲师，中瑞酒店管理学院酒店管理教研室，研究方向：旅游经济；魏
翔，经济学博士，副教授，中国社会科学院财经战略研究院服务经济研究室，研究方向：闲
暇经济，时间配置和人力资本，经济增长。

30 多年里取得了前所未有的成功。经济发展致使中国居民休闲时间显著增加（Yin，2005），同时也促进国民社区休闲基础设施的发展。目前，中国每年法定节假日为 115 天，国民一年中有近 1/3 的时光在闲暇中度过，休闲已经成为与工作相提并论的生活方式（刘志林，柴彦威，2001）。

　　与中国经济总量形成鲜明对比，中国人均 GDP 更需提高①，这涉及如何提高生产效率，休闲作为工作的另一面具有不可忽视的作用（魏翔，陈倩，2012）。传统的观点认为休闲与工作之间是替代关系，然而越来越多的研究表明休闲与生产之间亦具有互补关系，即休闲可以从本质上释放出生产效率、创新思维和幸福感受，可以提高人们的工作效率和生活质量。目前，经济学和社会学界对国民休闲的基本面和基本规律研究不足，但随着国务院《国民旅游休闲纲要（2013－2020 年)》的颁布实施，研究国民在闲暇时间内的休闲行为、创建休闲社区和城市等相关问题，逐渐成为摆在学者和政策制定者面前的重要课题。因此，无论是经济学界、社会学界还是政策制定者都需要对国民休闲行为进行整体理解和把握。本文通过一个国家层面的经济生活调查，对中国人的休闲基本面进行了深入捕捉，分析研究了不同区域、不同群体中国居民的休闲行为特征和规律。研究反映出中国人工作外的另一面真相，力求为政府和企业在工业化中后期进一步释放中国经济的潜力，为中国休闲政策的制定提供分析依据，为休闲城市和休闲社区的建设提供数据参考。

二　文献回顾

（一）休闲与消费、经济增长

　　传统观点是把休闲作为工作的对立面进行研究，并构建了经典的工

---

① 据国际货币基金组织官方网站（http：//www. imf. org/external/data. htm）公布的数据，2013年中国人均 GDP 为 6629 美元，世界排名为 86。

作——休闲模型。以贝克尔为代表的经济学家致力于突破工作、休闲二分法，他们认为不应该把休闲作为一个独立的范畴，所有休闲都含有某种消费，人们不是在工作和休闲之间选择，而是在不同的消费活动之间选择（郭鲁芳，2004）。此后，休闲的消费特征进入到经济学和社会学的视野中，魏小安（2005）和宋瑞（2005）从宏观层面论述了休闲经济对国民经济发展的影响。微观层面研究休闲与消费的关系出现较多的研究成果，例如郭鲁芳（2004）认为其他收入、工资率变化对休闲消费具有正向的影响；王琪延和侯鹏（2012）则从可支配收入和休闲时间两个维度分析了制约休闲消费的因素等。随着经济学界对休闲研究的不断深入，休闲的地位得到进一步提高和升华，最新的研究发现休闲与经济的关系不仅仅是替代关系，而是存在一定的互补效应（魏翔，虞义华，2011）。人们从事休闲活动能提高个体的生活质量和人力资本，同时产生外溢作用，促进全社会技术提升。休闲可以从本质上释放出生产效率、创新思维和幸福感受，这可以进一步提高人们的工作效率和生活质量（魏翔，陈倩，2012）。因此，掌握中国人的休闲行为图谱，对于进一步释放中国经济发展活力，拉动内需和提高经济效益具有一定的指导价值。

（二）国民休闲行为

国外学者对中国人的休闲研究，起源于对美国和加拿大中国移民休闲行为的关注（Spiers and Walker，2009）。与北美居民的休闲行为相比，中国居民的休闲行为深受儒家和道家的文化影响，对休闲的价值认识不足（Walker et al.，2007；Li，2009），主要表现在中国居民偏爱参与消极的休闲活动，对体育活动重视不够（Jim，Chen，2009；Lee，Zhang，2010）。中国大陆居民常采用静态的活动进行休闲，因为他们必须要考虑家庭和社会责任，同时受到工作压力、时间和收入等因素的制约（Dong，Chick，2012）。

国内学者对于居民休闲行为具有代表性的研究集中在两个方面。①居民休闲时间的研究，国内学者对休闲时间的研究表明男性的休闲时间普遍多于女性，休闲时间随着年龄的增长呈 U 形分布（李峥嵘，柴彦威，1999；王雅琳，2003；许晓霞，柴彦威，2012 等）。②居民休闲活动的研究，刘志林，柴彦威（2001）、杨国良（2002）对深圳和成都居民休闲行为进行研究，宁泽群，赵鹏，罗振鹏（2009）以北京居民为研究对象，对 12 种不同职业的休闲行为进行对比研究。学者对居民休闲行为的切入点虽有不同，但结论均表明不同群体的居民对休闲活动的选择有显著性差异。

国内外学者对中国国民休闲行为的研究取得了很大进展，但还存在一些局限性，主要表现在：①选取的样本量较小，缺乏揭示国家层面上国民休闲行为规律的研究，大多的研究成果都依赖于作者本身的抽样调查，其样本量较小，且数据的代表性值得商榷；②集中在对个别群体（如职业女性、老年人、大学生等）的研究，较为缺乏对整体人群的大样本分析；③较为缺乏地区之间的深入对比研究。

要进行微观的深入分析，首先要有全局性的基本面研究。著名的休闲学研究专家 Godbey 教授，2013 年在北京举行的中国休闲年会上指出，中国的空间地域辽阔、人口众多，从区域和人口统计学的角度去了解各个区域的休闲行为，应该是最先研究的课题。因此，本研究以中国范围内的大样本为基础，从地域和人口统计学角度对国民的休闲行为进行研究，以期能够明确各地居民的休闲图谱，为各区域进行休闲设施建设、民生政策引导、丰富群众文化活动提供依据，为政府进一步释放中国经济发展潜力，拉动内需和提高经济效益提供参考。

三　实证分析

本文的数据来源于 2011～2012 年度中国经济生活大调查数据库①，

---

① 该调查问卷由中国中央电视台、中国国家统计局和中国邮政总局联合组织实施，每年调查一次。其中魏翔博士主持的研究中心负责分析与休闲、旅游、投资等领域相关的内容，中国邮政总局负责问卷的发放和回收，中国国家统计局负责数据的编码和编辑，中央电视台负责调查结果的整理和发布。

该调查是关于中国民生经济的最大规模调查，地域涵盖中国大陆地区的 31 个省、自治区、直辖市，104 个城市及乡村。2011～2012 年度调查的时间从 2011 年 5 月持续到 2012 年 2 月，共发放问卷 10 万份，回收 73622 份，有效问卷 72570 份，有效率超过 72%。每个城市的调查数量由所在地域的人口而定。为了减少调查问卷在发放或填写过程中的误差，每份问卷均由邮局工作人员负责向受调查者询问，调查员做记录。

（一）样本的基本信息

本文基于 2011～2012 年度中国经济生活大调查数据库，东部、西部、中部和东北①四个地区抽查样本，具体情况如表 1 所示，东部的样本容量为 29362 个，中部为 17490 个，西部为 20148 个，东北为 5570 个。

参与性别方面，样本中四大区域受访者的性别比例存在显著性差异，东部和东北地区的男性比例较高，东部地区男性代表为 60%，女性占 40%；参与年龄方面，中青年群体是主体，比例超过 90%，四地受访者的年龄比例大致相同；参与家庭收入方面，四大区域的居民收入存在显著差异，其中东部区域年收入 5 万元以上的群体高达 26%，而东北地区年收入 5 万元以下的群体所占比例高达 85.4%；在受教育水平和婚姻状况方面，四大区域的样本结构大致相同，大专及以上学历的样本超过 4 成，已婚和未婚人群占样本的 95% 以上；在常住地方面，城镇居民所占比例较大，四个区域的代表均超过七成，其中东北地区所占比例高达 81.5%。

---

① 根据国家统计局公布的《东西中部和东北地区划分方法》，将中国的经济区域划分为东部、中部、西部和东北四大地区。其中，东部包括：北京、天津、河北、上海、江苏、浙江、福建、山东、广东和海南。中部包括：山西、安徽、江西、河南、湖北和湖南。西部包括：内蒙古、广西、重庆、四川、贵州、云南、西藏、陕西、甘肃、青海、宁夏和新疆。东北包括：辽宁、吉林和黑龙江。

表1 四地区样本描述性统计

单位：次，%

变量	东部		中部		西部		东北	
样本量	29362		17490		20148		5570	
	频数	百分比	频数	百分比	频数	百分比	频数	百分比
性别								
男	17630	60.0	9724	55.6	11091	55.0	3336	59.9
女	11732	40.0	7766	44.4	9057	45.0	2234	40.1
年龄								
18~35岁	14008	47.7	7610	43.5	9243	45.9	2692	48.3
36~59岁	13038	44.4	8437	48.2	9294	46.1	2478	44.5
60岁以上	2316	7.9	1443	8.3	1611	8.0	400	7.2
家庭收入								
2万元以下	8424	28.7	6436	36.8	7215	35.8	2599	46.7
2~5万元	13285	45.2	7363	42.1	8627	42.8	2155	38.7
5~10万元	6172	21.0	3096	17.7	3487	17.3	655	11.8
10万元以上	1481	5.0	595	3.4	819	4.1	161	2.9
文化程度								
小学及以下	2588	8.8	1644	9.4	2102	10.4	416	7.5
中学及中专	14530	49.5	8552	48.9	9205	45.7	2650	47.6
大专	8999	30.6	5548	31.7	6695	33.2	1932	34.7
本科及以上	3245	11.1	1746	10.0	2146	10.7	572	10.3
婚姻状况								
未婚有恋人	4407	15.0	2290	13.1	3291	16.3	792	14.2
未婚无恋人	3622	12.3	1836	10.5	2512	12.5	648	11.6
已婚	20013	68.2	12593	72.0	13115	65.1	3860	69.3
离异	840	2.9	473	2.7	853	4.2	197	3.5
丧偶	480	1.6	298	1.7	377	1.9	73	1.3
居住地								
城镇	21656	73.8	13123	75.0	15122	75.1	4538	81.5
农村	7706	26.2	4367	25.0	5026	24.9	1032	18.5

（二）国民休闲行为的总体分析

1. 休闲时间

从整体来看，中国国民每个工作日的平均休闲时间为2.191小时。休闲时间所占比例最高的时间段为 1~2 小时（27.3%，见图 1），其次是 2~3 小时，其比例为 22.3%。大部分国民（86%）的休闲时间小于 4 小时，仅有 6.8% 的国民休闲时间超过 5 小时。

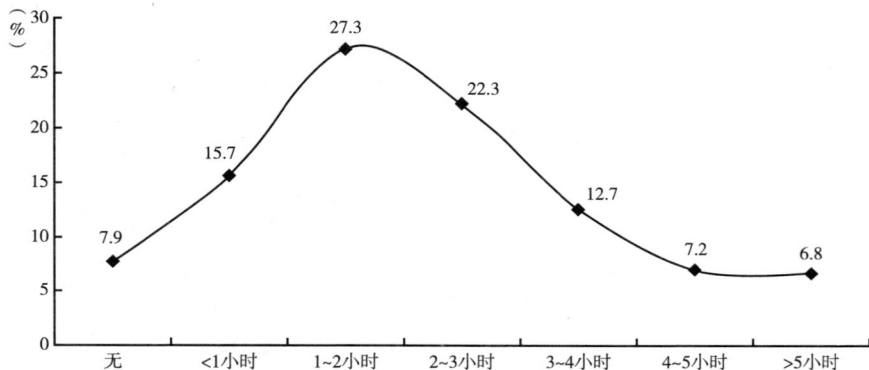

图 1   国民每天休闲时间分布图

2. 休闲活动选择

超过八成的国民选择消极休闲活动（如看电视、上网），70.6% 的国民选择家居休闲活动（阅读、居家休息和棋牌娱乐），35.3% 的国民参与社交休闲活动（社会交往或赴宴、看电影、戏曲等文化娱乐），21.9% 的国民喜欢运动休闲活动，而选择购物休闲的国民为 33.6%（见图 2）。

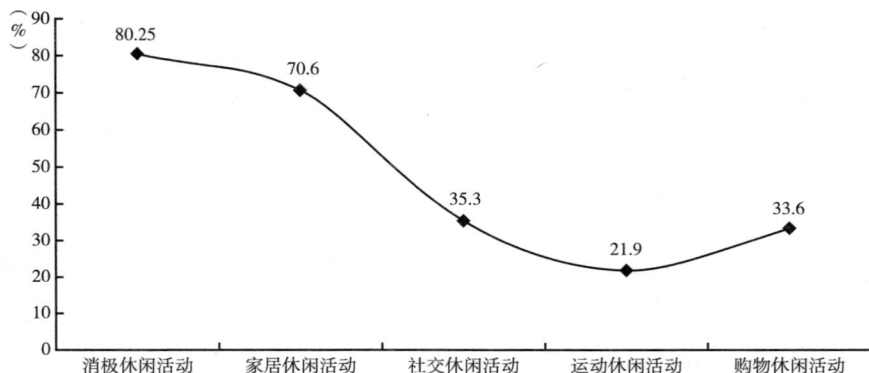

图 2   国民休闲活动参与分布图

（三）不同区域国民休闲行为比较分析

1. 中国四大区域休闲时间比较

如图3所示，不同区域的休闲时间具有较大差别。从区域上看自西向东，国民的休闲时间逐渐减少。其中，西部地区的休闲时间最长，为每天2.276小时，而东北地区的国民休闲时间最短，仅为每天2.074小时。这主要和各区域工业基础不同有关，东北地区是中国传统的、最大的老工业基地，而西部地区工业化程度相对较低，该区域的国民休闲时间相对较多。

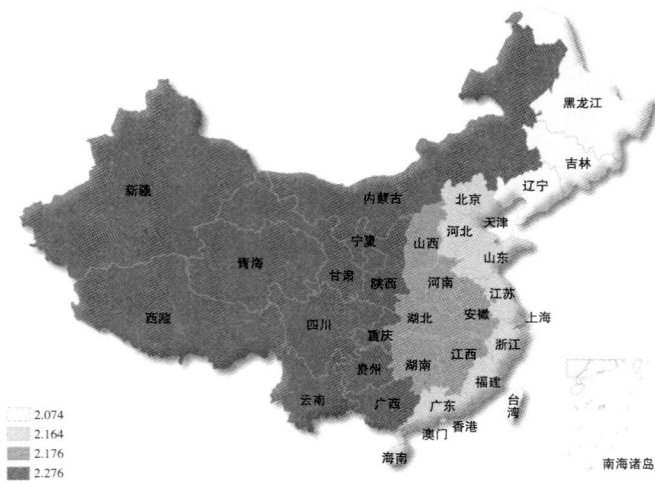

图3　中国四大区域休闲时间的空间分布

2. 休闲活动比较

不同区域间国民选择休闲活动的模式完全一致（见图4）。国民选择频率最高的活动类型为消极休闲活动，然后依次是家居休闲活动、社交休闲活动、运动休闲活动和购物休闲活动。由此可见，中国国民对看电视、上网等消极活动和居家活动等"静态"的休闲活动较为偏爱。这可能是由于中国长期受儒家、道家文化的影响（Schutte H. and Ciarlante D., 1998），追求一种平静的生活有关。当然，也有学者指出，这主要是由于中国居民所受的工作压力大、生活成本高，受制于收入的限制和家庭责任（Ap，2002），所以会选择花费少、成本低的消极休闲活动。

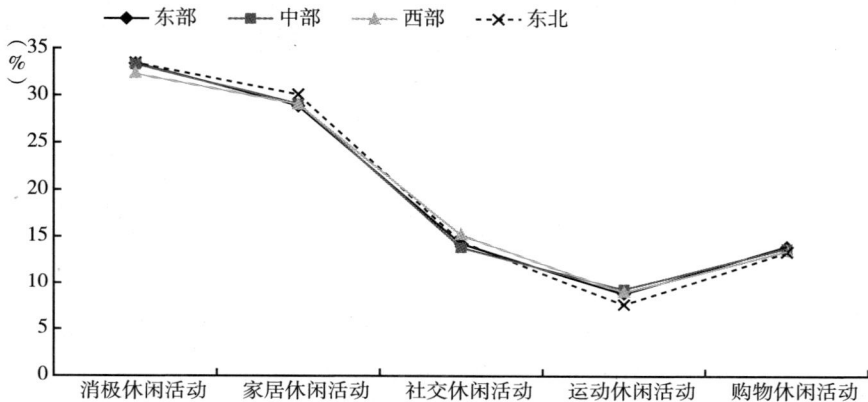

图4　中国四大区域国民参与休闲活动模式比较

区域间对比来看，除运动休闲活动以外，四大区域国民在对消极休闲活动、家居休闲活动，社交休闲活动和购物休闲活动的偏爱上并无出现较大差异。四大区域国民在对运动休闲活动的选择上出现了显著性差异（见表2），其中中部地区国民对运动型休闲活动更为偏爱，而东北地区国民对此类活动的选择明显偏少，这可能与东北地区气候较为寒冷有关。

表2　不同区域国民参与休闲活动的比较

单位：%

活动类型	东部	中部	西部	东北	显著性
消极休闲活动	33.5	33.4	32.5	33.6	$X^2 = 4.8; d.f. = 3; p > 0.01$
家居休闲活动	29.0	29.2	29.2	30.2	$X^2 = 3.6; d.f. = 3; p > 0.01$
社交休闲活动	14.4	14.0	15.4	14.7	$X^2 = 5.1; d.f. = 3; p > 0.01$
运动休闲活动	9.0	9.5	9.2	7.8	$X^2 = 16.4; d.f. = 3; p < 0.01$
购物休闲活动	14.1	13.9	13.7	13.7	$X^2 = 4.8; d.f. = 3; p > 0.01$

（四）在人口统计学上国民休闲行为的比较研究

1. 性别

（1）不同性别国民的休闲时间差异

对不同性别的人群进行独立样本 T 检验结果显示（见表 3），男性国民的休闲时间显著多于女性，男性每天休闲 2.226 小时，而女性仅为 2.144 小时，这主要与家庭中的角色分工有关（郭鲁芳，韩琳琳，2009）。在日常生活中，女性更多地承担起了家务、照顾孩子及老人等责任，因此占据了大量的时间。也正因如此，女性休闲的活动空间局限于家内，或近距离的空间（许晓霞，柴彦威，2012）。

表 3　不同性别的国民休闲时间的比较

项目	性别	样本量	均值	标准差	标准误	F 值	独立 T 检验
休闲时间	男	41775	2.226	1.5409	0.0075	21.424	P = 0.000
	女	30795	2.144	1.5059	0.0086		

（2）不同性别国民在休闲活动上的差异

不管是男性还是女性，对于消极休闲活动和家居休闲活动都较为偏爱。数据显示，不同性别国民之间对休闲活动的选择具有显著性差异。男性比女性在家居休闲活动、社交休闲活动和运动休闲活动上更为积极，而女性比男性对于购物休闲活动更加青睐（见表 4）。不同性别在休闲时间和休闲活动的差异，归因于受中国传统文化的影响。中国女性的生活方式依然受到儒家价值文化和道德的影响：女主内，男主外（Guo，2005）。因此，女性担负起了较多的照顾家庭、儿童、老人等家务，造成了休闲时间较少；而男性则更多地参与到聚会、看球等对外的社交休闲活动当中。

2. 年龄

（1）不同年龄国民的休闲时间差异

从年龄层面来看，中国成年人随着年龄的增长，其休闲时间也增长明显（见图 5），这与家庭成员的生命周期有关。处于 18～35 岁之间的青年国民，

表4　不同性别国民休闲活动的比较

单位：%

项目	消极休闲活动	居家休闲活动	社交休闲活动	运动休闲活动	购物休闲活动
男	80.6	71.6	36.5	23.2	28.1
女	79.7	69.2	33.5	20.1	41.0
Sig.	$X^2 = 7.7$; d. f. $= 1$; $p = 0.005$	$X^2 = 25.8$ d. f. $= 1$; $p < 0.001$	$X^2 = 64.7$ d. f. $= 1$; $p < 0.001$	$X^2 = 66.4$ d. f. $= 1$; $p < 0.001$	$X^2 = 920.2$ d. f. $= 1$; $p < 0.001$

大多数初入职场，面对工作的压力较大，同时孩子的年龄一般较小，需要付出较大精力。处于36~59岁的国民，相较于年轻人而言，其工作和家庭较为稳定，孩子也不需要付出较多的时间去照顾，休闲时间有所增加。60岁以上的老年人大多已经退休，因此其休闲时间最多，为每天2.833小时。

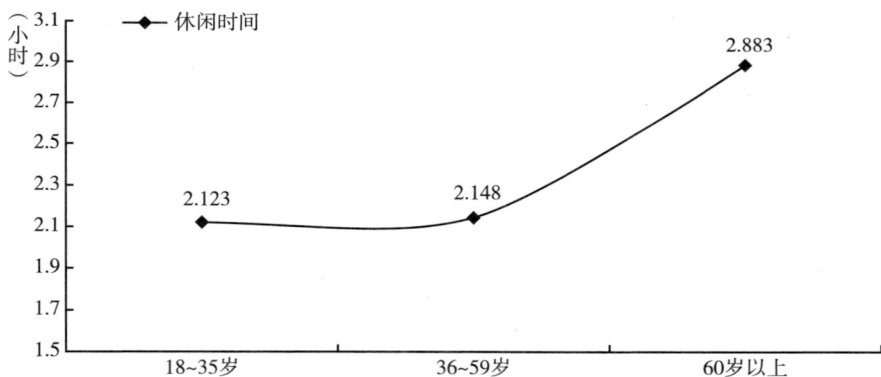

图5　不同年龄段休闲时间分布图

（2）不同年龄国民在休闲活动上的差异

不同年龄国民参与休闲活动的频率差异显著。老年人参与家居休闲活动和运动休闲活动的比例最高；18~35岁的青年群体对于消极休闲活动和购物休闲活动的选择比例最高；36~59岁中年人在社交休闲活动上的选择比例最低。整体来看，随着年龄的增长，国民对家居休闲活动、运动休闲活动的选择增加，对购物休闲活动的选择减少。国民对消极休闲活动和社交休闲活动的选择随年龄的增长呈U形分布（见表5）。

137

表5 不同年龄国民休闲在休闲活动上的比较

单位：%

	消极休闲活动	居家休闲活动	社交休闲活动	运动休闲活动	购物休闲活动
18～35 岁	81.4	68.2	35.9	19.8	36.3
36～59 岁	80.1	71.9	34.3	22.5	31.9
60 岁以上	74.1	77.0	37.6	30.3	27.8
Sig.	$X^2 = 166.4$; d. f. $= 2; p < 0.00$	$X^2 = 161.8$ d. f. $= 2; p < 0.001$	$X^2 = 53.1$ d. f. $= 2; p < 0.001$	$X^2 = 42.6$ d. f. $= 2; p < 0.001$	$X^2 = 77.1$ d. f. $= 2; p < 0.001$

3. 收入水平

（1）不同收入水平国民休闲时间差异

如图6的结果显示，随着家庭年收入的提高，国民的休闲时间也随之增多。家庭收入2万元以下的休闲时间仅为2.001小时，而10万元以上国民的休闲时间长达2.433小时。

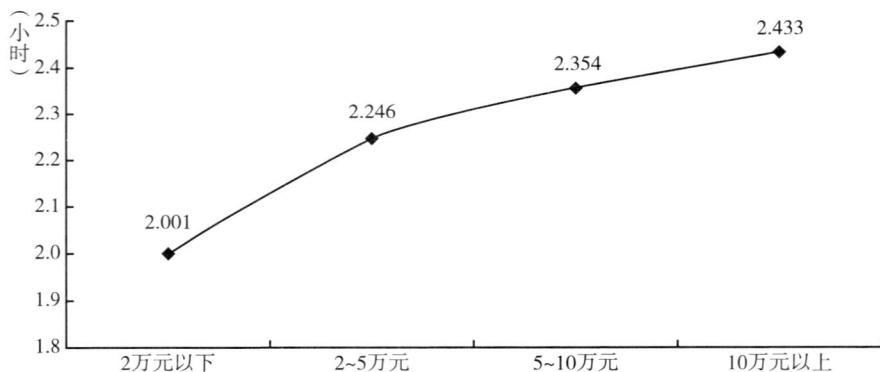

图6 不同收入水平国民休闲时间比较

（2）不同收入水平国民休闲活动的差异比较

国民对休闲活动的选择因自身收入水平的差异而不同（见表6）。消极休闲活动和家居休闲活动对2万元以下收入水平的国民吸引力最大。10万元以上的高收入水平国民对社交休闲活动和运动休闲活动的选择比例最大。5～10万元的家庭对购物类休闲活动最为偏爱。随着收入水平的提高，国民对社交休闲活动和运动休闲活动的选择概率增加，而对消极休闲活动和家居休闲活动的选择比例减少。这一结果和我们的预期基本一致，因为休闲是"有闲有钱"的活动，当收入水平较高时，收入将不再是制约其休闲行为主要的因素，因此其会减少工作时间，选择花费较高，但更能使身心放松的运动或是社交等休闲活动。

表6　不同收入水平国民对休闲活动选择的比较

单位：%

	消极休闲活动	家居休闲活动	社交休闲活动	运动休闲活动	购物休闲活动
2万元以下	82.8	71.7	31.2	20.5	31.7
2~5万元	82.1	70.9	34.2	21.3	33.6
5~10万元	73.3	68.8	42.6	24.4	36.9
10万元以上	71.6	65.9	46.2	28.8	33.8
Sig.	$X^2 = 468.7$ d.f. $= 3; p < 0.001$	$X^2 = 70.1$ d.f. $= 3; p < 0.001$	$X^2 = 161.4$ d.f. $= 3; p < 0.001$	$X^2 = 479.9$ d.f. $= 3; p < 0.001$	$X^2 = 71.1$ d.f. $= 3; p < 0.001$

4. 受教育水平

（1）不同受教育水平休闲时间的差异

由图7可知，国民的休闲时间随受教育程度的提高而增多。小学及以下国民休闲时间仅为2.110小时，中学及中专和大专的休闲时间大致相同，分别为2.194和2.186小时，而本科及以上学历国民的休闲时间为2.264小时。

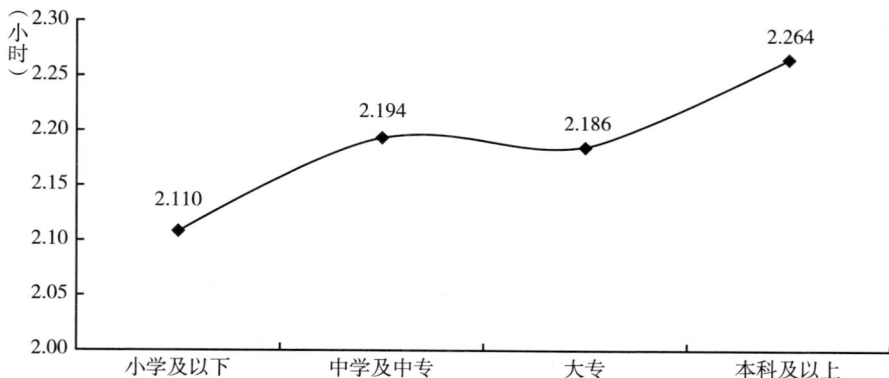

图7　不同受教育水平的国民休闲时间

（2）不同受教育水平国民在休闲活动上的差异

如表7所示，受教育程度低的国民对消极休闲活动和家居休闲等"静态"的休闲活动较为偏爱，而受教育程度高的国民对社交、运动和购物等"动态"的休闲活动更为青睐。一方面，可能是由于受教育水平的提高，增强了国民的休闲意识，因此会从工作中"挤出"更多的休闲时间，参与到那些能使身心更加舒畅的运动等"动态"的休闲活动当中。另一方面，根据加里·贝克尔的人力资本理论，更高层次的受教育程度意味着更高的收入水平，因此休闲时间较多，其参与花费高的社交、休闲活动频率就高。

表7　不同受教育水平国民对休闲活动选择的比较

单位：%

	消极休闲活动	居家休闲活动	社交休闲活动	运动休闲活动	购物休闲活动
小学及以下	75.2	74.2	39.3	23.2	36.0
中学及中专	83.4	72.1	31.7	20.7	31.4
大专	78.9	68.6	36.6	22.5	35.5
本科及以上	74.3	66.4	43.7	24.3	36.1
Sig.	$X^2 = 324.7$ d.f. $= 3$；$p < 0.001$	$X^2 = 96.6$ d.f. $= 3$；$p < 0.001$	$X^2 = 468.4$ d.f. $= 3$；$p < 0.001$	$X^2 = 65.9$ d.f. $= 3$；$p < 0.001$	$X^2 = 87.1$ d.f. $= 3$；$p < 0.001$

5. 婚姻状况

（1）不同婚姻状况国民的休闲时间差异

个人的休闲时间与其婚姻状况呈显著相关性。数据表明，无伴侣的国民（未婚无恋人、离异或丧偶）比有伴侣的国民（未婚有恋人和已婚）拥有较多的休闲时间。未婚无恋人、离异和丧偶国民的休闲时间分别为2.201、2.241和2.911小时，未婚有恋人和已婚国民的休闲时间分别为2.131和2.182小时（见图8）。

（2）不同婚姻状况国民在休闲活动上的差异

如表8数据显示，已婚的国民对消极休闲活动的选择比例最高，丧偶群体对家居休闲活动和运动休闲活动的选择较多，离异群体参加社交休闲活动的比例最大，而未婚有恋人的国民对购物休闲活动更为偏爱。婚姻状况正常的群体生活稳定，因此，看电视、上网或是购物等与日常生活行为密切相关

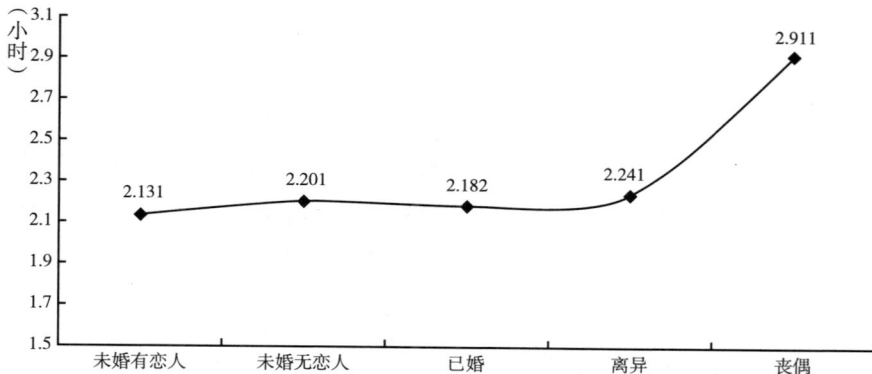

图8　不同婚姻状况国民休闲时间的差异性分析

的活动，就成为其主要的休闲活动类型。而离异的群体因为有继续追求生活伴侣的内在需要，因此其社交休闲活动较多；而丧偶的国民，因为其情绪低落，所以其居家休闲活动较多，社交休闲活动较少，丧偶者对于运动休闲活动的偏爱多为发泄情绪，放松自我。

表8　不同婚姻状况国民休闲时间的差异性分析

单位：%

	消极休闲活动	家居休闲活动	社交休闲活动	运动休闲活动	购物休闲活动
未婚有恋人	76.8	67.4	40.8	21.9	40.5
未婚无恋人	77.4	68.8	39.6	21.5	36.1
已婚	82.2	71.5	32.8	21.6	31.8
离异	70.7	68.6	43.3	24.8	34.1
丧偶	69.8	78.3	41.7	30.0	27.0
Sig.	$X^2 = 378.6$ d.f. $=4$；$p < 0.001$	$X^2 = 246.1$ d.f. $=4$；$p < 0.001$	$X^2 = 258.4$ d.f. $=4$；$p < 0.001$	$X^2 = 135.9$ d.f. $=4$；$p < 0.001$	$X^2 = 128.1$ d.f. $=4$；$p < 0.001$

四　带薪年假的相关讨论

与美国、日本、新西兰等发达国家国民每天5小时左右的休闲时间相比，中国国民在工作日的休闲时间仅为每天 2.191 小时。这可能与以下原因有关。首先，中国大部分人仍处于农业、制造业、加工业等传统的劳动力密集行业，因劳动强度大而导致工作日的休闲时间偏少。其次，中国深受儒家和道家的文化影响，国民崇尚勤劳致富、勤俭持家，因此对休闲的态度较为消极（Wang and Stringer，2000）。休闲时间是制约中国国民休闲质量的第一大障碍因素，阻碍中国国民生活质量的提高和个体经济效率的提升。

东部、中部、西部和东北各区域内国民的休闲时间不一，西部地区的休闲时间最长，而东北地区的时间最少，各个区域实施带薪休假政策的时间表有所差异。各区域应结合本地的休闲时间现状，以及经济发展水平、居民收入水平和社会保障水平，制定员工带薪休假的时间和政策落实时间表。例如东部地区居民的休闲时间较短，经济发展水平高，居民的收入水平和社保水平相对较高，因此带薪休假制度可以提前，且休假时间可以比中国平均水平有所延长；西部地区现阶段的休闲时间最多，地区经济发展落后，居民的收入水平等各项生活指标均落后于中国平均水平，带薪休假制度的实施可以暂缓。

对不同行业和企业之间的具体要求可以有所不同，即按照行业属性和企业性质划分，应该具体分析企业状况实施不同长度的带薪休假制度（付建平，郑耀星，2014）。旅游行业、咨询行业、文化创意产业、IT 业等行业的工作弹性大，其带薪休假制度的实施可以落实在前；国有企业、事业单位以及外资企业等，工资水平、社保水平较高的企业也应带头实施。待到带薪休假制度在全社会获得很好的发展时，可以全面覆盖。在不同行业、企业带薪休假制度的实施有所不同，基本要点是保证制度实施所带来的影响与当前阶段的发展状况相适应，这也有助于调动企业主动参与的积极性。

一个企业内，带薪休假制度的具体实施可以根据不同岗位而有所区别。女性员工在家务劳动和抚育儿童方面所付出的精力较大，休闲时间相对男性较少，因此可以在企业内部向女性员工倾斜，优先保证女性员工的休闲时间，有利于其实现家庭、工作和休闲三者的平衡，以此来提高其工作效率。

根据"向后弯曲"的劳动供给曲线，收入水平较高的群体会主动放弃劳动供给来换取休闲，所以其日常休闲时间较多。而中低层收入水平的员工因经济压力较大，因"休不起"而很少主动放弃工作参与休闲。因此，更应该优先保障中低层收入群体带薪休假的实施，让他们"敢于"休息，没有后顾之忧。

五　结论与启示

（一）结论

本研究考察了中国区域、性别、年龄、收入水平等人口统计学特征对国民休闲行为的影响，研究发现有以下三点。

第一，中国公民每天的休闲时间较短，仅为 2.191 小时，因而国民带薪休假的实施十分急迫和必要；国民对消极休闲活动和家居休闲活动等偏"静态"的活动较为偏好，而对运动休闲等"动态"休闲活动选择较少。

第二，中国东部、中部、西部和东北四大区域的休闲时间存在显著性差异，西部地区国民的休闲时间最多，其次是中部和东部，东北国民的休闲时间最短；四大区域国民对休闲活动模式的选择则基本一致。因此各区域应结合本地的休闲时间现状，以及经济发展水平、居民收入水平和社会保障水平，制定员工带薪休假的制度和政策落实。

第三，具有不同人口统计学特征的国民，在休闲时间和休闲活动的选择上具有显著差异。男性、60 岁以上的老年人、高收入水平、受教育程度较高及无伴侣国民的休闲时间较多，且对社交、运动健身等"动态"休闲活动更为偏爱，而女性、中青年群体、低收入水平、低受教育程度和有伴侣国民的休闲时间较少，且对看电视、上网等消极活动和家居休闲活动较为偏好。因此带薪休假制度的实施要根据国民的不同人口统计学特征而有所区别。

因为具有不同人口统计学特征的居民，在休闲时间和休闲活动类型偏爱上具有较大差异，所以，不同区域在制定城市规划和配套休闲设施的建设中，要充分结合所在地居民的休闲行为特征，不能完全借鉴或是复制国内外其他休闲城市的模式，要走一条"因地制宜"的休闲之路。

（二）启示

《国民旅游休闲纲要（2013－2020年)》的颁布和实施，对中国各地区的休闲城市建设提出了新的要求。依据本文的研究结论，我们认为政府政策应该侧重于：①培育国民休闲意识。由于中国深受儒家思想的影响，国民对休闲有益于经济效率的提高和促进人们生活品质认识不足。政府应该加大这方面的宣传，引导国民正确看待休闲，提高国民的休闲意识。②保障国民休闲时间。政府应加大落实带薪休假制度力度，引导和督促国有企业、事业单位和外资企业率先实施，通过税收奖励和监督惩罚双管齐下，有力推动带薪休假制度的贯彻和实施，为国民休闲提供时间保障。当然，这一政策实施时可以因地制宜，东部沿海地区经济基础良好，而休闲时间不足，可以率先从严执行；而西部地区，经济发展相对较慢，且休闲时间相对较多，可以结合实际情况从缓实施。同时，政府应该鼓励旅游行业、咨询行业、文化创意产业、IT业等行业尝试弹性工作制度，为国民错峰度假提供更多休闲时间选择。③成立监督部门，加大惩罚力度。要企业实施带薪休假，需要依靠相关机构的监督与惩罚，来强制他们实施。通过加大违反成本，加大处罚额度，让企业的违反成本大于所得利益。④保障员工的集体诉讼权。员工相对而言势单力薄，需要第三者来保护员工的利益，比如成立职工带薪休假工会，专职解决员工的带薪休假权利遭遇损害的事件。总之，带薪休假制度的落实和《国务院关于促进旅游业改革发展的若干意见》（国发〔2014〕31号）为休闲产业的发展繁荣带来空前利好，带薪休假的家庭化消费倾向、长期旅居倾向和错峰需求倾向，将引导休闲产业的全年常态化运行和休闲产业融合的集聚发展。

参考文献

［1］郭鲁芳：《休闲消费的经济分析》，《数量经济技术经济研究》2004 年第 4 期。

［2］郭鲁芳、韩琳琳：《女性休闲障碍因素探析——以杭州为例》，《旅游学刊》2009 年第 11 期。

［3］李享、宁泽群、马惠娣、赵鹏：《北京城市空巢老人休闲生活满意度研究——以北京市三大典型社区为例》，《旅游学刊》2010 年第 4 期。

［4］李峥嵘、柴彦威：《大连城市居民休闲时间利用特征》，《经济地理》1999 年第 5 期。

［5］林岚、施林颖：《国外休闲制约研究进展及启示》，《地理科学进展》2012 年第 10 期。

［6］刘嘉纬、蒙睿：《中日大学生旅游行为比较研究——以昆明、东京部分高校为例》，《旅游学刊》2006 年第 7 期。

［7］刘志林、柴彦威：《深圳市民周末休闲活动的空间结构》，《经济地理》2001 年第 4 期。

［8］宁泽群、赵鹏、罗振鹏：《社会发展转型背景下北京不同职业居民的休闲行为分析》，《旅游学刊》2009 年第 6 期。

［9］宋瑞：《休闲消费和休闲服务调查：国际经验与相关建议》，《旅游学刊》2005 年第 4 期。

［10］王琪延、侯鹏：《节假日与休闲消费关系研究——兼论中国假日制度改革》，《北京社会科学》2012 年第 1 期。

［11］王雅琳：《城市休闲——上海、天津、哈尔滨城市居民时间分配的考察》，2003，社会科学文献出版社。

［12］魏翔、陈倩：《闲暇如何影响经济增长？——幸福感与经济效率关系的理论研究与仿真模拟》，《财经研究》2012 年第 4 期。

［13］魏翔、虞义华：《闲暇效应对经济产出和技术效率的影响》，《中国工业经济》2011 年第 1 期。

［14］魏小安：《中国休闲经济》，中国社会科学出版社，2005。

［15］许晓霞、柴彦威：《北京居民日常休闲行为的性别差异》，《人文地理》2012 年第 1 期。

［16］杨国良：《城市居民休闲行为特征研究——以成都市为例》，《旅游学刊》2002 年第 2 期。

［17］付建平、郑耀星：《基于博弈论的带薪休假实施的改善策略研究》，《海南师范大学学报（自然科学版）》2014 年第 2 期。

［18］ Ap, J. （2002）. Inter-cultural behavior some glimpse of leisure from on Asian perspective. Paper presented at the Leisure Futures Conference, Innsbruck, Austria.

［19］ Dong, E., & Chick, G. （2012）. Leisure constraints in six Chinese cities. Leisure Sciences, Vol. 34 （5）.

［20］ Dong, E., Li, M., & Kim, J. （2013）. Research in East Asia. In: M. Stodolska, K. J. Shinew, Race, ethnicity, and leisure. Champaign, IL: Human Kinetics.

［21］ Guo, J. （2005）. A brief commentary on Chinese women's leisure life style and its development. Journal of Taiyuan Urban Vocational College, Vol. 4.

［22］ Jim, C. Y., & Chen, W. Y. （2009）. Leisure participation pattern of residents in a New Chinese City. Annals of the Association of American Geographers, Vol. 99 （4）, 657 – 673.

［23］ Lee, B., & Zhang, A. H. （2010）. Women's leisure and leisure satisfaction in contemporary urban China. World Leisure Journal, Vol. 52 （3）, 211 – 221.

［24］ Li, M. Z. （2009）. Leisure and tourism in the changing China. World Leisure Journal, Vol. 51 （4）, 229 – 236.

［25］ Schutte, H., & Ciarlante, D. （1998）. Consume behavior in Asia. New York University Press: Washington Square, New York.

［26］ Spiers, A., & Walker, G. J. （2009）. The effects of ethnicity and leisure satisfaction on happiness, peacefulness, and quality of life. Leisure Sciences, Vol. 31 （1）, 84 – 99.

［27］ Walmsley D J, Lewis G J; Wang Xingzhong trans. （1988） An Introduction to Behavioral Geography. Xi'an: Shanxi People's Publishing House.

［28］ Walker, G. J., Deng, J., & Chapman, R. （2007）. Leisure attitudes: A follow-up study comparing Canadians, Chinese in Canada, and Mainland Chinese. World Leisure Journal, Vol. 49, 207 – 215.

［29］ Wang, J., & Stringer, L. （2000）. Impact of Taoism on Chinese leisure. World Leisure, Vol. 3, 33 – 41.

［30］ Wang, Z., Zheng, J. H., & Shi, J. C. （2006）. The performances of industrial productivity across regions of transitional China: Structural differences, institutional shocks and dynamic characteristics （in Chinese）. Economic Studies, Vol. 6, 48 – 60.

［31］ Wei Chi, Bo Li. （2013）. Trends in China's gender employment and pay gap: Estimating gender pay gaps with employment selection. Journal of Comparative Economics xxx （2013） xxx-xxx.

［32］ Yin, X. （2005）. New trends of leisure consumption in China. Journal of Family and Economic Issues, Vol. 26, 175 – 182.

G.10

私人汽车与中国国民休闲

程遂营*

摘　要：　从 2012 年底开始，中国已经跨入汽车时代。私人汽车数量的迅速增加不仅改变了国民休闲交通方式，扩大了中国国民休闲活动范围，丰富了国民日常休闲生活，而且逐渐改变着国民休闲生活方式，使中国国民在节假日和周末的休闲活动变得更加丰富多彩。当然，突飞猛进的私人汽车休闲也给交通、休闲旅游目的地、休闲产品生产企业，乃至环境等方面带来了一系列问题，这些问题又成为制约私人汽车休闲健康持续发展的不利因素。针对私人汽车发展给国民休闲生活带来的影响，中国政府部门应采取改善道路交通状况、有序开发休闲资源等积极的公共休闲管理措施；汽车休闲服务行业则应瞄准市场，为国民提供类型多样的休闲服务产品。同时，非政府汽车休闲组织和协会也应发挥更加积极的作用，共同促进中国国民汽车休闲生活朝着良性、健康的方向发展。

关键词：　私人汽车　国民休闲

---

* 程遂营，河南大学历史文化学院旅游系教授，博士生导师，中国社会科学院旅游研究中心特约研究员。主要从事休闲基础理论、公共休闲供给研究。本研究为国家社会科学基金项目"中国城镇公共休闲服务供给方式及基本公共休闲服务均等化研究（13BGL095）"的阶段性成果。

一 中国已进入汽车社会

私人汽车（或私家车）是指为居民私人拥有，供家庭使用的小型汽车。主要包括家用轿车和轻型卡车两种类型。轿车有三厢和两厢两种，轻卡包括轻型货车（皮卡）、小型厢式车（或面包车）、越野车（或 SUV）、跨界车、多功能运动车及其他个性或休旅车型等①。

二战以后，英国、法国、德国等西方发达资本主义国家相继进入汽车大众化消费时期，对其国民的休闲生活产生了深刻影响。中国改革开放 30 多年来，经济持续发展，城市化进程加快，汽车制造业和公路运输业迅速发展。根据《中国统计年鉴》数据，1990～2009 年，中国人均 GDP 增加近 16 倍，城镇居民人均可支配收入增加约 11 倍，而私人汽车拥有量则增加了 56 倍。私人汽车的增速远大于经济和收入的增速。2009 年，中国以年产、销汽车 1379 万辆和 1364 万辆成为世界第一大汽车生产和销售国②。2010 年以后，依然保持了这种增长态势。

按照国际标准，当一个国家或地区每百户家庭汽车拥有量达到 20 辆以上时，这个国家或地区就进入了汽车社会。2012 年底，中国私人汽车拥有量达到了 9309 万辆，按照 4 亿个中国家庭计算，每百户家庭汽车拥有量已达到 23 辆，超过 20 辆（见表 1）。这就意味着，从整体上来说，从 2012 年底开始，中国已经进入汽车社会，中国国民的汽车时代已经来临。

表 1　近十年中国民用和私人汽车增长情况（2005～2014 年）

单位：万辆

年份	民用汽车	私人汽车
2005	3160	1848
2006	3697	2333

---

① 程遂营：《家用汽车与美国国民休闲：对中国的启示》，《旅游研究》2012 年第 4 期，第 1～5 页。

② 张毅：《世界第一！去年汽车产销破 1300 万辆》，http://www.yn.xinhuanet.com。

年份	民用汽车	私人汽车
2007	4358	2876
2008	5100	3501
2009	6281	4575
2010	9086	6539
2011	10578	7872
2012	12089	9309
2013	13741	10892
2014	15447	12584

资料来源：各年度《中国统计年鉴》及《国民经济和社会发展统计公报》。

与私人汽车迅速发展相伴随的是中国交通道路，特别是高速公路和城市交通基础设施建设进程的加快。到 2014 年底，中国高速公路通车里程超过 11 万公里，位居世界第一。其中，广东、河北、河南、四川、湖南、山东、湖北、山西八个省份的高速公路通车里程都超过了 5000 公里（见表 2）。与此同时，全国城市交通基础设施投入也逐渐加大，并主要通过拓展道路宽度、增加道路里程、疏通路网节点、加大路网密度来发展平面交通，提高城市道路通行能力。

表 2　全国部分省区高速公路通车里程（截至 2014 年底）

单位：公里

排名	省区	高速公路通车里程
1	广东	6280
2	河北	5888
3	河南	5859
4	四川	5510
5	湖南	5493
6	山东	5200
7	湖北	5106
8	山西	5010
9	江西	4515
10	陕西	4466

资料来源：中国高速网（www.cngaosu.com）。

无疑，私人汽车数量的迅速增加和交通等基础设施的逐步完善，对中国国民休闲生活产生了巨大影响。不少学者也开始关注私人汽车发展及其对中国国民休闲生活所带来的影响。不过，现有相关成果多集中在对汽车工业、汽车文化的探讨，在私人汽车用途方面，比较多地探讨了自驾车旅游问题。虽然有部分学者涉及了私人汽车发展与国民休闲生活之间关系的研究，但从宏观上对于私人汽车及其发展给中国国民休闲生活所带来影响的关注还很不够。

二 私人汽车拥有情况：来自五个城市的调查

为了充分了解中国私人汽车发展与国民休闲生活的关系，2012年11月10日至12月10日期间，课题组在北京、上海、广州、郑州、西安五座城市进行了针对私人汽车拥有和使用情况的问卷调查。之所以选择这五座城市作为调查对象，是因为它们分别位于中国东、西、南、北、中不同区域，既有北京、上海、广州等发达城市，又有郑州和西安代表中、西部地区的城市，具备了一定的典型性。调查采取问卷方式，选择五座城市的火车站、商场、城市广场等作为样本采集区域。采取询问方式，首先确定询问对象是否拥有私人汽车，如果拥有，就请车主填写问卷。五座城市各发放问卷100份，共收回500份，全部属于有效问卷。本文以问卷调查结果为主要依据，同时结合其他相关研究成果对私人汽车与中国国民休闲生活的关系加以阐述。

截至2012年底，中国私人汽车拥有量达到了9309万辆。具体到不同省、区、市，私人汽车的拥有情况又有所不同。大体来说，长三角、珠三角、环渤海等中国经济发达地区拥有量大一些，直辖市、省会城市和部分早期开放城市拥有量大一些，城市比乡村拥有量大一些①。表3是北京、上海、广州、郑州和西安私人汽车拥有量的基本情况。

---

① 黄晓燕、曹小曙、李涛：《中国城市私人汽车发展的时空特征及影响因素》，《地理学报》2012年第6期，第745～757页。

表3 五城市汽车保有量和私人汽车拥有量情况（截至2012年末）

单位：万辆

城市	民用汽车	私人汽车
北京	495.70	407.50
上海	212.86	141.32
广州	204.16	164.69
郑州	223.50	127.70
西安	160.82	139.96

资料来源：根据五城市2012年《国民经济和社会发展统计公报》整理而成。

　　五座城市中，北京私人汽车拥有量最大，达到407.50万辆，远远超过其他4个城市。另外，2012年，北京平均每百户私人汽车的拥有量已在60辆以上，广州超过30辆，上海、郑州和西安都在20辆以上，均达到或超过了20辆的标准，说明这五座城市都已进入私人汽车时代。

　　具体到家庭拥有私人汽车的数量来看，本次调查发现，500位被调查者中，有415位车主的家庭拥有1辆汽车，占被调查者的83%；60位车主的家庭同时拥有2辆汽车，占12%；只有25位车主的家庭同时拥有3辆及以上汽车，占5%。也就是说，绝大部分家庭拥有1辆汽车（见图1）。

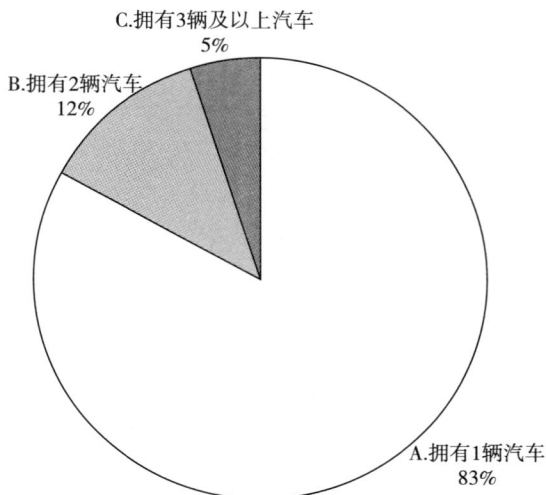

图1 五城市私人汽车拥有情况

另外，深圳市 2012 年也做了一项关于私人汽车的调查①。在对 1137 个拥有私人汽车的居民调查中发现，关于私人汽车的款式方面，三厢轿车占了比较大的比例，达到 71.06%，二厢轿车占了 12.66%，二者合计占了 83.72%，其他汽车车型加起来所占的比例还不到 20%，说明家用轿车乃是私人汽车的主体（见表 4）。

表 4　深圳市私人汽车款式调查结果

单位：辆，%

汽车款式	拥有量	所占比例
三厢轿车	808	71.06
两厢轿车	144	12.67
MPV（多用途汽车）	64	5.63
SUV（运动型多用途车）或越野车	57	5.01
跨界车或休旅车型	57	5.01
跑车或个性车型	7	0.62

资料来源：《2012 私家车使用情况调查——深圳版》，http：//survey.sohu.com/poll/result.php? poll_ id = 64449。

本次关于私人汽车购买情况的调查发现，购买私人汽车家庭中有 84.4% 年收入都在 10 万元以上，其中，10 万 ~ 20 万元的家庭最多，超过了 50%（见图 2）。家庭所购买私人汽车的价位在 10 万 ~ 20 万元之间占 55%，10 万元以下和 50 万元以上的合起来只占 20%（见图 3）。

调查发现，在 500 位私人汽车车主中，65.8% 是男性；女性车主只占 34.2%。从私人汽车拥有者的年龄分布上来讲，有 81.2% 的车主年龄都在 26 ~ 45 岁之间；25 岁以下和 56 岁以上的车主只占 5.2%（见表 5）。

---

① 《2012 私家车使用情况调查——深圳版》，http：//survey.sohu.com/poll/result.php? poll_ id = 64449。

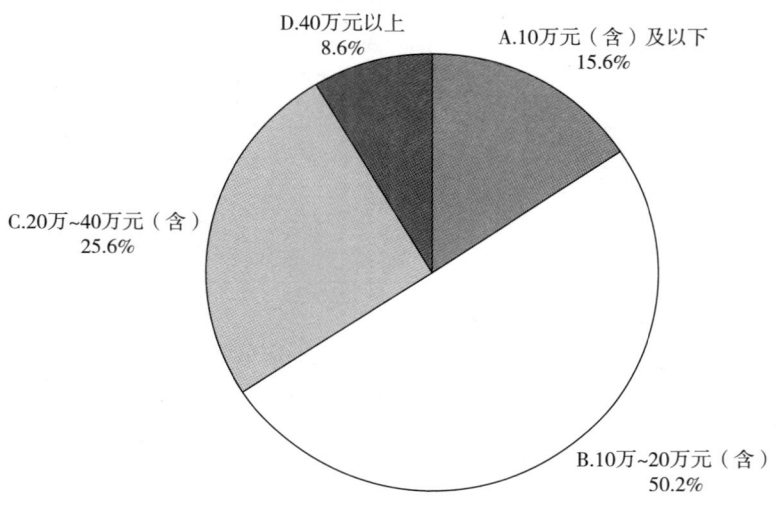

图2 五城市受访私人汽车车主家庭年收入

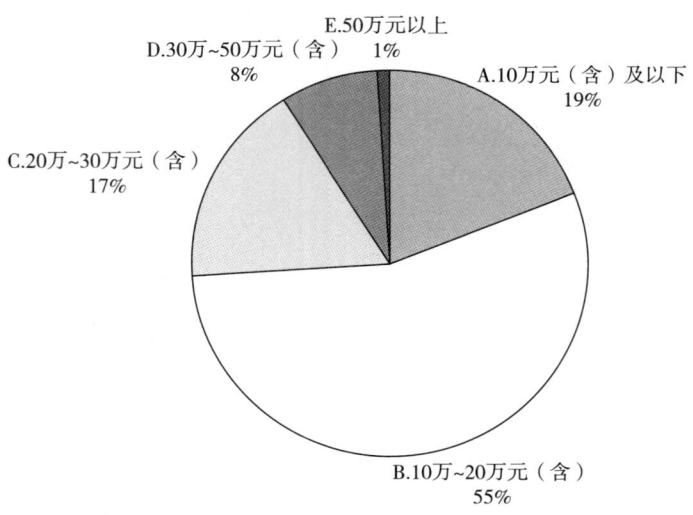

图3 五城市受访私人汽车车主所购私人汽车价格

表5　五城市受访私人汽车拥有者性别及年龄分布

性别	数量（辆）	比例（%）
A. 男	329	65.8
B. 女	171	34.2
年龄（岁）	数量（辆）	比例（%）
A. 25 以下	15	3.0
B. 26～45	406	81.2
C. 46～55	68	13.6
D. 56 以上	11	2.2

从私人汽车车主的教育背景来看，绝大部分车主的学历较高，大专、本科、硕士、博士学历者有343位，占了94.8%；高中学历及以下者只有26位，占了5.2%的比例（见图4）。

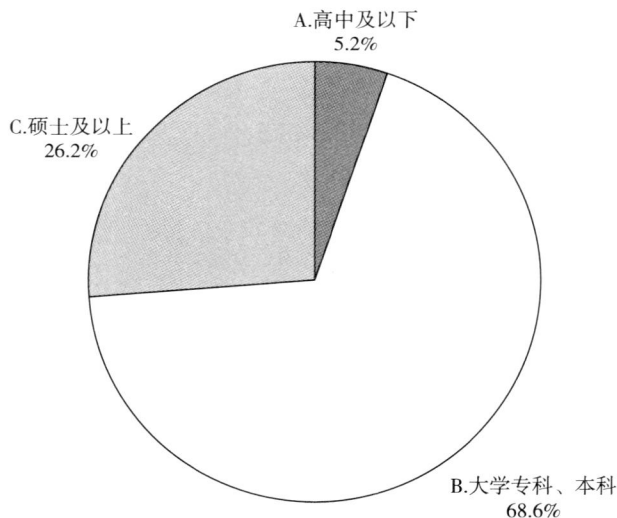

图4　五城市受访私人汽车拥有者教育背景

从私人汽车拥有者的职业分布来看，事业单位职工和公务员最多，有233位，占46.6%；其次是企业职员，有207位，占41.4%；然后是学校教师，有52位，占10.4%；最少的是离退休和自由职业者，只有8位，占1.6%（见图5）。

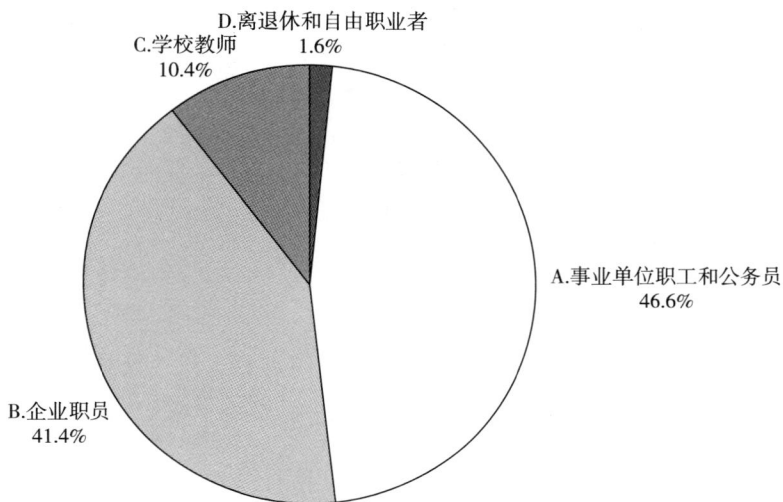

图5　五城市受访私人汽车拥有者职业分布

在关于购买私人汽车动机方面的调查中发现，有91.6%的人回答之所以购买私人汽车是因为私人汽车舒适、体面、时尚、快捷等；88.2%的人回答是为了便利自己上下班、接送孩子上下学，便于旅游出行、聚会拜访、商务活动等；另有76.8%的人购买私人汽车的原因是市内公交系统的问题，包括公交系统不完善、不方便乘坐、行驶太慢、乘坐公交车没面子等（见表6）。

表6　五城市受访者购买私人汽车的动机（多选）

单位：人，%

多选项	小计	所占比例
A. 私人汽车舒适、体面、时尚、快捷等	458	91.6
B. 便利自己上下班、接送孩子上下学、旅游出行、聚会拜访、商务活动等	441	88.2
C. 市内公交系统有问题(不完善、不方便、太慢、乘坐公交车没面子等)	384	76.8
D. 其他	63	12.6

从对私人汽车拥有情况的调查中笔者可以得出如下结论。

第一，私人汽车之所以能够迅速进入城市居民家庭，是因为中国经济的迅速发展和城市居民家庭收入的不断增加。一半以上家庭年收入达到 10 万元，有购买私人汽车的经济实力。而且从五城市私人汽车拥有者的情况来讲，10 万~20 万元的中档汽车乃是城市私人汽车的主体。

第二，在城市私人汽车拥有者中，男性多于女性，中青年车主是私人汽车的主体人群，而且私人汽车车主的学历层次普遍较高。

第三，私人汽车拥有者的职业分布情况说明，事业单位职工、公务员和企业职员是拥有私人汽车的主要群体。

第四，有超过 90% 的人购买私人汽车是因为私人汽车所体现出的舒适、体面、时尚、快捷等；超过 80% 的人购买汽车是为了便利自己上下班、接送孩子上下学和旅游出行、聚会拜访、商务活动等。

可见，很有必要对私人汽车与国民休闲生活的关系做进一步的探讨。

三 私人汽车与国民休闲生活现状分析

国民休闲活动是指现代社会国民在工作和必要的生理时间以外，利用节假日和日常闲暇时间从事各种旅游、休闲、娱乐活动的总称。就西方发达国家来说，二十世纪二三十年代以来，私人汽车进入普通家庭，对西方国民休闲生活的影响十分显著[1]。以下就中国私人汽车对国民休闲生活的影响进行分析。

从私人汽车使用情况来看，本次调查显示，五城市私人汽车平均每年行驶里程在 1.5 万公里左右。其中 1.275 万公里，即 85% 的行驶里程都在所居住的城市，包括市郊地带，这属于城市居民的休闲空间；另外 0.225 万公里，即 15% 的里程行驶在所在城市以外，这被视为外出旅行。本调查显示，私人汽车每年在市内行驶里程为 1.275 万公里，平均每天行驶距离为 34.93 公里（见图 6）。

---

[1] 程遂营：《家用汽车与美国国民休闲：对中国的启示》，《旅游研究》2012 年第 4 期，第 1~5 页。

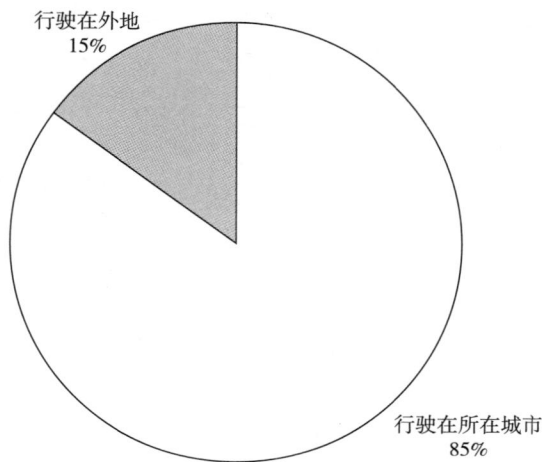

图 6　五城市受访者私人汽车总体使用情况

在私人汽车 15% 的外出旅行里程中，37.6% 的行驶里程是为了旅行观光，35.6% 的行驶里程是为了走亲访友，19% 是出于商务活动的原因，另有7.8% 的行驶里程属于其他原因（见图 7）。

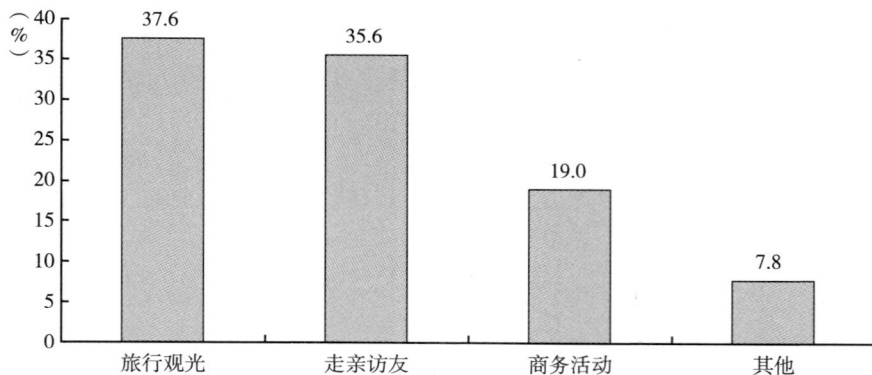

图 7　五城市受访者驾驶私人汽车行驶外地的主要目的

从市内使用用途来看，52.8% 的私人汽车用于自己上下班或接送孩子上下学的路上；21.4% 的时间用于参观博物馆、参观展览、聚餐聚会、购物等休闲活动；19.8% 的时间用于观看电影、演出、比赛，外出锻炼等娱乐与健身活动；6%的时间用于商务活动及其他私人事务（见图8）。按照一般的休闲学理论，第二项和第三项都属于休闲活动，这两项加起来超过了40%。由此可以得出结论，在私人汽车的市内使用用途中，40%以上是用于休闲活动的。

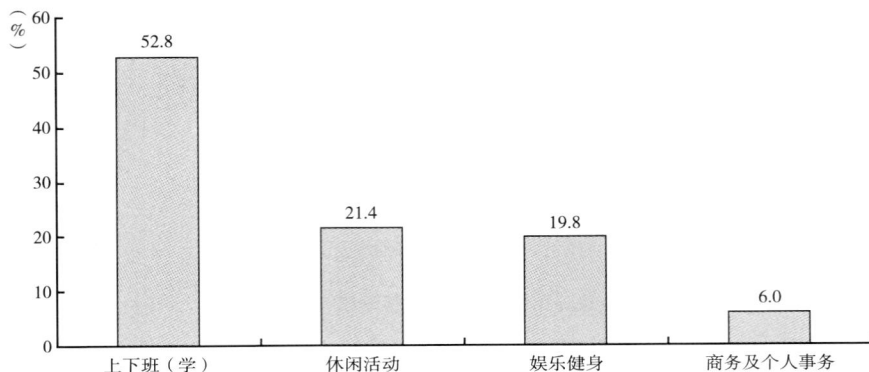

图8 五城市私人汽车的市内使用情况

从私人汽车每周使用情况来讲，有35.6%的私人汽车每周使用6～7天，即几乎天天在用；45.5%的私人汽车每周使用4～5天，这种情况所占比例最高；每周使用私人汽车2～3天的占了12.2%；另有6.8%的私人汽车使用率比较低，每周使用1天甚至不使用（见图9）。

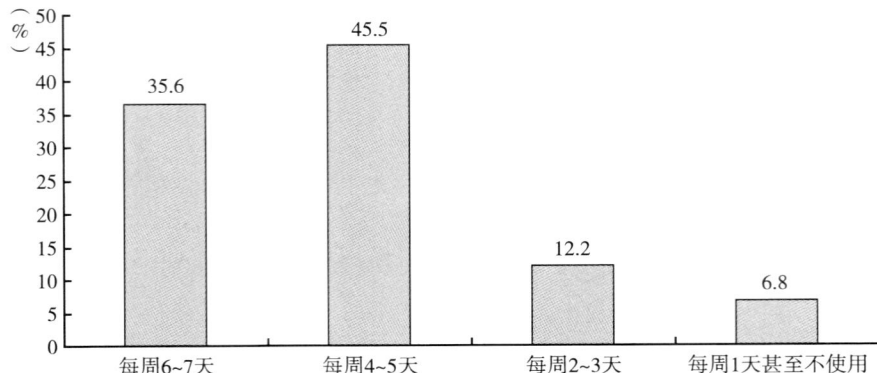

图9 五城市私人汽车每周使用情况

另外，2013 年初，中国社会科学院社会学研究所以"汽车社会与规则"为研究主题，针对中国汽车社会存在问题进行了调查分析，并出版了《汽车社会蓝皮书：中国汽车社会发展报告（2012~2013）》（以下简称"蓝皮书"）。该书通过随机抽样方式分别抽取了北京、上海、广州、成都、武汉、沈阳、西安七城市的有车者和无车者样本近 2000 个，其中，有效样本共1548 个。该调查发现，没有私人汽车的被调查者每天平均出行的距离为24.24 公里，有私人汽车的为 35.64 公里。本调查对五城市的调查，私人汽车每年在市内行驶里程为 1.275 万公里，平均每天行驶距离为 34.93 公里，与"蓝皮书"的调查相吻合。"蓝皮书"还发现以上七城市汽车的日常使用以通勤为主，使用最多的用途是上下班（学），所占比例为 98.8%，其次是出门旅行、休闲娱乐和出门办事，所占比例分别是 67.3%、63.9% 和62.5%（见表 7）。这种调查采取的是多选方式，而本报告在汽车使用情况的调查采用的是单选形式。从调查结果来看，二者的结论基本一致。这就是说，两种不同形式的调查结果都显示，虽然表面看来上下班（学）所占用的时间是最多的，但若把出门旅行和休闲娱乐两项合起来，汽车在城市有车族家庭中的休闲地位就十分突出了。

表 7　七城市私人汽车日常使用情况

单位：%

使用类别	上下班(学)	出门旅行	休闲娱乐	出门办事
使用比率	98.8	67.3	63.9	62.5

资料来源：《汽车社会蓝皮书：中国汽车社会发展报告（2012~2013）》统计数据。

由此，笔者就私人汽车与中国国民休闲生活之间的关系得出如下结论。

第一，私人汽车改变了中国国民休闲交通方式。传统上，中国国民的远程交通主要依靠铁路，市内交通主要依靠公交，但这种局面随着私人汽车的快速发展，已经在逐渐改变。在城市及周边交通方面，中国旅游研究院在对2013 年春节黄金周出游意愿的一项调查中发现，北京居民春节出游意愿高达 76.8％；在出游方式的选择方面，有 37.5％ 的人选择了自驾游。这说明在中远程旅游和本地休闲游方面，私人汽车正逐渐成为国民主要的交通方式之一。

第二，私人汽车从距离上扩大了中国国民休闲活动范围。本调查显示，随着汽车进入普通家庭，人们的休闲活动范围从原来的几公里、20 多公里扩大到 35 公里左右。私人汽车可以很便利地到达市中心购物场所，在周末、节假日和平时的休闲时间，则到近郊、环城游憩地带、城市周边乡村活动。这就从距离上扩大了国民休闲活动范围，在一定程度上打破了城乡之间的隔离状态。

第三，私人汽车丰富了中国国民的休闲生活。许多私人汽车家庭开着车去参观博物馆、各种展览，去聚会、聚餐、走亲访友，去观看电影和音乐会、观赏戏剧、观看各种赛事，去健身房健身、体育场锻炼、郊外散步等，使国民休闲生活从总体上更加丰富多彩。

第四，私人汽车逐渐改变了国民的生活方式。这种改变有正负两方面的表现：一方面，拥有私人汽车使家庭和个人生活变得更加舒适、便利、快捷和体面，使购物、聚会、拜访、旅行、娱乐健身或其他商务、个人事务等更加方便，增添了家庭生活的乐趣；另一方面，在工作日，私人汽车主每日的生活往往是从跨进汽车开始的，依赖汽车上下班（学）或进行其他休闲活动，而在周末或节假日，则依靠汽车完成在本地或异地的旅行、休闲活动。这种生活方式在一定程度上延长了乘坐的时间，压缩了原来利用公交、自行车或徒步上下班活动身体的时间。长此以往，容易造成腰椎、颈椎和肥胖等疾病，给身体健康带来不利影响。

四 私人汽车休闲的制约因素与应对举措

汽车在为城市居民休闲生活带来诸多便利的同时，也面临着很多问题。一些主客观因素正在成为私人汽车进行休闲活动的制约因素。

调查发现，在影响私人汽车出行的因素中，交通拥堵，油价、维修费用上涨，市内道路两旁、餐饮、娱乐、购物等场所没有便利的停车空间，市内与市郊针对私人汽车的休闲公园、休闲娱乐场所不足，高速公路通行免费还没有常态化，汽车旅馆、汽车露营地、汽车休闲产品供给不足等正在成为私人汽车在本地和异地休闲的制约因素。与此同时，由于城市交通拥堵和空气质量问题越来越突出，部分私人汽车主认为公交系统逐步完善后，可以考虑选择公交出行；也有人从减少污染和能源消耗的角度出发，在可以选择的情况下，尽量不开车（见表8）。

表8　影响私人汽车出行的因素

单位：人，%

选项（多选项）	小计	占比
A. 交通拥堵,油价、维修费用上涨	443	88.6
B. 市内道路两旁、餐饮、娱乐、购物等场所没有便利的停车空间	423	84.6
C. 市内与市郊针对私人汽车的休闲公园、休闲娱乐场所不足	381	76.2
D. 高速公路通行免费还没有常态化,汽车旅馆、汽车露营地、汽车休闲产品供给不足	227	45.4
E. 公交系统逐步完善后,可以考虑选择公交出行	153	30.6
F. 为减少污染和能源消耗,能不开车就不开车	147	29.4

具体来看制约五城市私人汽车休闲出行的各种因素。

第一，交通拥堵问题比较突出。在外出旅行中，拥堵主要出现在节假日时段。比如，2012年"十一"黄金周期间，中国首次实行小汽车高速公路免费通行政策，七座及以下小型载客汽车可以享受免费政策。免费时段从节假日第一天（9月30日）00：00开始，最后一天（10月7日）24：00结束。这次免费，极大地促进了人员流动，刺激了私人汽车的旅游、出行，并因此带动了各地的旅游消费。据统计，此次高速公路免费通行的汽车以私人汽车为主，比重占到63.43%，其中23.15%属于单位车，11.11%是租赁小汽车①。由于中国首次实行高速公路免费制度，大量私人汽车在相对集中的时段出行，造成了严重的交通拥堵。在车辆被堵期间，一些私家汽车占用应

① 《十一黄金周旅游出行调查报告》，http：//wenku.baidu.com/view/7bc39e26453610661ed9f4ef.html。

急车道；一些私人汽车乘客在车上吃零食、喝水，然后将垃圾随手扔出车外，堵车严重之处无一例外地成为垃圾场，私人汽车不文明的出行行为被频频在各种媒体上曝光。

在市内行驶过程中，拥堵的现象也越来越普遍。根据"蓝皮书"对北京、上海、广州、成都、武汉、沈阳、西安的调查，七城市单程开车拥堵的时间平均为30.35分钟。西安的单程开车中拥堵时间最长，均值为33.41分钟。另据一份2012年对北京市的交通调查发现，在北京市私人汽车每次出行活动中，5公里以下出行比重占44%，汽车被当作自行车用，并因此造成北京市工作日出行拥堵时间长达70分钟①。也就是说，私人汽车对北京市交通拥堵负有主要责任。而每日的拥堵，又反过来成为私人汽车休闲活动的障碍因素之一。

第二，市内道路两旁、餐饮、娱乐、购物等场所没有便利的停车空间。中国处于城市化进程的前期阶段，大量购物中心以及餐饮、娱乐场所往往位于繁华的城市中心地带。这些区域道路不畅、交通拥挤，不易通行。而由于道路宽度有限，市中心道路两旁一般都不设停车区域，所以私人汽车很难找到停车空间。根据"蓝皮书"对七城市的调查，开车者单程寻找停车位的时间平均为11.86分钟，西安、上海、广州和北京的开车者单程寻找停车位的时间都在13分钟左右。

第三，市内与市郊针对私人汽车的休闲公园、休闲娱乐场所供给不足。有了私人汽车，便需要有相应的休闲场所和休闲空间，但中国在城市建设过程中忽视了对汽车休闲需求的规划，没有开发出足够的供私人汽车休闲的城市公园、城郊公园、绿地、水体、游憩空间、博物馆、图书馆及体育场馆等。

第四，高速公路通行免费还没有常态化，汽车旅馆、汽车露营地、汽车休闲产品供给不足等。在2012年"十一"黄金周高速公路对七座及以下小

---

① 《北京机动车保有量突破500万，私人汽车占七成》，http：//auto. gasgoo. com/News/2012/02/19113125312539. shtml。

汽车免费通行之后，2013年、2014年的春节和"十一"黄金周，以及2015年春节也继续执行了这个政策。但与西方发达国家相比，中国的高速公路免费通行还没有实现常态化，这也是造成私人汽车扎堆在黄金周出行的原因所在。另外，与私人汽车休闲密切相关的房车、汽车旅馆、汽车露营地、汽车休闲产品等的供给还严重不足。

第五，汽车对环境的污染。在中国经济快速发展的同时，人们也更加关注生活质量问题，环境和健康意识逐步加强。近年来，每到秋冬季节，中国中、东部地区频发雾霾天气，城市检测PM2.5值不断增高，空气质量恶化。据统计，在一些城区，煤炭燃烧、汽车尾气、工地扬尘是PM2.5值不断增高的主要原因。所以，随着小汽车走入寻常百姓家，汽车尾气正在成为城市的主要污染源，私人汽车的使用也受到社会的诟病①。本调查也显示，29.4%的私人汽车主从减少污染、能源消耗，以及绿色出行的角度出发，认为能不开车就不开。

针对以上影响私人汽车休闲的因素，中国有必要借鉴西方国家的成功经验，并结合中国国情，采取适当的应对举措，促使汽车休闲朝着健康的方向发展。

首先，政府应在城市规划、休假制度等方面为以汽车为载体的休闲活动提供便利。国民休闲需求的增长是国民经济与社会发展的必然结果，而国民休闲供给是一个长期持续的过程。在休闲供给过程中，政府的职能体现在规划、开发、管理、立法、刺激、技术支持、教育、协调、研究等方面②，最主要的职能则在于提供公共休闲、娱乐基础设施。就私人汽车休闲而言，政府的主要职能应包括：①继续加强道路交通系统建设。目前，中国的公路建设虽然取得了巨大成就，但与私人汽车发展所产生的需求还有一定的距离，在高速公路、国道、省道，以及县、乡、村级公路的建设方面还需要付出更

---

① 《迅猛增长的汽车数量成PM2.5飙高主要原因》，http：//zj. sina. com. cn/wz/auto/scrj – zx/2012 – 07 – 07/199 – 1114. html。

② Geoffrey Godbey and Stanley Parker. *Leisure Studies and Services：an Overview*. Philadelphia：W. B Saunders Company，1976，129.

多的人力、物力和财力。在城市道路建设中，必须加大道路基础设施建设，提高城市道路通行能力，实现供给与需求新的均衡。②合理开发和利用公共休闲资源。在城市、社区规划和建设中，把城市公园、社区公园作为硬性的指标加以完善。同时，合理利用城市中心和城市周边资源，开辟与私人汽车休闲相适应的博物馆、图书馆、公共绿地、海滩、山区荒地、游泳池、休闲风光带、商业游憩区等。③继续完善节假日和带薪休假制度。从2008年以来，中国实行"十一"、春节两个黄金周和元旦、清明、"五一"、端午和中秋5个小长假，以及职工带薪年休假制度，加上周末，中国国民平均拥有的节假日时间已经达到115天，占了全年的31.5%。如果再加上职工带薪休假和教师、学生的寒暑假时间，则部分群体的休假时间更长。这种休假政策为私人汽车休闲活动带来了极大的便利。未来，应保持中国节假日政策的相对稳定性，并结合国民休闲的需要进行有针对性的调整。④通过政府、企业和研究机构定期和不定期的调研活动，了解问题，有针对性地满足和适应以私人汽车为载体的休闲需求的变化和增长。

其次，商业企业要完善相关服务。按照休闲产品的性质，汽车休闲产品可以分为两类，一类是物质型的，比如户外旅行装备，运动衣、鞋，户外垂钓、潜水、登山、攀岩、摄像等器材；另一类是服务型的，主要是各种休闲场馆和娱乐场所，比如各类球馆、影视剧场、游乐场所、演艺厅，各类文化会展场馆、网吧、餐饮酒吧、茶馆等①。同时，私人汽车的发展还直接对快餐业、网络服务业、休闲房地产业、休闲服装业等起到一定的推动作用。在西方，满足汽车旅行期间食、住、游、娱、购等需求的公路快餐、汽车旅馆、汽车营地、度假村等服务设施已发展得比较完备。比如，汽车旅馆是随着汽车普及以及公路延伸而出现的，便利、卫生、经济，在西方十分普及，也很受汽车旅行者欢迎；汽车营地则是在房车（活动房子）大量出现后，满足游客自由、节俭、便利等休闲需求而出现的；度假村则是规模较大、档次不一，并主要满足假日汽车旅行游客需求的旅

---

① 唐湘辉：《休闲经济学》，中国经济出版社，2009，第122～123页。

游目的地，往往位于风景秀丽的自然山水地区，提供住宿、美食、娱乐、健身等综合休闲需求。而在中国，针对私人汽车休闲的商品供给市场远未成熟。主要表现在：及时的出行信息、汽车容易到达的郊区购物中心不足；针对私人汽车市场需求的各类体育健身场馆、影视剧场、游乐场所、演艺厅，各类文化会展场馆，以及汽车旅馆、汽车营地、度假村等汽车休闲产品还十分缺乏等。

最后，要大力发展相关非政府休闲组织。非政府休闲组织是推动休闲发展的重要组成部分。就与汽车旅游休闲相关的组织来讲，包括各种汽车协会、露营协会、驾驶员协会、赛车俱乐部等。它们为协会成员提供旅行信息、旅行互助，同时引导和约束旅行行为，为汽车旅行休闲活动带来了极大的便利。在西方，比如美国，就有汽车、露营、郊游协会（俱乐部），美国驾驶员团体，美国赛车俱乐部，国家野营和登山协会，美国露营篝火公司童子军，校际郊游俱乐部联合会，西部郊游俱乐部联合会等①。其中，最大的俱乐部是成立于1902年的美国汽车协会（AAA），现有会员将近5000万人，其成员驾驶着美国所有轿车的20%②。在中国，虽然目前也有一些汽车俱乐部、汽车协会，但主要以汽车生产者组织为主，针对旅行休闲的相关组织和协会相对较少，组织的效果和影响力也没有充分显示出来，没能在私人汽车休闲活动方面发挥应有的作用。所以，在这方面实行政策鼓励和引导十分必要。从长远来讲，各种非政府汽车休闲组织的出现，也将会弥补政府和企业在私人汽车休闲供给方面的不足，为不断满足日益增长的私人汽车休闲的需要发挥应有的作用。

当然，政府、企业和私人汽车拥有者还必须认识到汽车的使用给环境所带来的污染，自觉提高尾气排放标准，减少尾气排放，使用绿色环保节能的汽车，努力降低汽车负效应，营造私人汽车休闲健康发展的客观环境。

---

① Szwak, L. The nonprofit sector as recreation suppliers [J]. Trends, 1989, 26 (2): 36.
② 《美国汽车协会：认人不认车》，http://auto.sina.com.cn/news/2005-12-07/1350156608.shtml。

五　中国国民私人汽车休闲发展趋势

2013年2月，国务院办公厅印发《国民旅游休闲纲要（2013－2020年）》（以下简称《纲要》），《纲要》提出，加强城市休闲公园、休闲街区、环城市游憩带、特色旅游村镇建设，营造居民休闲空间。发展家庭旅馆和经济型酒店，支持汽车旅馆、自驾车、房车营地、邮轮游艇码头等旅游休闲基础设施建设。《纲要》还提出，要加强国民旅游休闲产品开发与活动组织；加强旅游休闲的基础理论、产品开发和产业发展等方面的研究；加大旅游设施设备的研发力度，提升旅游休闲产品科技含量。

在可以预见的将来，中国私人汽车休闲的发展在总体上将呈现出多元化、时尚化和个性化的特点，并将出现以下几个方面的发展趋势。

第一，私人汽车拥有量仍将持续扩大。现阶段，中国仍实行鼓励私人汽车消费的政策。按照"蓝皮书"的分析，家庭月收入超过4000元时，私人汽车开始进入家庭；随着家庭月收入的增加，家庭私人汽车拥有率也相应增加，当家庭月收入达到30001元以上时，80%的家庭拥有私人汽车。同时，私人汽车的便利、舒适、快捷、时尚和体面等附加因素，也促使中国国民一直对购买私人汽车有很高的热情。加上道路交通等基础设施的逐步完善，私人汽车继续增多是一个必然的趋势。根据相关统计，中国已冲过"汽车社会"门槛并进入加速期。2013年，中国私人汽车拥有量已经突破1亿辆大关；截至2014年底，私人汽车接近1.26亿辆。如果私人汽车的增长保持这样的速度，5年后私人汽车保有量就会翻一番。也就是说，到2020年以前，中国私人汽车保有量将会达到2亿辆。百户家庭汽车拥有量将会达到40辆；到2025年，中国每百户家庭汽车拥有量将达到或接近60辆。人们会更多地选择汽车出门旅行，汽车也将分流更多的铁路、航空等主要交通形式的客源，形成铁路、航空和公路三足鼎立的交通格局。

第二，汽车品种越来越丰富。根据市场调查，轿车一直占有中国私人汽车八成左右的市场份额。2012年对深圳市私人汽车的调查发现，三厢轿车占了较大的比例，达到71.06%，二厢轿车占了12.66%，二者合计占了83.72%，说明家用轿车乃是私人汽车的主体。但随着多元化、个性化需求的增长，房车、轻型卡车、越野车以及皮卡等更时尚、更符合休闲理念的车型将逐步进入普通家庭。与此同时，进口品牌车和国产车之间、国产车内部之间的市场竞争将日趋激烈。此外，随着人们环保理念逐渐增强，节能和零排放汽车逐渐受欢迎，更多使用电能而非燃油，或者无燃料、无污染的汽车已经成为私人汽车选购的新方向。

第三，和汽车相关的休闲需求将逐步得到满足。国家和政府将不断加大对交通等基础设施的投入力度，中国高速公路的通车里程在2014年底已经突破11万公里，超过美国，成为世界上高速公路通车里程最多的国家，这将极大地便利私人汽车的旅行活动。节假日休闲政策也将不断完善，以保证私人汽车休闲的时间需要；博物馆、图书馆、城市公园等休闲资源将不断得到合理的开发利用；汽车旅馆、汽车营地、度假区、郊外商业娱乐中心等的建设也会不断加速，汽车休闲需求将逐步得到满足。

第四，培育健康的汽车文化势在必行。当私人汽车逐步进入普通国民的家庭，当汽车的使用越来越频繁，必要的汽车文化培育便势在必行。汽车文化不仅体现在遵守交通法规，不乱闯红灯，不超速行驶，也体现在礼让行人、不随意向窗外丢弃废物、不乱鸣喇叭，更体现在绿色出行、爱护环境等。汽车文化的培育是一个长期的过程，并在很大程度上反映一个国家国民的素质，更关系到国民汽车休闲未来的发展方向。

第五，结合国情理性发展与汽车有关的休闲消费。一方面，与私人汽车有关的休闲服务业的发展有其自身的规律，美国等西方国家在满足国民私人汽车休闲发展过程中的许多成功经验值得我们借鉴；另一方面，中国有超过13亿人口，4亿多个家庭，而且比较多地集中在中、东部地区。如果按照美国"一家一辆"的模式发展私人汽车，4亿户家庭将使世界汽车总保有量增加1/2还要多，导致中国中、东部地区的交通压力将成倍增加。另外，自1993年起，中国就已经成为石油净进口国，能源和环境的压力相当大。这决定了发展中国的私人汽车休闲不可能完全照搬美国等西方国家的做法。正如美国休闲学者戈比先生所说的，西方的汽车休闲发展道路不一定适合中国，"只有中国人自己能确定自己如何利用休闲中有价值的内容"①。科学理性的做法应该是"把其他国家作为一个背景加以借鉴，使自己的休闲模式不断演进"②。因此，如何辨析不同国情，既通过私人汽车的发展满足亿万家庭不断增长的汽车休闲需求，同时提倡大力发展火车、公交等公共交通，甚至为城市自行车的发展提供必要的空间，科学规划与应对私人汽车休闲市场的变化将是一个十分紧要而长远的课题。

参考文献

［1］程遂营：《家用汽车与美国国民休闲：对中国的启示》，《旅游研究》2012 年第 4 期。

［2］Foster Rhea Dulles. A History of Recreation—America Learns to Play ［M］. New York：D. Appleton-Century-Company，1940.

［3］张毅：《世界第一！去年汽车产销破 1300 万辆》，http：//www. yn. xinhuanet. com。

［4］黄晓燕、曹小曙、李涛：《中国城市私人汽车发展的时空特征及影响因素》，《地理学报》2012 年第 6 期。

［5］《2012 私家车使用情况调查——深圳版》，http：//survey. sohu. com/poll/result. php？ poll_ id = 64449。

［6］《十一黄金周旅游出行调查报告》，http：//wenku. baidu. com/view/ 7bc39e26453610661ed9f4ef. html。

［7］沈敏岚：《网友票选去年旅游事件，十一黄金周高速拥堵列首位》，2013 年 1 月 9 日《新民晚报》。

［8］《北京机动车保有量突破 500 万，私人汽车占七成》，http：//auto. gasgoo. com/ News/2012/02/19113125312539. shtml。

---

① 杰弗瑞·戈比：《你生命中的休闲》，康筝译，田松校译，云南人民出版社，2000，第 369 页。

② 杰弗瑞·戈比：《你生命中的休闲》，康筝译，田松校译，云南人民出版社，2000，第 369 页。

［9］《迅猛增长的汽车数量成 PM2. 5 飙高主要原因》，http：//zj. sina. com. cn/wz/
auto/scrj － zx/2012 － 07 － 07/199 － 1114. html。

［10］ Geoffrey Godbey & Stanley Parker. Leisure Studies and Services：an Overview
［M］. Philadelphia：W. B Saunders Company，1976. 129.

［11］唐湘辉：《休闲经济学》，中国经济出版社，2009。

［12］ Szwak，L. The nonprofit sector as recreation suppliers ［J］. Trends，1989，26
（2）：36.

［13］《美国汽车协会：认人不认车》，http：//auto. sina. com. cn/news/2005 － 12 －
07/1350156608. shtml。

［14］杰弗瑞·戈比：《你生命中的休闲》，康筝译，田松校译，云南人民出版社，
2000。

G.11
北京乡村旅游升级转型研究

王琪延　马　瑜＊

摘　要：　乡村旅游是北京旅游发展新的经济增长点，也是新农村建设的重要举措。本文结合旅游经济发展新形势，通过深入分析北京乡村旅游的现状和存在的主要问题，论证了北京乡村旅游升级转型的必要性，并据此提出了北京乡村旅游升级转型的实现路径。乡村旅游升级转型应从创新入手，走特色发展之路，旅游产品设计应体现乡村性、体验性和娱乐性，同时应处理好旅游发展和生态环保之间的平衡关系，以促进北京乡村旅游的健康持续发展。

关键词：　乡村旅游　升级转型　乡村性

乡村旅游是随着人们生活水平提高、闲暇时间增多、旅游需求多样化而兴起的一种旅游休闲形式。乡村旅游依托田园风光、农业生产、农家生活和民风民俗，极大地满足了游客舒缓压力、调节身心和亲近自然的诉求，促进了消费需求延伸和农业产业结构优化，同时是拓展农业功能、促进城乡统筹发展和创造就业机会的重要途径，也是发挥农业生态环境保护和文化传承功能的重要举措。2014年，《国务院关于促进旅游业改革发展的若干

＊　王琪延，中国人民大学休闲经济研究中心主任，统计学院教授，博士生导师。研究方向为社会经济统计分析、休闲经济和时间分配；马瑜，中国人民大学统计学院博士研究生，研究方向为社会经济统计。

意见》明确提出要大力发展乡村旅游，推进乡村旅游富民工程，拓展旅游发展空间。2015 年，《关于加大改革创新力度加快现代化建设的若干意见》提出要积极开发农业多种功能，挖掘乡村生态休闲、旅游观光、文化教育价值，扶持建设一批自然、历史、文化特点鲜明的旅游村镇和乡村旅游休闲产品。

乡村旅游起源于欧美等发达国家，从 20 世纪 80 年代末期开始在中国发展。北京依托其深厚的历史文化底蕴，以及得天独厚的自然资源优势，经过20 多年的发展，已逐步推出"一区一色""一沟（村）一品""新业态聚集区"等发展模式，并在区域规划、行业管理、经营模式等方面更加规范科学，成为国内乡村发展创新的前沿阵地。但是，现有管理和经营模式也暴露出了诸多问题，严重制约了北京乡村的可持续发展。因此，如何通过升级转型使北京乡村旅游更好地发展是一个值得研究的课题。

本文结合旅游经济发展趋势，通过深入分析北京乡村旅游的现状和主要存在的问题，探讨新型城镇化建设和美丽乡村大背景下乡村旅游升级转型和创新发展的思路和模式。

一 北京乡村旅游的发展现状

北京乡村旅游在 20 余年的发展历程中，得益于政府的大力扶持，通过全局规划、项目带动、典型引领、农旅融合等多种发展思路，逐步形成了景区依托型、交通沿线型和节庆承载型等多元化、复合型乡村旅游产品体系。北京乡村旅游已经从最初形式单一，规模较小的个体经营，发展为规模宏大的农业旅游园区，旅游产品由观光旅游、田园采摘、特色餐饮拓展到农事体验、休闲健身和温泉养生，形成怀柔百年民俗"敛巧饭"、门头沟区斋堂镇灵水村等乡村旅游品牌。极大地满足了城市居民的旅游消费需求，受到市场青睐和游客热捧。同时成为北京农村经济发展新的增长点，极大地推进了农业和旅游的产业融合，提高了农产品的附加价值，为农民提供了更多的就业岗位，为乡村脱贫致富提供了有效途径。

（一）总体经济规模分析

据《2014 北京统计年鉴》分析（见表 1），从规模上来看，乡村旅游经营单位和从业人员在 2005～2013 年基本保持稳定。截至 2013 年底，北京共有 1299 个农业观光园①和 8530 个民俗旅游接待户②，而 2005 年北京有 1012 个农业观光园和 7268 个民俗旅游接待户。从经济效益来看，接待人次、总收入和平均收入在 2005～2013 年均有大幅度增长，2013 年，农业观光园和民俗旅游接待户分别接待 1944.4 万人次和 1806.05 万人次，均以国内游客为主。农业观光园经营总收入为 27.36 亿元，民俗旅游总收入达 10.2 亿元，分别比 2012 年增长 1.8% 和 12.1%，农业观光园平均收入 210.62 万元，接待户平均收入 11.96 万元。

表 1　乡村旅游经济发展状况（2005～2013 年）

单位：个、人、万、人次、亿元

项目	2005 年	2006 年	2007 年	2008 年	2009 年	2010 年	2011 年	2012 年	2013 年
农业观光园个数	1012	1230	1302	1332	1294	1303	1300	1283	1299
生产高峰期从业人员	40729	52828	51392	49366	49504	42561	46038	48906	50406
接待人次	892.5	1210.6	1446.8	1498.2	1597.4	1774.9	1842.9	1940	1944.4
经营总收入	7.88	10.49	13.15	13.58	15.24	17.8	21.72	26.88	27.36

---

① 《2014 北京统计年鉴》将观光园个数的统计口径界定为从事观赏、采摘、垂钓、休闲、体验、旅游等观光功能的农业生产经营单位，以及依靠农业资源聚集并带动与观光活动连为一体的配套餐饮、住宿、健身、娱乐等服务单位。
② 《2014 北京统计年鉴》将民俗旅游接待户数的统计口径界定为在行政村内从事农业观光、采摘、垂钓、烧烤、娱乐、住宿、餐饮等活动的民俗旅游接待户数。统计结果为有实际经营活动的民俗旅游接待户。

续表

项目	2005 年	2006 年	2007 年	2008 年	2009 年	2010 年	2011 年	2012 年	2013 年
农业观光园平均收入	77.88	85.31	100.99	101.96	117.8	136.58	167.04	209.5	210.62
民俗旅游接待户	7268	8726	10323	9151	8705	7979	8396	8367	8530
民俗旅游接待人次	758.9	982.5	1167.6	1205.6	1393.1	1553.6	1668.9	1696	1806.5
民俗旅游总收入	3.14	3.65	4.96	5.29	6.09	7.35	8.68	9.05	10.2
民俗旅游接待户平均收入	4.32	4.19	4.8	5.78	7	9.21	10.34	10.82	11.96

数据来源：《2014 北京统计年鉴》。

（二）北京市各区县乡村旅游空间分布分析

2013 年，北京市各区县农业观光园和民俗旅游接待户的区域分布情况如表 2 和表 3 所示。从区域布局来看，农业观光园和民俗旅游主要集中在生态涵养区①，生态涵养区的 5 个区（县）共有 682 个农业观光园和 6605 个民俗旅游农户，分别占总量的 52.5% 和 77.43%，接待人次也居于首位。但从经济效益来看，生态涵养区的农业观光园经营总收入和从业人员数均比城市发展新区少。而且同属一个功能区的区（县）的经济效益差距也比较大，比如密云县和延庆县虽然均属于生态涵养区，但密云县要比延庆县的旅游观光园经营总收入多 37551.7 万元。

经营单位个数和经营总收入反映的是各区县农村旅游总的数量规模和经济规模，而平均收入可以反映乡村旅游的质量水平，如果经济规模仅仅依赖

---

① 2006 年出台的北京市"十一五"功能区域发展规划将北京市 18 个（现为 16 个）区县划分成了四大功能区，即首都功能核心区、城市功能拓展区、城市发展新区和生态涵养发展区。

于数量规模，可持续发展将难以为继。从表 2 可以看出，城市发展新区和生态涵养新区的农业观光园个数分别为 532 个和 682 个，而城市功能拓展区的农业观光园个数仅为 84 个，但城市功能拓展区农业观光园的平均收入可达到 613.8 万元，远远超过其他两个区域。全北京市中，城市功能拓展区的朝阳区旅游观光园的平均收入最高，可达 3519.08 万元，反映了较高的乡村旅游经济发展水平；而生态涵养发展区的怀柔区旅游观光园的平均收入最低，仅为 75.05 万元，乡村旅游经济发展水平较低。从表 3 可以看出，2013 年北京市各区县民俗旅游接待户中，生态涵养发展区接待户平均收入水平最高，年平均收入可达 12 万元之多，而城市功能发展新区民俗旅游户的经济规模和经济质量均处于较低水平。北京市所有区县中，延庆县的民俗旅游接待户平均收入最高，达到 28.84 万元，反映了较高的经济发展水平和可持续发展能力；而朝阳区民俗旅游接待户的平均收入水平最低，仅为 2.43 万元。

表 2　2013 年北京市各区县农业观光园区域分布情况

单位：个，万元

区　县	农业观光园个数	经营总收入	平均收入
全　市	1299	273600.0	210.62
城市功能拓展区	84	51562.50	613.84
朝阳区	12	42229.00	3519.08
丰台区	12	2283.40	190.28
海淀区	60	7050.10	117.50
城市发展新区	532	122240.90	229.78
房山区	105	16904.90	160.99
通州区	55	20572.70	374.05
顺义区	59	13855.80	234.84
昌平区	199	51225.60	257.41
大兴区	114	19681.90	172.65
生态涵养发展区	682	99790.60	146.32
门头沟区	61	6289.70	103.11
怀柔区	217	16286.70	75.05
平谷区	213	29032.10	136.30
密云县	155	42866.90	276.56
延庆县	36	5315.20	147.64

数据来源：《2014 北京统计年鉴》，全市合计中含石景山区数据，故分区县相加不等于合计。

表3　2013年北京市各区县民俗旅游接待户区域分布情况

单位：户，万元

区　县	民俗旅游接待户	民俗旅游总收	平均收入
全　市	8530	101958.7	11.95
城市功能拓展区	43	330.0	7.67
朝阳区	8	19.5	2.43
海淀区	35	310.4	8.86
城市发展新区	1882	17196.0	9.13
房山区	1294	9022.9	6.97
通州区	77	893.0	11.59
顺义区	25	74.8	2.99
昌平区	314	5604.7	17.85
大兴区	172	1600.7	9.31
生态涵养发展区	6605	84433.0	12.78
门头沟区	568	5156.2	9.08
怀柔区	1582	14450.1	9.13
平谷区	2213	23724.2	10.72
密云县	1438	17914.2	12.46
延庆县	804	23188.0	28.84

数据来源：《2014北京统计年鉴》，全市合计中含石景山区数据，故分区县相加不等于合计。

二　北京乡村旅游升级转型的必要性

随着北京乡村旅游的深入发展，制约乡村旅游发展的问题也日益凸显，总体发展层次尚处于较低阶段，乡村旅游发展遭遇瓶颈期，升级转型势在必行。目前，乡村旅游存在的问题主要集中在以下几个方面。

（一）整体规划管理能力薄弱

北京乡村旅游整体呈现"散、小、雷同"的特点，缺乏统一规划管理，存在布局不合理，重复建设现象严重，经营户间无序竞争等问题。进而导致旅游资源利用效率不足，旅游产品趋同，未能在空间上形成旅游产业集聚区。受制于"土地承包到户"制度，单户经营的"农家乐"等产品成为乡村旅游肇始的标志。而今，乡村旅游作为城乡文化经济社会全方位互动的一个优势产业，单户分割经营由于难以实施规模化、标准化和市场化管理，必然导致产品创新停留在低层次发展阶段。

（二）基础配套服务设施滞后

调查发现，乡村旅游普遍存在基础设施简陋，家具配备标准较低，建筑结构不合理等问题，在治安消防、食品、设施等安全问题上存在隐患。由于厨房设施简陋、服务人员不注重清洁卫生，以及食品原材料来源不明，使得农家饭的品质难以保障，游客对吃农家饭不放心、不舒心。易发生危险的设施和地段缺乏安全警示标识、防护措施、应急疏散图和旅游须知说明。配套交通设施尚不完善，公共交通网络仍存在漏洞，私家车的停车位不足，节假日拥堵现象严重。

（三）管理服务型人才缺失

由于大量农村青壮年流入城镇，有技术、懂经营、善管理的年轻人大量流失，使得乡村旅游产业发展缺乏必要的人才支撑。而留守村民的文化知识水平普遍薄弱，缺乏系统的培训学习，经营理念和服务意识淡薄，从而造成服务程序不规范，对待客人冷漠、不礼貌和举止不文明的现象。

（四）乡村旅游产品创新不足

北京乡村旅游产品普遍存在特色不鲜明和主题不突出的现象，未将乡村特有的文化元素、农家元素和体验元素有机地融入活动中。有些乡村盲目将建筑和活动城市化和现代化，把棋牌搬到果园，把 KTV 移到农庄，除了活动地点发生在农村以外，活动本身并没有真正体现出游客向往的乡村生活和田园乐趣，不仅丢失了乡村的真味、农味和趣味，而且对千百年来积淀的乡土文化造成腐蚀。有些乡村旅游产品缺乏深加工，仍停留在摘农家果、吃农家饭等较浅层次，种类单一、可参与性弱、娱乐性不足，缺少对游客的吸引力。正是由于目前乡村旅游产品的低层次和同质性，难以满足游客的高品质和多样化需求，造成逗留时间短、娱乐活动参与少和重游率低等问题，乡村旅游的休闲性和参与性还没有得以充分体现。

（五）乡村旅游受季节影响较大

"旺季过旺，淡季过淡"是北京乡村旅游普遍存在的问题。由于乡村旅游的田园风光、时蔬水果、采摘垂钓等均受季节性的影响，冬季旅游项目的开发有很大局限性，造成大量旅游设施长期闲置和资源浪费。而在旺季，由于信息网络系统和预约制度尚不完善，当大批游客涌来时，经营者和服务人员由于准备仓促，接待游客能力不足，服务品质受到明显影响。同时，旺季时游客过度集中使得乡村旅游的服务设施和生态环境承载力遭到巨大威胁。

（六）宣传营销能力不足

多数乡村旅游经营者缺乏现代市场营销意识和宣传积极性，营销能力滞后，宣传力度不够，宣传信息粗略，仅靠政府和"回头客"宣传，客源面狭窄。游客由于缺乏乡村旅游翔实的相关信息，并在潜意识中普遍存在对乡村旅游低品质低消费的定位，进而对乡村旅游经济造成不良影响，难以将乡村旅游拓展到高收入群体。

（七）环境保护意识淡薄

由于管理规范的缺失以及经营户和游客的环境保护意识淡薄，北京乡村旅游存在大量生活污水和垃圾随意倾倒的现象，对乡村生态环境造成极大破坏，严重影响了乡村旅游的可持续发展。

三 北京乡村旅游升级转型的实现路径

以上问题应得到有关部门的高度重视，否则，问题的积聚势必会影响北京乡村旅游的健康持续发展。结合目前北京旅游业发展形势，在建设"美丽乡村"的号召下，针对北京乡村旅游出现的问题，应当着重加强以下几个方面的工作。

（一）政府应加强统筹规划管理

"不谋全局者，不足以谋一域；不谋万世者，不足以谋一时"。休闲农业、乡村旅游要遵循保护与开发并重的原则，统一规划、合理布局、科学发展。政府必须坚持可持续发展的原则，兼顾生态、人文、经济、社会发展等多方面的效益，规范开发和经营行为，因地制宜，充分利用荒地，优先发展不占或少占耕地的休闲农业项目，节约耕地，努力形成经济效益与生态效益互相促进的良性发展格局。同时，坚持以农为本、农民主体的基本原则，建立健全保护农民利益的机制，在突出农民主体地位的前提下，拓宽社会参与途径和支持模式，引导人才、资金、土地等要素流向休闲农业，既实现乡村旅游走向高水平、高层次、高规模和可持续发展道路，又让农民利益最大化，共享社会经济发展成果。

（二）经营管理方式应转型升级

乡村旅游的经营管理模式应从粗放型向精细化转变，实施网络化管理，提高旅游资源的可持续利用，确保综合管理实现最大效益。家庭式经营仍是当前乡村旅游经营管理的主要模式，但家庭式经营的资金和人员相对短缺，难以满足市场的多样化高品质旅游需求。因此，规模化经营、构建专业化产业链和景区开发模式是必然趋势。为此，应着力推进家庭经营、集体经营和合作经营等共同发展的经营方式，促进乡村旅游规模化、专业化和现代化的发展，因地制宜地发展旅游休闲产业，整合旅游资源。

"政府＋公司＋农村旅游协会＋旅行社"的开发模式，可以结合旅游产业链中各环节的优势，实现资源的有效配置。但同时应避免经营模式的商业化和服务设施的标准化，导致产品和服务趋同，以及对乡村性的侵蚀。乡村的根本特色在于其"农味十足"，农村、农民和农耕是乡村文化历史的载体，因此应使经营者最大程度的本地化，同时也是对农民利益的保障。非核心业务外包是许多学者提出的对经营模式升级转型的一种探索，乡村经营者可将餐具洗涤消毒和床上用品清洗等非核心业务外包给专业公司，达到卫生服务标准，而自身专注于核心主体业务，如餐饮服务、民俗展示和农事体验等，进而在提升乡村旅游品质、提高经济效益的同时最大限度地保护农村本土文化和农民核心利益。

（三）基础设施建设应加强完善

政府应加强乡村旅游的政策支持和资金补贴力度，完善交通道路、指示系统以及垃圾处理等配套基础服务设施，提高乡村旅游产品的供给能力。乡村旅游经营者应改善厨房、餐厅、客房和卫生间等服务场地及配套设施，满足整洁便利需求，提高舒适度和人性化水平。安全要求应达标，包括治安消防、设施安全以及食品安全，经营人员应掌握基本安全知识和处置危险情况的基本技能，存在安全隐患的设施应予以警示，饮食的原材料和加工过程应达到食品安全标准。

（四）人才教育培训体系应逐步建立

旅游产业是典型的服务业，对从业者的要求应该远高于传统农业，经营者热情周到的服务和淳朴踏实的品质是乡村旅游的重要吸引力。因此，要把对农民的旅游培训工作作为提高农民从业技能、培育新型农民、促进旅游产业持续健康发展的大事来抓。教育培训体系的建设应讲求多样化，应依据不同层级乡村旅游从业人员的差异化需求进行培训，管理、经营等方面的人才应纳入高等职业教育范畴；普通从业人员的培训教育可通过加大地方财政支持和投入力度，扩大培训规模来实施。此外，还可以依托现代电子信息网络，运用现代传媒技术在培训方面的优势，大力开展乡村旅游管理和服务人员的网上培训，充分发挥信息化对乡村旅游发展的支撑和促进作用。同时，教育培训的频次和时间应充分考虑旅游的周期性和季节性，要充分利用旅游淡季开展咨询交流和培训学习等活动。通过多措并举来提升乡村旅游工作人员的服务意识和专业化水平。

（五）旅游产品设计应走特色化发展道路

特色是旅游产品的持久吸引力。乡村旅游应该把绿水青山、清新空气、恬静环境、瓜果畜牧等自然资源与当地的风土人情和民俗文化整合起来，充分展现当地传统文化、民间艺术、非物质遗产等旅游资源的经济价值，走出一条"一村一品""一村一景"的差异化发展道路。这样不仅可以避免千村一面、相互模仿的恶性竞争局面，还可以有效增强整个社会的文化保护意识。

乡村旅游产品最根本的吸引力来源于乡村性的充分体现。因此，须将乡村文化有机融入旅游产品设计中，将服饰、餐饮、建筑、娱乐、文化最大程度地乡土化、本地化，防止因标准化评估、商业化开发与城市化推进对乡村性的侵蚀。如建筑和装饰应有乡村主题和风格，可将当地石头、木材运用其中，融合剪纸、草编、陶瓷等元素；铺路可采用鹅卵石、青砖等石材体现古朴韵味；庭院可种植兼具观赏性的葡萄架、葫芦等农作物。菜品应讲求本土化和绿色健康，如自产自制当地传统小吃。纪念品应具有民俗意义，更多地融入可参与性和趣味性，如传授游客学习简单的剪纸、织绣、雕刻等。

乡村旅游的整体格局应尊重农村自然形态，依照地势地形，而不能盲目照搬城市。乡村旅游新的建设规划应因地制宜，不能一味求大，而应充分利用林盘、水系、山林及农田，形成自然有机的组团布局形态。同时，可通过建立形式多样的农耕文化展示区和历史留痕展区，体现乡村文化的源远流长。

（六）旅游活动应注重体验性和趣味性

目前民俗村、采摘园、观光农园、渔家乐、农家乐等为主的乡村旅游形式，满足的仅仅是消费者最基本的感官需求，而未来乡村旅游必将向更高层次的体验型消费转型，体验性和趣味性是赢得乡村旅游回头客的重要吸引力。因此，旅游产品的开发应注重其可参与性和娱乐性，丰富活动种类，比如针对城市儿童，可以开发采摘、骑马、钓鱼等活动方式，配备农村文化知识的讲解，寓乐于学。

（七）宣传营销应多措并举

"好酒也怕巷子深"，政府、行业协会、村委会和经营农户都应充分利用一切平台和窗口对北京乡村旅游进行宣传，构建北京乡村旅游新形象，打造特色主题活动，健全营销推广体系。宣传应着重打好本土牌，宣传出特色和吸引力，有效利用网络、报纸、杂志、节庆活动等媒介，以影像、图片、文字等方式展示景观特色、历史传说和风土人情。品牌打造要多样化，因地制宜设置丰富多样的活动展板和宣传平台，结合自然风光打造田园风情品牌，结合传统文化资源打造节庆旅游品牌，结合健康产业打造健康养生旅游品牌，努力做到"季季有主题，月月有亮点"。同时在宣传上要做到细致周到，提供翔实全面的信息，如交通线路、服务电话、周边环境和娱乐活动等信息。总之，通过多角度、多层次、全方位展示北京旅游资源，促进市场潜能的释放和市场需求的增长，全面拉动北京旅游消费市场。

（八）乡村旅游应加强生态保护

习近平同志指出，绿水青山就是金山银山，是不可再生的财富。因此，我们应将自然山水的"绿色效应"向产业延伸，融合农业和旅游业发展，重点打造中国美丽乡村生态文化产业示范区，加快生态旅游业与文化创意、休闲养生等产业的融合。相关政府部门应加大生态保护投入力度，完善生态补偿机制，集中财力解决生态环保的突出问题。将"建设美丽乡村"的口号付诸实践，努力将生态优势转化为经济优势。开展村庄垃圾分类清理，将有机垃圾还田还山，将可回收垃圾定期收购，将建筑垃圾集中堆放填坑造地，将有害垃圾定点投放，让美丽环境转变成实实在在的美丽经济。

四 结论

乡村旅游是北京旅游市场新的经济增长点，是传统农业功能的深入拓展，也是人文历史资源和生态自然资源实现文化传承和经济增长的有效举措，更是新农村建设、建设美丽乡村的重要途径。但北京乡村旅游要实现可持续发展、造福乡村、造福农民依然任重道远。乡村旅游发展不仅要在思想上注重理念创新、品牌引领、乡土特色和文化传承，还要在实践中注重统筹规划、人才培养、品质提升、环境保护和沟通合作。

参考文献

[1] 邹统钎：《中国乡村旅游发展模式研究——成都乡村与北京民俗村的比较与对策分析》，《旅游学刊》2005 年第 3 期。

[2] 何忠伟、曹暕：《北京休闲农业发展现状、问题及政策建议》，《中国乡镇企业》2014 年第 1 期。

[3] 孙兆慧：《北京休闲农业转型升级研究》，《国际经济合作》2014 年第 6 期。

[4] 高林安：《西安"乡村"现状与发展思路》，《安徽农业科学》2010 年第 27 期。

[5] 王莹、金刘江：《供应链视角下"乡村"服务品质提升探讨》，《商业研究》2010 年第 11 期。

[6] 尤海涛、马波、陈磊：《乡村旅游的本质回归：乡村性的认知与保护》，《中国人口.资源与环境》2012 年第 9 期。

[7] 刘巍、杨磊：《北京市郊区低碳乡村旅游开发对策》，《湖北农业科学》2012 年第 20 期。

[8] 张文莲：《谈现当代特色旅游与中国传统文化的有机结合——以乡村旅游为例》，《商业时代》2012 年第 30 期。

[9] 王霞：《美日欧乡村"乡村"旅游发展的经验》，《世界农业》2013 年第 3 期。

[10] 郭利娟：《咸阳乡村旅游发展对策研究》，《农业经济》2013 年第 3 期。

典型案例篇

Typical Cases

GREEN BOOK

G.12

杭州旅游休闲业发展创新实践

"休闲绿皮书"旅游休闲示范城市课题组*

摘　要： 杭州市围绕建设国际重要的旅游休闲中心的发展目标，有效
拓展旅游业态，形成适应国际化发展要求的体制机制，促进
杭州旅游休闲业实力增强、质效水平提高、结构布局优化、
企业活力迸发、社会贡献加大，形成一套旅游休闲业和城市
相互促进、互动发展的新发展模式。

关键词： 杭州　旅游休闲　创新

---

* 课题组成员：王信章，杭州市旅游委员会副主任；张安胜，杭州市旅游委员会党委委员、
综合处处长；杨寅华，《休闲》杂志出版人；徐庆，《休闲》杂志执行主编；吴金梅，中
国社会科学院旅游研究中心副主任、博士；金准，中国社会科学院旅游研究中心秘书长、
博士。

进入 21 世纪以来，杭州的旅游业进入快速发展期。2014 年，全市实现旅游总收入 1886.33 亿元，预计旅游休闲业增加值为 625.81 亿元，占国内生产总值的比重为 6.8%。其中接待入境游客 326.13 万人次，旅游外汇收入 23.18 亿美元；接待国内游客 10606.43 万人次，国内旅游收入 1743.88 亿元。2015 年 1~6 月，全市实现旅游总收入 934.31 亿元，同比增长 16.78%，全市共接待中外游客 5686.24 万人次，同比增长 14.32%，其中接待入境游客 158.05 万人次，旅游（外汇）收入 12.95 亿美元；接待国内旅游者 5528.19 万人次，旅游收入 854.76 亿元。每年到杭州旅行的庞大人口群体中，以休闲旅游为目的的比例逐年大幅增长。

为更好地满足广大游客多元化的旅游休闲需求，有效拓展旅游业态，构建观光、休闲、会展三位一体的旅游发展新格局，用旅游休闲产业撬动城市经济，杭州率先进行了一系列的发展探索。围绕建设国际重要的旅游休闲中心的发展目标，杭州近年来大力拓展旅游休闲业态，构建现代旅游休闲产业链条，打造城市经济发展的增长极，形成了一套旅游休闲业和城市相互促进、互动发展的新发展模式。

一 首创产业融合模式，打造旅游
休闲经济新增长点

杭州依托特有的历史和自然禀赋优势，将社会文化、经济成就、产业活动等转化为旅游休闲资源，成为吸引游客的旅游休闲产品。特别是自 2007 年以来，杭州市委市政府实施培育发展美食、茶楼、疗休养、演艺、化妆、保健、女装、婴童、运动休闲和工艺美术十大特色潜力行业与旅游产业高度融合的战略，开创了国内跨行业、大范围、全受众将非传统旅游要素整合转化为旅游休闲产品的先河，形成了全要素旅游资源、全环节旅游产品、全领域旅游休闲产业的产业融合体系，打造了旅游业界调结构、促转型、保增长的新模式。培育发展"十大特色潜力行业"作为一种独创理念同时也是杭州旅游业创新发展的新经验，被国家旅游局总结并加以推广。根据对国内外来杭游客的抽样调查，2014 年杭州旅游休闲最受欢迎的十大项目为：游船观光、参观历史文化景点博物馆、骑行、夜间休闲娱乐、民俗体验、美食体验、特色购物、文化演出、节庆活动、保健疗养（见表 1）。这些项目也体现了产业融合下的杭州旅游休闲发展重体验、抓细节、突出差异的新特色。

表 1　杭州旅游休闲最受欢迎的十大项目

单位：%

项目	百分比
游船观光（西湖、运河）	64.16
参观历史文化景点博物馆	60.04
骑行（西湖及三江两岸绿道骑行）	57.63
夜间休闲娱乐	50.18
民俗体验（民俗和特色街区游览、学习地方技艺）	49.05
美食体验	43.80
特色购物	34.70
文化演出（宋城、印象西湖）	32.90
节庆活动	28.59
保健疗养	26.69

各行业的非传统旅游休闲资源，以"创意、快乐、美丽、休闲、体验、时尚、健康"为要素，培育、转化、组合成优质的旅游产品，打造出不同主题的杭州旅游休闲主阵地。

（一）乡村旅游：农村成为休闲大平台

通过"美丽乡村"的中心村、精品村、特色村、风情小镇、精品区块和精品线路等载体建设，乡村旅游与精品农业、特色农业相融合，形成了农村农家乐、现代民宿、运动休闲、水果采摘、农事节庆、文创基地体验、电子商务等农村新型业态。目前，杭州已有民宿床位 5 万多张，民宿农庄点 300 多个，从业人员两万多人，对民宿装修改造投入 30 多亿元。2014 年，杭州市乡村旅游共接待游客 2291.45 万人次，同比增长 63.33%；经营总收入 26.98 亿元，同比增长 156.98%，其中，农家乐休闲旅游转型升级、提升发展，全年经营总收入达 26.22 亿元，构成了乡村旅游的绝对主体。

（二）运动休闲：全民运动、全民休闲

以得天独厚的山水资源为依托，以"关注大众、全民参与运动休闲"为出发点，杭州市形成了以大众骑游、登山徒步、户外拓展、高山滑雪、峡谷漂流、汽车漂移等组成的运动休闲产品群。举办了包括横渡钱塘江、开步节、单车骑游、西湖跑山赛、西湖马拉松、金秋武术大会等多个运动节事，2014 杭州国际马拉松吸引了来自美国、法国、奥地利、澳大利亚、阿塞拜疆、中国台湾、中国香港等 35 个国家和地区的近 3 万名路跑爱好者。杭州还推出了包括临安金沙湾大型户外活动基地、富阳新沙岛户外露营基地、富阳全国自驾游活动基地、永安高山农庄滑翔基地、桐庐运动休闲基地等一大批运动休闲基地，成为新的旅游休闲热点。

（三）文化休闲：打造文化融合休闲的多样化载体

一是围绕打造"中国的旅游演艺谷"目标，提升优化"印象西湖""宋城千古情""西湖之夜"等旅游文化演艺项目；挖掘传统的杭州文化艺术活动项目潜力，借助杭州大剧院、书场、茶馆、演艺角、主题公园等场所，引入更多高雅音乐表演及杭州（中国）本土文化表演；二是加强对历史文化古镇、古村和特色街区，农村历史建筑（乡土建筑）的保护，从历史遗存、人文遗迹中汲取旅游产品创新的源泉和养分，利用工业老厂房开发集精品商业、影视、演艺、游乐、酒店、会展、美食、健身于一体的国际旅游综合体；三是整合包装现代时尚文化旅游产品，做强做大西湖音乐节、咖啡西餐节、西子美丽节、夜休闲主题嘉年华、国际婚恋旅游节等时尚文化旅游产品，扩大中国国际动漫节、中国杭州文化创意产业博览会、中国（杭州）工艺美术精品博览会与旅游休闲的结合面和影响力，形成定位明晰、布局合理、特色明显的文化创意休闲旅游产品。

权威·前沿·原创

SSAP

社会科学文献出版社

皮 书 系 列

2015年

盘点年度资讯　预测时代前程

社会科学文献出版社
SOCIAL SCIENCES ACADEMIC PRESS (CHINA)

社会科学文献出版社成立于1985年，是直属于中国社会科学院的人文社会科学专业学术出版机构。

成立以来，特别是1998年实施第二次创业以来，依托于中国社会科学院丰厚的学术出版和专家学者两大资源，坚持"创社科经典，出传世文献"的出版理念和"权威、前沿、原创"的产品定位，社科文献立足内涵式发展道路，从战略层面推动学术出版五大能力建设，逐步走上了智库产品与专业学术成果系列化、规模化、数字化、国际化、市场化发展的经营道路。

先后策划出版了著名的图书品牌和学术品牌"皮书"系列、"列国志"、"社科文献精品译库"、"全球化译丛"、"全面深化改革研究书系"、"近世中国"、"甲骨文"、"中国史话"等一大批既有学术影响又有市场价值的系列图书，形成了较强的学术出版能力和资源整合能力。2014年社科文献出版社发稿5.5亿字，出版图书1500余种，承印发行中国社科院院属期刊71种，在多项指标上都实现了较大幅度的增长。

凭借着雄厚的出版资源整合能力，社科文献出版社长期以来一直致力于从内容资源和数字平台两个方面实现传统出版的再造，并先后推出了皮书数据库、列国志数据库、中国田野调查数据库等一系列数字产品。数字出版已经初步形成了产品设计、内容开发、编辑标引、产品运营、技术支持、营销推广等全流程体系。

在国内原创著作、国外名家经典著作大量出版，数字出版突飞猛进的同时，社科文献出版社从构建国际话语体系的角度推动学术出版国际化。先后与斯普林格、荷兰博睿、牛津、剑桥等十余家国际出版机构合作面向海外推出了"皮书系列""改革开放30年研究书系""中国梦与中国发展道路研究丛书""全面深化改革研究书系"等一系列在世界范围内引起强烈反响的作品；并持续致力于中国学术出版走出去，组织学者和编辑参加国际书展，筹办国际性学术研讨会，向世界展示中国学者的学术水平和研究成果。

此外，社科文献出版社充分利用网络媒体平台，积极与中央和地方各类媒体合作，并联合大型书店、学术书店、机场书店、网络书店、图书馆，逐步构建起了强大的学术图书内容传播平台。学术图书的媒体曝光率居全国之首，图书馆藏率居于全国出版机构前十位。

上述诸多成绩的取得，有赖于一支以年轻的博士、硕士为主体，一批从中国社科院刚退出科研一线的各学科专家为支撑的300多位高素质的编辑、出版和营销队伍，为我们实现学术立社，以学术品位、学术价值来实现经济效益和社会效益这样一个目标的共同努力。

作为已经开启第三次创业梦想的人文社会科学学术出版机构，2015年的社会科学文献出版社将迎来她30周岁的生日，"三十而立"再出发，我们将以改革发展为动力，以学术资源建设为中心，以构建智慧型出版社为主线，以社庆三十周年系列活动为重要载体，以"整合、专业、分类、协同、持续"为各项工作指导原则，全力推进出版社数字化转型，坚定不移地走专业化、数字化、国际化发展道路，全面提升出版社核心竞争力，为实现"社科文献梦"奠定坚实基础。

社长致辞

　　我们是图书出版者，更是人文社会科学内容资源供应商；

　　我们背靠中国社会科学院，面向中国与世界人文社会科学界，坚持为人文社会科学的繁荣与发展服务；

　　我们精心打造权威信息资源整合平台，坚持为中国经济与社会的繁荣与发展提供决策咨询服务；

　　我们以读者定位自身，立志让爱书人读到好书，让求知者获得知识；

　　我们精心编辑、设计每一本好书以形成品牌张力，以优秀的品牌形象服务读者，开拓市场；

　　我们始终坚持"创社科经典，出传世文献"的经营理念，坚持"权威、前沿、原创"的产品特色；

　　我们"以人为本"，提倡阳光下创业，员工与企业共享发展之成果；

　　我们立足于现实，认真对待我们的优势、劣势，我们更着眼于未来，以不断的学习与创新适应不断变化的世界，以不断的努力提升自己的实力；

　　我们愿与社会各界友好合作，共享人文社会科学发展之成果，共同推动中国学术出版乃至内容产业的繁荣与发展。

社会科学文献出版社社长
中国社会学会秘书长

2015 年 1 月

❖ 皮书起源 ❖

"皮书"起源于十七、十八世纪的英国，主要指官方或社会组织正式发表的重要文件或报告，多以"白皮书"命名。在中国，"皮书"这一概念被社会广泛接受，并被成功运作、发展成为一种全新的出版形态，则源于中国社会科学院社会科学文献出版社。

❖ 皮书定义 ❖

皮书是对中国与世界发展状况和热点问题进行年度监测，以专业的角度、专家的视野和实证研究方法，针对某一领域或区域现状与发展态势展开分析和预测，具备权威性、前沿性、原创性、实证性、时效性等特点的连续性公开出版物，由一系列权威研究报告组成。皮书系列是社会科学文献出版社编辑出版的蓝皮书、绿皮书、黄皮书等的统称。

❖ 皮书作者 ❖

皮书系列的作者以中国社会科学院、著名高校、地方社会科学院的研究人员为主，多为国内一流研究机构的权威专家学者，他们的看法和观点代表了学界对中国与世界的现实和未来最高水平的解读与分析。

❖ 皮书荣誉 ❖

皮书系列已成为社会科学文献出版社的著名图书品牌和中国社会科学院的知名学术品牌。2011年，皮书系列正式列入"十二五"国家重点出版规划项目；2012~2014年，重点皮书列入中国社会科学院承担的国家哲学社会科学创新工程项目；2015年，41种院外皮书使用"中国社会科学院创新工程学术出版项目"标识。

经 济 类

经济类皮书涵盖宏观经济、城市经济、大区域经济，
提供权威、前沿的分析与预测

经济蓝皮书

2015 年中国经济形势分析与预测

李 扬 / 主编　　2014 年 12 月出版　　定价 :69.00 元

◆　本书为总理基金项目，由著名经济学家李扬领衔，联合中国社会科学院、国务院发展中心等数十家科研机构、国家部委和高等院校的专家共同撰写，系统分析了 2014 年的中国经济形势并预测 2015 年我国经济运行情况，2015 年中国经济仍将保持平稳较快增长，预计增速 7% 左右。

城市竞争力蓝皮书

中国城市竞争力报告 No.13

倪鹏飞 / 主编　　2015 年 5 月出版　　定价 :89.00 元

◆　本书由中国社会科学院城市与竞争力研究中心主任倪鹏飞主持编写，以"巨手：托起城市中国新版图"为主题，分别从市场、产业、要素、交通一体化角度论证了东中一体化程度不断加深。建议：中国经济分区应该由四分区调整为二分区；按照"一团五线"的发展格局对中国的城市体系做出重大调整。

西部蓝皮书

中国西部发展报告（2015）

姚慧琴　徐璋勇 / 主编　　2015 年 7 月出版　　估价 :89.00 元

◆　本书由西北大学中国西部经济发展研究中心主编，汇集了源自西部本土以及国内研究西部问题的权威专家的第一手资料，对国家实施西部大开发战略进行年度动态跟踪，并对 2015 年西部经济、社会发展态势进行预测和展望。

中部蓝皮书

中国中部地区发展报告（2015）

喻新安 / 主编　　2015 年 7 月出版　　估价 :69.00 元

◆　本书敏锐地抓住当前中部地区经济发展中的热点、难点问题，紧密地结合国家和中部经济社会发展的重大战略转变，对中部地区经济发展的各个领域进行了深入、全面的分析研究，并提出了具有理论研究价值和可操作性强的政策建议。

世界经济黄皮书

2015 年世界经济形势分析与预测

王洛林　张宇燕 / 主编　　2015 年 1 月出版　　定价 :69.00 元

◆　本书为中国社会科学院创新工程学术出版资助项目，由中国社会科学院世界经济与政治研究所的研创团队撰写。该书认为，2014 年，世界经济维持了上年度的缓慢复苏，同时经济增长格局分化显著。预计 2015 年全球经济增速按购买力平价计算的增长率为 3.3%，按市场汇率计算的增长率为 2.8%。

中国省域竞争力蓝皮书

中国省域经济综合竞争力发展报告（2013~2014）

李建平　李闽榕　高燕京 / 主编　　2015 年 2 月出版　　定价 :198.00 元

◆　本书充分运用数理分析、空间分析、规范分析与实证分析相结合、定性分析与定量分析相结合的方法，建立起比较科学完善、符合中国国情的省域经济综合竞争力指标评价体系及数学模型，对 2012~2013 年中国内地 31 个省、市、区的经济综合竞争力进行全面、深入、科学的总体评价与比较分析。

城市蓝皮书

中国城市发展报告 No.8

潘家华　魏后凯 / 主编　　2015 年 9 月出版　　估价 :69.00 元

◆　本书由中国社会科学院城市发展与环境研究中心编著，从中国城市的科学发展、城市环境可持续发展、城市经济集约发展、城市社会协调发展、城市基础设施与用地管理、城市管理体制改革以及中国城市科学发展实践等多角度、全方位地立体展示了中国城市的发展状况，并对中国城市的未来发展提出了建议。

金融蓝皮书

中国金融发展报告（2015）

李 扬　王国刚／主编　2014 年 12 月出版　定价 :75.00 元

◆　由中国社会科学院金融研究所组织编写的《中国金融发展报告（2015）》，概括和分析了 2014 年中国金融发展和运行中的各方面情况，研讨和评论了 2014 年发生的主要金融事件。本书由业内专家和青年精英联合编著，有利于读者了解掌握 2014 年中国的金融状况，把握 2015 年中国金融的走势。

低碳发展蓝皮书

中国低碳发展报告（2015）

齐 晔／主编　2015 年 7 月出版　估价 :89.00 元

◆　本书对中国低碳发展的政策、行动和绩效进行科学、系统、全面的分析。重点是通过归纳中国低碳发展的绩效，评估与低碳发展相关的政策和措施，分析政策效应的制度背景和作用机制，为进一步的政策制定、优化和实施提供支持。

经济信息绿皮书

中国与世界经济发展报告（2015）

杜 平／主编　2014 年 12 月出版　定价 :79.00 元

◆　本书是由国家信息中心组织专家队伍精心研究编撰的年度经济分析预测报告，书中指出，2014 年，我国经济增速有所放慢，但仍处于合理运行区间。主要新兴国家经济总体仍显疲软。2015 年应防止经济下行和财政金融风险相互强化，促进经济向新常态平稳过渡。

低碳经济蓝皮书

中国低碳经济发展报告（2015）

薛进军　赵忠秀／主编　2015 年 6 月出版　定价 :85.00 元

◆　本书汇集来自世界各国的专家学者、政府官员，探讨世界金融危机后国际经济的现状，提出"绿色化"为经济转型期国家的可持续发展提供了重要范本，并将成为解决气候系统保护与经济发展矛盾的重要突破口，也将是中国引领"一带一路"沿线国家实现绿色发展的重要抓手。

社会政法类

社会政法类皮书聚焦社会发展领域的热点、难点问题，
提供权威、原创的资讯与视点

社会蓝皮书

2015年中国社会形势分析与预测

李培林　陈光金　张　翼／主编　2014年12月出版　定价：69.00元

◆　本书由中国社会科学院社会学研究所组织研究机构专家、高校学者和政府研究人员撰写，聚焦当下社会热点，指出2014年我国社会存在城乡居民人均收入增速放缓、大学生毕业就业压力加大、社会老龄化加速、住房价格继续飙升、环境群体性事件多发等问题。

法治蓝皮书

中国法治发展报告 No.13（2015）

李　林　田　禾／主编　　2015年3月出版　　定价：105.00元

◆　本年度法治蓝皮书回顾总结了2014年度中国法治取得的成效及存在的问题，并对2015年中国法治发展形势进行预测、展望，还从立法、人权保障、行政审批制度改革、反价格垄断执法、教育法治、政府信息公开等方面研讨了中国法治发展的相关问题。

环境绿皮书

中国环境发展报告（2015）

刘鉴强／主编　　2015年7月出版　　估价：79.00元

◆　本书由民间环保组织"自然之友"组织编写，由特别关注、生态保护、宜居城市、可持续消费以及政策与治理等版块构成，以公共利益的视角记录、审视和思考中国环境状况，呈现2014年中国环境与可持续发展领域的全局态势，用深刻的思考、科学的数据分析2014年的环境热点事件。

反腐倡廉蓝皮书

中国反腐倡廉建设报告 No.4

李秋芳　张英伟 / 主编　2014 年 12 月出版　　定价 :79.00 元

◆　本书继续坚持"建设"主题，既描摹出反腐败斗争的感性特点，又揭示出反腐政治格局深刻变化的根本动因。指出当前症结在于权力与资本"隐蔽勾连"、"官场积弊"消解"吏治改革"效力、部分公职人员基本价值观迷乱、封建主义与资本主义思想依然影响深重。提出应以科学思维把握反腐治标与治本问题，建构"不需腐"的合理合法薪酬保障机制。

女性生活蓝皮书

中国女性生活状况报告 No.9（2015）

韩湘景 / 主编　2015 年 4 月出版　定价 :79.00 元

◆　本书由中国妇女杂志社、华坤女性生活调查中心和华坤女性消费指导中心组织编写，通过调查获得的大量调查数据，真实展现当年中国城市女性的生活状况、消费状况及对今后的预期。

华侨华人蓝皮书

华侨华人研究报告 (2015)

贾益民 / 主编　2015 年 12 月出版　估价 :118.00 元

◆　本书为中国社会科学院创新工程学术出版资助项目，是华侨大学向世界提供最新涉侨动态、理论研究和政策建议的平台。主要介绍了相关国家华侨华人的规模、分布、结构、发展趋势，以及全球涉侨生存安全环境和华文教育情况等。

政治参与蓝皮书

中国政治参与报告（2015）

房　宁 / 主编　2015 年 7 月出版　估价 :105.00 元

◆　本书作者均来自中国社会科学院政治学研究所，聚焦中国基层群众自治的参与情况介绍了城镇居民的社区建设与居民自治参与和农村居民的村民自治与农村社区建设参与情况。其优势是其指标评估体系的建构和问卷调查的设计专业，数据量丰富，统计结论科学严谨。

行 业 报 告 类

行业报告类皮书立足重点行业、新兴行业领域，
提供及时、前瞻的数据与信息

房地产蓝皮书

中国房地产发展报告 No.12（2015）

魏后凯　李景国／主编　2015 年 5 月出版　　定价：79.00 元

◆　本年度房地产蓝皮书指出，2014 年中国房地产市场出现了较大幅度的回调，商品房销售明显遇冷，库存居高不下。展望2015 年，房价保持低速增长的可能性较大，但区域分化将十分明显，人口聚集能力强的一线城市和部分热点二线城市房价有回暖、房价上涨趋势，而人口聚集能力差、库存大的部分二线城市或三四线城市房价会延续下跌（回调）态势。

保险蓝皮书

中国保险业竞争力报告（2015）

姚庆海　王　力／主编　2015 年 12 出版　　估价：98.00 元

◆　本皮书主要为监管机构、保险行业和保险学界提供保险市场一年来发展的总体评价，外在因素对保险业竞争力发展的影响研究；国家监管政策、市场主体经营创新及职能发挥、理论界最新研究成果等综述和评论。

企业社会责任蓝皮书

中国企业社会责任研究报告（2015）

黄群慧　彭华岗　钟宏武　张　蒽／编著
2015 年 11 月出版　　估价：69.00 元

◆　本书系中国社会科学院经济学部企业社会责任研究中心组织编写的《企业社会责任蓝皮书》2015 年分册。该书在对企业社会责任进行宏观总体研究的基础上，根据 2014 年企业社会责任及相关背景进行了创新研究，在全国企业中观层面对企业健全社会责任管理体系提供了弥足珍贵的丰富信息。

投资蓝皮书

中国投资发展报告（2015）

谢 平 / 主编　2015 年 4 月出版　定价 :128.00 元

◆　2014 年，适应新常态发展的宏观经济政策逐步成型和出台，成为保持经济平稳增长、促进经济活力增强、结构不断优化升级的有力保障。2015 年，应重点关注先进制造业、TMT 产业、大健康产业、大文化产业及非金融全新产业的投资机会，适应新常态下的产业发展变化，在投资布局中争取主动。

住房绿皮书

中国住房发展报告（2014~2015）

倪鹏飞 / 主编　2014 年 12 月出版　定价 :79.00 元

◆　本年度住房绿皮书指出，中国住房市场从 2014 年第一季度开始进入调整状态，2014 年第三季度进入全面调整期。2015 年的住房市场走势：整体延续衰退，一、二线城市 2015 年下半年、三四线城市 2016 年下半年复苏。

人力资源蓝皮书

中国人力资源发展报告（2015）

余兴安 / 主编　2015 年 9 月出版　估价 :79.00 元

◆　本书是在人力资源和社会保障部部领导的支持下，由中国人事科学研究院汇集我国人力资源开发权威研究机构的诸多专家学者的研究成果编写而成。作为关于人力资源的蓝皮书，本书通过充分利用有关研究成果，更广泛、更深入地展示近年来我国人力资源开发重点领域的研究成果。

汽车蓝皮书

中国汽车产业发展报告（2015）

国务院发展研究中心产业经济研究部 中国汽车工程学会

大众汽车集团（中国）/ 主编　2015 年 8 月出版　估价 :128.00 元

◆　本书由国务院发展研究中心产业经济研究部、中国汽车工程学会、大众汽车集团（中国）联合主编，是关于中国汽车产业发展的研究性年度报告，介绍并分析了本年度中国汽车产业发展的形势。

国别与地区类

国别与地区类皮书关注全球重点国家与地区，
提供全面、独特的解读与研究

亚太蓝皮书

亚太地区发展报告（2015）

李向阳 / 主编　　2015 年 1 月出版　　定价 :59.00 元

◆　本年度的专题是"一带一路"，书中对"一带一路"战略的经济基础、"一带一路"与区域合作等进行了阐述。除对亚太地区 2014 年的整体变动情况进行深入分析外，还在此基础上提出了对于 2015 年亚太地区各个方面发展情况的预测。

日本蓝皮书

日本研究报告（2015）

李　薇 / 主编　　2015 年 4 月出版　　定价 :69.00 元

◆　本书由中华日本学会、中国社会科学院日本研究所合作推出，是以中国社会科学院日本研究所的研究人员为主完成的研究成果。对 2014 年日本的政治、外交、经济、社会文化作了回顾、分析，并对 2015 年形势进行展望。

德国蓝皮书

德国发展报告（2015）

郑春荣　伍慧萍 / 主编　　2015 年 5 月出版　　定价 :69.00 元

◆　本报告由同济大学德国研究所组织编撰，由该领域的专家学者对德国的政治、经济、社会文化、外交等方面的形势发展情况，进行全面的阐述与分析。德国作为欧洲大陆第一强国，与中国各方面日渐紧密的合作关系，值得国内各界深切关注。

国际形势黄皮书

全球政治与安全报告（2015）

李慎明　张宇燕/主编　2015年1月出版　定价:69.00元

◆　本书对中、俄、美三国之间的合作与冲突进行了深度分析，揭示了影响中美、俄美及中俄关系的主要因素及变化趋势。重点关注了乌克兰危机、克里米亚问题、苏格兰公投、西非埃博拉疫情以及西亚北非局势等国际焦点问题。

拉美黄皮书

拉丁美洲和加勒比发展报告（2014~2015）

吴白乙/主编　2015年5月出版　定价:89.00元

◆　本书是中国社会科学院拉丁美洲研究所的第14份关于拉丁美洲和加勒比地区发展形势状况的年度报告。本书对2014年拉丁美洲和加勒比地区诸国的政治、经济、社会、外交等方面的发展情况做了系统介绍，对该地区相关国家的热点及焦点问题进行了总结和分析，并在此基础上对该地区各国2015年的发展前景做出预测。

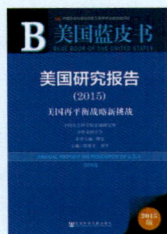

美国蓝皮书

美国研究报告（2015）

郑秉文　黄平/主编　2015年6月出版　定价:89.00元

◆　本书是由中国社会科学院美国所主持完成的研究成果，重点讲述了美国的"再平衡"战略，另外回顾了美国2014年的经济、政治形势与外交战略，对2014年以来美国内政外交发生的重大事件以及重要政策进行了较为全面的回顾和梳理。

大湄公河次区域蓝皮书

大湄公河次区域合作发展报告（2015）

刘稚/主编　2015年9月出版　估价:79.00元

◆　云南大学大湄公河次区域研究中心深入追踪分析该区域发展动向，以把握全面，突出重点为宗旨，系统介绍和研究大湄公河次区域合作的年度热点和重点问题，展望次区域合作的发展趋势，并对新形势下我国推进次区域合作深入发展提出相关对策建议。

地方发展类

地方发展类皮书关注大陆各省份、经济区域，
提供科学、多元的预判与咨政信息

北京蓝皮书

北京公共服务发展报告（2014~2015）

施昌奎 / 主编　　2015 年 1 月出版　　定价：69.00 元

◆　本书是由北京市政府职能部门的领导、首都著名高校的教
授、知名研究机构的专家共同完成的关于北京市公共服务发展
与创新的研究成果。本年度主题为"北京公共服务均衡化发展
和市场化改革"，内容涉及了北京市公共服务发展的方方面面，
既有对北京各个城区的综合性描述，也有对局部、细部、具体
问题的分析。

上海蓝皮书

上海经济发展报告（2015）

沈开艳 / 主编　　2015 年 1 月出版　　定价：69.00 元

◆　本书系上海社会科学院系列之一，本年度将"建设具有全
球影响力的科技创新中心"作为主题，对 2015 年上海经济增
长与发展趋势的进行了预测，把握了上海经济发展的脉搏和学
术研究的前沿。

广州蓝皮书

广州经济发展报告（2015）

李江涛　朱名宏 / 主编　　2015 年 7 月出版　　估价：69.00 元

◆　本书是由广州市社会科学院主持编写的"广州蓝皮书"系
列之一，本报告对广州 2014 年宏观经济运行情况作了深入分析，
对 2015 年宏观经济走势进行了合理预测，并在此基础上提出
了相应的政策建议。

文化传媒类

文化传媒类皮书透视文化领域、文化产业，
探索文化大繁荣、大发展的路径

新媒体蓝皮书

中国新媒体发展报告 No.6（2015）

唐绪军 / 主编　　2015 年 7 月出版　　定价：79.00 元

◆　本书深入探讨了中国网络信息安全、媒体融合状况、微信
谣言问题、微博发展态势、互联网金融、移动舆论场舆情、传
统媒体转型、新媒体产业发展、网络助政、网络舆论监督、大
数据、数据新闻、数字版权等热门问题，展望了中国新媒体的
未来发展趋势。

舆情蓝皮书

中国社会舆情与危机管理报告（2015）

谢耘耕 / 主编　　2015 年 8 月出版　　估价：98.00 元

◆　本书由上海交通大学舆情研究实验室和危机管理研究中心
主编，已被列入教育部人文社会科学研究报告培育项目。本书
以新媒体环境下的中国社会为立足点，对 2014 年中国社会舆情、
分类舆情等进行了深入系统的研究，并预测了 2015 年社会舆
情走势。

文化蓝皮书

中国文化产业发展报告（2015）

张晓明　王家新　章建刚 / 主编　　2015 年 7 月出版　　估价：79.00 元

◆　本书由中国社会科学院文化研究中心编写。 从 2012 年开
始，中国社会科学院文化研究中心设立了国内首个文化产业的
研究类专项资金——"文化产业重大课题研究计划"，开始在
全国范围内组织多学科专家学者对我国文化产业发展重大战略
问题进行联合攻关研究。本书集中反映了该计划的研究成果。

经济类

G20国家创新竞争力黄皮书
二十国集团（G20）国家创新竞争力发展报告（2015）
著(编)者:黄茂兴 李闽榕 李建平 赵新力
2015年9月出版 / 估价:128.00元

产业蓝皮书
中国产业竞争力报告（2015）
著(编)者:张其仔 2015年7月出版 / 估价:79.00元

长三角蓝皮书
2015年全面深化改革中的长三角
著(编)者:张伟斌 2015年10月出版 / 估价:69.00元

城乡一体化蓝皮书
中国城乡一体化发展报告（2015）
著(编)者:付崇兰 汝信 2015年12月出版 / 估价:79.00元

城市创新蓝皮书
中国城市创新报告（2015）
著(编)者:周天勇 旷建伟 2015年8月出版 / 估价:69.00元

城市竞争力蓝皮书
中国城市竞争力报告（2015）
著(编)者:倪鹏飞 2015年5月出版 / 定价:89.00元

城市蓝皮书
中国城市发展报告NO.8
著(编)者:潘家华 魏后凯 2015年9月出版 / 估价:69.00元

城市群蓝皮书
中国城市群发展指数报告（2015）
著(编)者:刘新静 刘士林 2015年10月出版 / 估价:59.00元

城乡统筹蓝皮书
中国城乡统筹发展报告（2015）
著(编)者:潘晨光 程志强 2015年7月出版 / 估价:59.00元

城镇化蓝皮书
中国新型城镇化健康发展报告（2015）
著(编)者:张占斌 2015年7月出版 / 估价:79.00元

低碳发展蓝皮书
中国低碳发展报告（2015）
著(编)者:齐晔 2015年7月出版 / 估价:89.00元

低碳经济蓝皮书
中国低碳经济发展报告（2015）
著(编)者:薛进军 赵忠秀 2015年6月出版 / 定价:85.00元

东北蓝皮书
中国东北地区发展报告（2015）
著(编)者:马克 黄文艺 2015年8月出版 / 估价:79.00元

发展和改革蓝皮书
中国经济发展和体制改革报告（2015）
著(编)者:邹东涛 2015年11月出版 / 估价:98.00元

工业化蓝皮书
中国工业化进程报告（2015）
著(编)者:黄群慧 吕铁 李晓华 2015年11月出版 / 估价:89.00元

国际城市蓝皮书
国际城市发展报告（2015）
著(编)者:屠启宇 2015年1月出版 / 定价:79.00元

国家创新蓝皮书
中国创新发展报告（2015）
著(编)者:陈劲 2015年7月出版 / 估价:59.00元

环境竞争力绿皮书
中国省域环境竞争力发展报告（2015）
著(编)者:李建平 李闽榕 王金南
2015年12月出版 / 估价:198.00元

金融蓝皮书
中国金融发展报告（2015）
著(编)者:李扬 王国刚 2014年12月出版 / 定价:75.00元

金融信息服务蓝皮书
金融信息服务发展报告（2015）
著(编)者:鲁广锦 殷剑峰 林义相
2015年7月出版 / 估价:89.00元

经济蓝皮书
2015年中国经济形势分析与预测
著(编)者:李扬 2014年12月出版 / 定价:69.00元

经济蓝皮书·春季号
2015年中国经济前景分析
著(编)者:李扬 2015年5月出版 / 定价:79.00元

经济蓝皮书·夏季号
中国经济增长报告（2015）
著(编)者:李扬 2015年7月出版 / 估价:69.00元

经济信息绿皮书
中国与世界经济发展报告（2015）
著(编)者:杜平 2014年12月出版 / 定价:79.00元

就业蓝皮书
2015年中国大学生就业报告
著(编)者:麦可思研究院 2015年7月出版 / 估价:98.00元

就业蓝皮书
2015年中国高职高专生就业报告
著(编)者:麦可思研究院 2015年6月出版 / 定价:98.00元

就业蓝皮书
2015年中国本科生就业报告
著(编)者:麦可思研究院 2015年6月出版 / 定价:98.00元

临空经济蓝皮书
中国临空经济发展报告（2015）
著(编)者:连玉明 2015年9月出版 / 估价:79.00元

民营经济蓝皮书
中国民营经济发展报告（2015）
著(编)者:王钦敏 2015年12月出版 / 估价:79.00元

农村绿皮书
中国农村经济形势分析与预测（2014~2015）
著(编)者:中国社会科学院农村发展研究所
　　　　国家统计局农村社会经济调查司
2015年4月出版 / 定价:69.00元

农业应对气候变化蓝皮书
气候变化对中国农业影响评估报告（2015）
著(编)者:矫梅燕　2015年8月出版 / 估价:98.00元

企业公民蓝皮书
中国企业公民报告（2015）
著(编)者:邹东涛　2015年12月出版 / 估价:79.00元

气候变化绿皮书
应对气候变化报告（2015）
著(编)者:王伟光 郑国光　2015年10月出版 / 估价:79.00元

区域蓝皮书
中国区域经济发展报告（2014~2015）
著(编)者:梁昊光　2015年5月出版 / 定价:79.00元

全球环境竞争力绿皮书
全球环境竞争力报告（2015）
著(编)者:李建建 李闽榕 李建平 王金南
2015年12月出版 / 估价:198.00元

人口与劳动绿皮书
中国人口与劳动问题报告No.15
著(编)者:蔡昉　2015年1月出版 / 定价:59.00元

商务中心区蓝皮书
中国商务中心区发展报告（2015）
著(编)者:中国商务区联盟
　　　　中国社会科学院城市发展与环境研究所
2015年10月出版 / 估价:69.00元

商务中心区蓝皮书
中国商务中心区发展报告No.1（2014）
著(编)者:魏后凯 李国红　2015年1月出版 / 定价:89.00元

世界经济黄皮书
2015年世界经济形势分析与预测
著(编)者:王洛林 张宇燕　2015年1月出版 / 定价:69.00元

世界旅游城市绿皮书
世界旅游城市发展报告（2015）
著(编)者:鲁勇 周正宇 宋宇　2015年7月出版 / 估价:88.00元

西北蓝皮书
中国西北发展报告（2015）
著(编)者:赵宗福 孙发平 苏海红 鲁顺元 段庆林
2014年12月出版 / 定价:79.00元

西部蓝皮书
中国西部发展报告（2015）
著(编)者:姚慧琴 徐璋勇　2015年7月出版 / 估价:89.00元

新型城镇化蓝皮书
新型城镇化发展报告（2015）
著(编)者:李伟　2015年10月出版 / 估价:89.00元

新兴经济体蓝皮书
金砖国家发展报告（2015）
著(编)者:林跃勤 周文　2015年7月出版 / 估价:79.00元

中部竞争力蓝皮书
中国中部经济社会竞争力报告（2015）
著(编)者:教育部人文社会科学重点研究基地
　　　　南昌大学中国中部经济社会发展研究中心
2015年9月出版 / 估价:79.00元

中部蓝皮书
中国中部地区发展报告（2015）
著(编)者:喻新安　2015年7月出版 / 估价:69.00元

中国省域竞争力蓝皮书
中国省域经济综合竞争力发展报告（2013~2014）
著(编)者:李建平 李闽榕 高燕京
2015年2月出版 / 定价:198.00元

中三角蓝皮书
长江中游城市群发展报告（2015）
著(编)者:秦尊文　2015年10月出版 / 估价:69.00元

中小城市绿皮书
中国中小城市发展报告（2015）
著(编)者:中国城市经济学会中小城市经济发展委员会
　　　　《中国中小城市发展报告》编纂委员会
　　　　中小城市发展战略研究院
2015年10月出版 / 估价:98.00元

中原蓝皮书
中原经济区发展报告（2015）
著(编)者:李英杰　2015年7月出版 / 估价:88.00元

社会政法类

北京蓝皮书
中国社区发展报告（2015）
著(编)者:于燕燕　2015年7月出版 / 估价:69.00元

殡葬绿皮书
中国殡葬事业发展报告（2014~2015）
著(编)者:李伯森　2015年4月出版 / 定价:158.00元

城市管理蓝皮书
中国城市管理报告（2015）
著(编)者:谭维克 刘林　2015年12月出版 / 估价:158.00元

城市生活质量蓝皮书
中国城市生活质量报告（2015）
著(编)者:中国经济实验研究院　2015年7月出版 / 估价:59.00元

城市政府能力蓝皮书
中国城市政府公共服务能力评估报告（2015）
著(编)者:何艳玲　2015年7月出版 / 估价:59.00元

创新蓝皮书
创新型国家建设报告（2015）
著(编)者:詹正茂　2015年7月出版 / 估价:69.00元

政治发展蓝皮书
中国政治发展报告（2015）
著(编)者:房宁 杨海蛟　2015年7月出版 / 估价:88.00元

中国农村妇女发展蓝皮书
流动女性城市融入发展报告（2015）
著(编)者:谢丽华　2015年11月出版 / 估价:69.00元

宗教蓝皮书
中国宗教报告（2015）
著(编)者:金泽 邱永辉　2016年5月出版 / 估价:59.00元

行业报告类

保险蓝皮书
中国保险业竞争力报告（2015）
著(编)者:项俊波　2015年12月出版 / 估价:98.00元

彩票蓝皮书
中国彩票发展报告（2015）
著(编)者:益彩基金　2015年4月出版 / 定价:98.00元

餐饮产业蓝皮书
中国餐饮产业发展报告（2015）
著(编)者:邢颖　2015年4月出版 / 定价:69.00元

测绘地理信息蓝皮书
智慧中国地理空间智能体系研究报告（2015）
著(编)者:库热西·买合苏提　2015年12月出版 / 估价:98.00元

茶业蓝皮书
中国茶产业发展报告（2015）
著(编)者:杨江帆 李闽榕　2015年10月出版 / 估价:78.00元

产权市场蓝皮书
中国产权市场发展报告（2015）
著(编)者:曹和平　2015年12月出版 / 估价:79.00元

电子政务蓝皮书
中国电子政务发展报告（2015）
著(编)者:洪毅 杜平　2015年11月出版 / 估价:79.00元

杜仲产业绿皮书
中国杜仲橡胶资源与产业发展报告（2014~2015）
著(编)者:杜红岩 胡文臻 俞锐
2015年1月出版 / 定价:85.00元

房地产蓝皮书
中国房地产发展报告No.12（2015）
著(编)者:魏后凯 李景国　2015年5月出版 / 定价:79.00元

服务外包蓝皮书
中国服务外包产业发展报告（2015）
著(编)者:王晓红 刘德军　2015年7月出版 / 估价:89.00元

工业和信息化蓝皮书
移动互联网产业发展报告（2014~2015）
著(编)者:洪京一　2015年4月出版 / 定价:79.00元

工业和信息化蓝皮书
世界网络安全发展报告（2014~2015）
著(编)者:洪京一　2015年4月出版 / 定价:69.00元

工业和信息化蓝皮书
世界制造业发展报告（2014~2015）
著(编)者:洪京一　2015年4月出版 / 定价:69.00元

工业和信息化蓝皮书
世界信息化发展报告（2014~2015）
著(编)者:洪京一　2015年4月出版 / 定价:69.00元

工业和信息化蓝皮书
世界信息技术产业发展报告（2014~2015）
著(编)者:洪京一　2015年4月出版 / 定价:79.00元

工业设计蓝皮书
中国工业设计发展报告（2015）
著(编)者:王晓红 于炜 张立群　2015年9月出版 / 估价:138.00元

互联网金融蓝皮书
中国互联网金融发展报告（2015）
著(编)者:芮晓武 刘烈宏　2015年8月出版 / 估价:79.00元

会展蓝皮书
中外会展业动态评估年度报告（2015）
著(编)者:张敏　2015年1月出版 / 估价:78.00元

金融监管蓝皮书
中国金融监管报告（2015）
著(编)者:胡滨　2015年4月出版 / 定价:89.00元

金融蓝皮书
中国商业银行竞争力报告（2015）
著(编)者:王松奇　2015年12月出版 / 估价:69.00元

客车蓝皮书
中国客车产业发展报告（2014~2015）
著(编)者:姚蔚　2015年2月出版 / 定价:85.00元

老龄蓝皮书
中国老龄产业发展报告（2015）
著(编)者:吴玉韶 党俊武　2015年9月出版 / 估价:79.00元

流通蓝皮书
中国商业发展报告（2015）
著(编)者:荆林波　2015年7月出版 / 估价:89.00元

旅游安全蓝皮书
中国旅游安全报告（2015）
著(编)者:郑向敏 谢朝武　2015年5月出版 / 定价:128.00元

旅游景区蓝皮书
中国旅游景区发展报告（2015）
著(编)者:黄安民　2015年7月出版 / 估价:79.00元

旅游绿皮书
2014~2015年中国旅游发展分析与预测
著(编)者:宋瑞　2015年1月出版 / 定价:98.00元

煤炭蓝皮书
中国煤炭工业发展报告（2015）
著(编)者:岳福斌　2015年12月出版 / 估价:79.00元

民营医院蓝皮书
中国民营医院发展报告（2015）
著(编)者:庄一强　2015年10月出版 / 估价:75.00元

闽商蓝皮书
闽商发展报告（2015）
著(编)者:王日根 李闽榕　2015年12月出版 / 估价:69.00元

能源蓝皮书
中国能源发展报告（2015）
著(编)者:崔民选 王军生　2015年8月出版 / 估价:79.00元

农产品流通蓝皮书
中国农产品流通产业发展报告（2015）
著(编)者:贾敬敦 张东科 张玉玺 孔令羽 张鹏毅
2015年9月出版 / 估价:89.00元

企业蓝皮书
中国企业竞争力报告（2015）
著(编)者:金碚　2015年11月出版 / 估价:89.00元

企业社会责任蓝皮书
中国企业社会责任研究报告（2015）
著(编)者:黄群慧 彭华岗 钟宏武 张蒽
2015年11月出版 / 估价:69.00元

汽车安全蓝皮书
中国汽车安全发展报告（2015）
著(编)者:中国汽车技术研究中心
2015年7月出版 / 估价:79.00元

汽车工业蓝皮书
中国汽车工业发展年度报告（2015）
著(编)者:中国汽车工业协会 中国汽车技术研究中心
　　　丰田汽车（中国）投资有限公司
2015年4月出版 / 定价:128.00元

汽车蓝皮书
中国汽车产业发展报告（2015）
著(编)者:国务院发展研究中心产业经济研究部
　　　中国汽车工程学会 大众汽车集团（中国）
2015年7月出版 / 估价:128.00元

清洁能源蓝皮书
国际清洁能源发展报告（2015）
著(编)者:国际清洁能源论坛（澳门）
2015年9月出版 / 估价:89.00元

人力资源蓝皮书
中国人力资源发展报告（2015）
著(编)者:余兴安　2015年9月出版 / 估价:79.00元

融资租赁蓝皮书
中国融资租赁业发展报告（2014~2015）
著(编)者:李光荣 王力　2015年1月出版 / 定价:89.00元

软件和信息服务业蓝皮书
中国软件和信息服务业发展报告（2015）
著(编)者:陈新河 洪东一　2015年12月出版 / 估价:198.00元

上市公司蓝皮书
上市公司质量评价报告（2015）
著(编)者:张跃文 王力　2015年10月出版 / 估价:118.00元

设计产业蓝皮书
中国设计产业发展报告（2014~2015）
著(编)者:陈冬亮 梁昊光　2015年3月出版 / 定价:89.00元

食品药品蓝皮书
食品药品安全与监管政策研究报告（2015）
著(编)者:唐民皓　2015年7月出版 / 估价:69.00元

世界能源蓝皮书
世界能源发展报告（2015）
著(编)者:黄晓勇　2015年6月出版 / 定价:99.00元

碳市场蓝皮书
中国碳市场报告（2015）
著(编)者:低碳发展国际合作联盟
2015年11月出版 / 估价:69.00元

体育蓝皮书
中国体育产业发展报告（2015）
著(编)者:阮伟 钟秉枢　2015年7月出版 / 估价:69.00元

体育蓝皮书
长三角地区体育产业发展报告（2014~2015）
著(编)者:张林　2015年4月出版 / 定价:79.00元

投资蓝皮书
中国投资发展报告（2015）
著(编)者:谢平　2015年4月出版 / 定价:128.00元

物联网蓝皮书
中国物联网发展报告（2015）
著(编)者:黄桂田　2015年7月出版 / 估价:59.00元

西部工业蓝皮书
中国西部工业发展报告（2015）
著(编)者:方行明 甘犁 刘方健 姜凌 等
2015年9月出版 / 估价:79.00元

西部金融蓝皮书
中国西部金融发展报告（2015）
著(编)者:李忠民　2015年8月出版 / 估价:75.00元

新能源汽车蓝皮书
中国新能源汽车产业发展报告（2015）
著(编)者:中国汽车技术研究中心
　　　日产（中国）投资有限公司 东风汽车有限公司
2015年8月出版 / 估价:69.00元

信托市场蓝皮书
中国信托业市场报告（2014~2015）
著(编)者:用益信托工作室　2015年2月出版 / 定价:198.00元

信息产业蓝皮书
世界软件和信息技术产业发展报告（2015）
著(编)者：洪京一　2015年8月出版 / 估价:79.00元

信息化蓝皮书
中国信息化形势分析与预测（2015）
著(编)者：周宏仁　2015年8月出版 / 估价:98.00元

信用蓝皮书
中国信用发展报告（2014~2015）
著(编)者：章政　田侃　2015年4月出版 / 定价:99.00元

休闲绿皮书
2015年中国休闲发展报告
著(编)者：刘德谦　2015年7月出版 / 估价:59.00元

医药蓝皮书
中国中医药产业园战略发展报告（2015）
著(编)者：裴长洪　房书亭　吴㻞心　2015年7月出版 / 估价:89.00元

邮轮绿皮书
中国邮轮产业发展报告（2015）
著(编)者：汪泓　2015年9月出版 / 估价:79.00元

中国上市公司蓝皮书
中国上市公司发展报告（2015）
著(编)者：许雄斌　张平　2015年9月出版 / 估价:98.00元

中国总部经济蓝皮书
中国总部经济发展报告（2015）
著(编)者：赵弘　2015年7月出版 / 估价:79.00元

住房绿皮书
中国住房发展报告（2014~2015）
著(编)者：倪鹏飞　2014年12月出版 / 定价:79.00元

资本市场蓝皮书
中国场外交易市场发展报告（2015）
著(编)者：高峦　2015年8月出版 / 估价:79.00元

资产管理蓝皮书
中国资产管理行业发展报告（2015）
著(编)者：智信资产管理研究院　2015年6月出版 / 定价:89.00元

文化传媒类

传媒竞争力蓝皮书
中国传媒国际竞争力研究报告（2015）
著(编)者：李本乾　2015年9月出版 / 估价:88.00元

传媒蓝皮书
中国传媒产业发展报告（2015）
著(编)者：崔保国　2015年5月出版 / 定价:98.00元

传媒投资蓝皮书
中国传媒投资发展报告（2015）
著(编)者：张向东　2015年7月出版 / 估价:89.00元

动漫蓝皮书
中国动漫产业发展报告（2015）
著(编)者：卢斌　郑玉明　牛兴侦　2015年7月出版 / 估价:79.00元

非物质文化遗产蓝皮书
中国非物质文化遗产发展报告（2015）
著(编)者：陈平　2015年5月出版 / 定价:98.00元

广电蓝皮书
中国广播电影电视发展报告（2015）
著(编)者：杨明品　2015年7月出版 / 估价:98.00元

广告主蓝皮书
中国广告主营销传播趋势报告（2015）
著(编)者：黄升民　2015年7月出版 / 估价:148.00元

国际传播蓝皮书
中国国际传播发展报告（2015）
著(编)者：胡正荣　李继东　姬德强
2015年7月出版 / 估价:89.00元

国家形象蓝皮书
2015年国家形象研究报告
著(编)者：张昆　2015年7月出版 / 估价:79.00元

纪录片蓝皮书
中国纪录片发展报告（2015）
著(编)者：何苏六　2015年9月出版 / 估价:79.00元

科学传播蓝皮书
中国科学传播报告（2015）
著(编)者：詹正茂　2015年7月出版 / 估价:69.00元

两岸文化蓝皮书
两岸文化产业合作发展报告（2015）
著(编)者：胡惠林　李保宗　2015年7月出版 / 估价:79.00元

媒介与女性蓝皮书
中国媒介与女性发展报告（2015）
著(编)者：刘利群　2015年8月出版 / 估价:69.00元

全球传媒蓝皮书
全球传媒发展报告（2015）
著(编)者：胡正荣　2015年12月出版 / 估价:79.00元

少数民族非遗蓝皮书
中国少数民族非物质文化遗产发展报告（2015）
著(编)者：肖远平　柴立　2015年6月出版 / 定价:128.00元

世界文化发展蓝皮书
世界文化发展报告（2015）
著(编)者：张庆宗　高乐田　郭熙煌
2015年7月出版 / 估价:89.00元

视听新媒体蓝皮书
中国视听新媒体发展报告（2015）
著(编)者:袁同楠　2015年7月出版 / 定价:98.00元

文化创新蓝皮书
中国文化创新报告（2015）
著(编)者:于平 傅才武　2015年7月出版 / 估价:79.00元

文化建设蓝皮书
中国文化发展报告（2015）
著(编)者:江畅 孙伟平 戴茂堂
2016年4月出版 / 估价:138.00元

文化科技蓝皮书
文化科技创新发展报告（2015）
著(编)者:于平 李凤亮　2015年10月出版 / 估价:89.00元

文化蓝皮书
中国文化产业供需协调检测报告（2015）
著(编)者:王亚南 2015年2月出版 / 定价:79.00元

文化蓝皮书
中国文化消费需求景气评价报告（2015）
著(编)者:王亚南 2015年2月出版 / 定价:79.00元

文化蓝皮书
中国文化产业发展报告（2015）
著(编)者:张晓明 王家新 章建刚
2015年7月出版 / 估价:79.00元

文化蓝皮书
中国公共文化投入增长测评报告(2015)
著(编)者:王亚南　2014年12月出版 / 定价:79.00元

文化蓝皮书
中国文化政策发展报告（2015）
著(编)者:傅才武 宋文玉 燕东升
2015年9月出版 / 估价:98.00元

文化品牌蓝皮书
中国文化品牌发展报告（2015）
著(编)者:欧阳友权　2015年4月出版 / 定价:89.00元

文化遗产蓝皮书
中国文化遗产事业发展报告（2015）
著(编)者:刘世锦　2015年12月出版 / 估价:89.00元

文学蓝皮书
中国文情报告（2014~2015）
著(编)者:白烨　2015年5月出版 / 定价:49.00元

新媒体蓝皮书
中国新媒体发展报告No.6（2015）
著(编)者:唐绪军　2015年7月出版 / 定价:79.00元

新媒体社会责任蓝皮书
中国新媒体社会责任研究报告（2015）
著(编)者:钟瑛　2015年10月出版 / 估价:79.00元

移动互联网蓝皮书
中国移动互联网发展报告（2015）
著(编)者:官建文　2015年6月出版 / 定价:79.00元

舆情蓝皮书
中国社会舆情与危机管理报告（2015）
著(编)者:谢耘耕　2015年8月出版 / 估价:98.00元

地方发展类

安徽经济蓝皮书
芜湖创新型城市发展报告（2015）
著(编)者:杨少华 王开玉　2015年7月出版 / 估价:69.00元

安徽蓝皮书
安徽社会发展报告（2015）
著(编)者:程桦　2015年4月出版 / 定价:89.00元

安徽社会建设蓝皮书
安徽社会建设分析报告（2015）
著(编)者:黄家海 王开玉 蔡宪　2015年7月出版 / 估价:69.00元

澳门蓝皮书
澳门经济社会发展报告（2014~2015）
著(编)者:吴志良 郝雨凡　2015年5月出版 / 定价:79.00元

北京蓝皮书
北京公共服务发展报告（2014~2015）
著(编)者:施昌奎　2015年1月出版 / 定价:69.00元

北京蓝皮书
北京经济发展报告（2014~2015）
著(编)者:杨松　2015年6月出版 / 定价:79.00元

北京蓝皮书
北京社会治理发展报告（2014~2015）
著(编)者:殷星辰　2015年6月出版 / 定价:79.00元

北京蓝皮书
北京文化发展报告（2014~2015）
著(编)者:李建盛　2015年5月出版 / 定价:79.00元

北京蓝皮书
北京社会发展报告（2015）
著(编)者:缪青　2015年7月出版 / 定价:79.00元

北京蓝皮书
北京社区发展报告（2015）
著(编)者:于燕燕　2015年1月出版 / 定价:79.00元

北京旅游绿皮书
北京旅游发展报告（2015）
著(编)者:北京旅游学会　2015年7月出版 / 估价:88.00元

北京律师蓝皮书
北京律师发展报告（2015）
著(编)者:王隽　2015年12月出版 / 估价:75.00元

权威报告 热点资讯 海量资源

当代中国与世界发展的高端智库平台

皮书数据库 www.pishu.com.cn

皮书数据库是专业的人文社会科学综合学术资源总库，以大型连续性图书——皮书系列为基础，整合国内外相关资讯构建而成。包含七大子库，涵盖两百多个主题，囊括了近十几年间中国与世界经济社会发展报告，覆盖经济、社会、政治、文化、教育、国际问题等多个领域。

皮书数据库以篇章为基本单位，方便用户对皮书内容的阅读需求。用户可进行全文检索，也可对文献题目、内容提要、作者名称、作者单位、关键字等基本信息进行检索，还可对检索到的篇章再做二次筛选，进行在线阅读或下载阅读。智能多维度导航，可使用户根据自己熟知的分类标准进行分类导航筛选，使查找和检索更高效、便捷。

权威的研究报告，独特的调研数据，前沿的热点资讯，皮书数据库已发展成为国内最具影响力的关于中国与世界现实问题研究的成果库和资讯库。

皮书俱乐部会员服务指南

1. 谁能成为皮书俱乐部成员？
- 皮书作者自动成为俱乐部会员
- 购买了皮书产品（纸质书/电子书）的个人用户

2. 会员可以享受的增值服务
- 免费获赠皮书数据库100元充值卡
- 加入皮书俱乐部，免费获赠该纸质图书的电子书
- 免费定期获赠皮书电子期刊
- 优先参与各类皮书学术活动
- 优先享受皮书产品的最新优惠

3. 如何享受增值服务？
（1）免费获赠100元皮书数据库体验卡
第1步 刮开皮书附赠充值的涂层（右下）；
第2步 登录皮书数据库网站
（www.pishu.com.cn），注册账号；

第3步 登录并进入"会员中心"—"在线充值"—"充值卡充值"，充值成功后即可使用。

（2）加入皮书俱乐部，凭数据库体验卡获赠该书的电子书
第1步 登录社会科学文献出版社官网
（www.ssap.com.cn），注册账号；
第2步 登录并进入"会员中心"—"皮书俱乐部"，提交加入皮书俱乐部申请；
第3步 审核通过后，再次进入皮书俱乐部，填写页面所需图书、体验卡信息即可自动兑换相应电子书。

4. 声明
解释权归社会科学文献出版社所有

皮书大事记
（2014）

☆ 2014年10月，中国社会科学院2014年度皮书纳入创新工程学术出版资助名单正式公布，相关资助措施进一步落实。

☆ 2014年8月，由中国社会科学院主办，贵州省社会科学院、社会科学文献出版社承办的"第十五次全国皮书年会（2014）"在贵州贵阳隆重召开。

☆ 2014年8月，第二批淘汰的27种皮书名单公布。

☆ 2014年7月，第五届优秀皮书奖评审会在京召开。本届优秀皮书奖首次同时评选优秀皮书和优秀皮书报告。

☆ 2014年7月，第三届皮书学术评审委员会于北京成立。

☆ 2014年6月，社会科学文献出版社与北京报刊发行局签订合同，将部分重点皮书纳入邮政发行系统。

☆ 2014年6月，《中国社会科学院皮书管理办法》正式颁布实施。

☆ 2014年4月，出台《社会科学文献出版社关于加强皮书编审工作的有关规定》《社会科学文献出版社皮书责任编辑管理规定》《社会科学文献出版社关于皮书准入与退出的若干规定》。

☆ 2014年1月，首批淘汰的44种皮书名单公布。

☆ 2014年1月，"2013(第七届)全国新闻出版业网站年会"在北京举办，中国皮书网被评为"最具商业价值网站"。

☆ 2014年1月，社会科学文献出版社在原皮书评价研究中心的基础上成立了皮书研究院。

皮书数据库
www.pishu.com.cn

皮书数据库三期

- 皮书数据库（SSDB）是社会科学文献出版社整合现有皮书资源开发的在线数字产品，全面收录"皮书系列"的内容资源，并以此为基础整合大量相关资讯构建而成。

- 皮书数据库现有中国经济发展数据库、中国社会发展数据库、世界经济与国际政治数据库等子库，覆盖经济、社会、文化等多个行业、领域，现有报告30000多篇，总字数超过5亿字，并以每年4000多篇的速度不断更新累积。

- 新版皮书数据库主要围绕存量+增量资源整合、资源编辑标引体系建设、产品架构设置优化、技术平台功能研发等方面开展工作，并将中国皮书网与皮书数据库合二为一联体建设，旨在以"皮书研创出版、信息发布与知识服务平台"为基本功能定位，打造一个全新的皮书品牌综合门户平台，为您提供更优质更到位的服务。

更多信息请登录

请到各地书店皮书专架 / 专柜购买，也可办理邮购

咨询 / 邮购电话：010-59367028　59367070　　　邮　　箱：duzhe@ssap.cn

邮购地址：北京市西城区北三环中路甲29号院3号楼华龙大厦13层读者服务中心

邮　　编：100029

银行户名：社会科学文献出版社

开户银行：中国工商银行北京北太平庄支行

账　　号：0200010019200365434

网上书店：010-59367070　　qq：1265056568

网　　址：www.ssap.com.cn　　　www.pishu.cn

（四）节庆会奖：有效整合行业资源

节庆活动能有效跨界整合行业资源，提升市民的生活品质和游客的旅游品质。2014 年全年，国内来杭参加商务会展、会议培训的数量达到 1350 万人次；境外来杭参加会务、会议的达到 109.5 万人次。杭州市已成功打造西博会、休博会、茶博会、西溪国际龙舟赛、西溪花朝节、杭州休闲购物节、萧山旅游节（观潮节）、千岛湖秀水节等品牌节庆，其中，2014 年第十六届中国杭州西湖国际博览会，共举办 50 个会展项目，吸引市内外游客达 910 万人次，取得丰硕成果。同时，杭州深度挖掘和策划整合具有东方品质、杭州特色的国际化资源，着力打造国际会奖旅游目的地。2014 中国（杭州）会议与奖励旅游产业交易会暨中国会议产业大会（CMIC）2014 夏季峰会在杭州召开，来自北京、上海、南京、杭州等 14 个会奖旅游联盟城市、78 个会奖企业、106 个专业买家、80 个专业卖家共计 300 余人参加，引进商务会议客源逾 6 万人次，总收入约 1.8 亿元。

（五）养生保健：培育疗休养胜地

围绕疗休养胜地的品牌优势和独特的中西医资源，杭州推出保健、养生、休闲相互交融的全新概念，培育打造了一批中医药保健养生、健检美食游系列养生旅游产品，并组建了中医养生健康旅游国际推广联盟，将疗休养行业、保健品行业、足浴行业等健康元素通过旅行社线路整合和产品包装进行了推广和销售。目前杭州仅足浴门店就有 2000 余家，年营业收入达 6 亿元，吸纳就业人数约 12 万。广兴堂国医馆、胡庆余堂、方回春堂国医馆等一批老字号国医馆和以豪园、紫莲花、黄龙太极等为代表的新一批优质足道养生体验点，都已推向旅游市场，游客成为其重要客源。

二　建立人本化的旅游休闲公共服务保障

杭州以"智慧旅游"为导向，深入推进全国智慧旅游试点城市试点工作，加大旅游交通基础设施的整治改善与建设力度，完善杭州城市旅游综合公共服务体系。

（一）打造杭州旅游电子商务生态圈

2013 年，杭州市政府与阿里巴巴集团签订战略合作框架协议，借助阿里巴巴强大的数据信息和成熟的运营体系，推动杭州旅游休闲经济业发展。目前，杭州旅游电子商务生态圈已逐步完善，形成以网站为主，移动终端、多媒体终端等为辅，多个平台并行、多种方式并用的现代旅游电子商务发展体系。目前，杭州市区已有 7125 家酒店、135 个景点、60 家杭州特色餐饮店实现了在线预订、支付；有 898 家旅游商户实现了支付宝的"当面付"功能。

（二）培育"三江两岸"生态产品

"三江两岸"绿道建设是杭州市政府"十二五"重点工程。绿道起自杭州市区钱塘江两岸最东端向西沿江一直延伸到上游淳安千岛湖，与千岛湖环湖绿道接轨，规划总长 716 公里，串联起沿线 30 个城镇、80 多处景点和 145 个行政村，目前已基本贯通。以绿道建设、步骑游慢行道建设为发展轴，带动了旅居全挂车营地、露营地等旅游项目的投资跟进与建设实施，整合包装"三江两岸"包括周边乡村旅游在内的旅游产品推向市场，打响"三江两岸"黄金旅游线品牌。

（三）优化大杭州旅游交通服务体系

杭州加快全市公共交通设施建设，结合杭黄铁路、城际交通等重大项目，重点建好主城区至三江两岸、环千岛湖沿线地段和重要节点的公共交通及服务设施；推动公共交通投资向旅游景区和乡村地区倾斜，完成 3A 级以上景区的通景道路建设，推进特色旅游村的公共自行车建设，完善五县（市）自驾车驿站系统；在全市 A 级景区倡导使用新能源汽车等低碳环保交通工具，推进纯电动汽车充电设施的配套建设，逐步制定与推行绿色旅游公共交通标准体系。

（四）提升城市旅游休闲的国际可进入性

目前已有 33 家中外航空公司参与杭州萧山国际机场的国际、地区 29 个国际通航点的航线运营，覆盖全球 16 个国家和地区，形成了辐射东亚、东南亚、东北亚，连接欧洲、非洲的国际客运航线网络，每周进出港航班超过 420 架次。杭州萧山国际机场成为继上海浦东机场、北京首都机场、广州白云机场之后的又一个年出入境客流量超过 300 万人次的航空口岸。2014 年 10 月 20 日，杭州航空口岸正式施行 72 小时过境免签政策，成为杭州市口岸新的资源优势，同时也有利于提升杭州市的竞争力，推进杭州国际旅游休闲业发展。

（五）完善旅游休闲咨询服务

截至 2014 年底，全市已建立旅游咨询点 194 个，遍布交通枢纽、高速公路、主要景区、商业中心、市民广场等市民游客集聚地，全年共接待游客咨询 344.84 万人次，发放宣传资料 235 万册，成为宣传展示杭州旅游休闲形象的主窗口和主阵地。从 2015 年 1 月开始，为了完善和推动旅游投诉与质检工作，杭州市旅游委员会将投诉受理时限从国家旅游局规定的 5 日缩短为 2 日，以最快速度回应投诉人的诉求。杭州市旅游委员会还开通"杭州旅游质监"微博，并开通同名微信，加强与游客的互动交流，不断提高旅游投诉便捷程度。

三　多途径激发市场活力

杭州在推动旅游休闲业转型升级过程中，始终坚持政府引导、市场导向的原则，一系列促进旅游休闲业转型升级的相关政策和措施的出台，有力地促进和推动了杭州旅游休闲业新一轮大发展。

（一）重布局：谋划东方休闲之都的蓝图

自 2004 年开始，杭州提出力争用 5～10 年的时间，把"人间天堂"打造成"东方休闲之都",实现杭州传统旅游向现代旅游、从规模扩张向质量增效的转型。2007 年,《杭州市旅游发展总体规划》正式确定以"东方休闲之都,品质生活之城"为杭州旅游总体定位。2010 年 5 月国务院正式批准实施《长江三角洲地区区域规划》,明确了杭州建设"国际重要的旅游休闲中心"的功能定位,更是从国家战略层面为杭州旅游业的转型升级指明了方向并赋予重任。2015 年,杭州市正式出台《杭州市旅游休闲业转型升级三年行动计划(2015 ~ 2017 年)》《杭州市人民政府关于推进旅游休闲业转型升级的实施意见》《关于杭州市旅游休闲业转型升级加快发展的若干政策意见》,为杭州未来旅游休闲业发展描绘了一幅美丽的蓝图。

(二)拓市场:激发潜在旅游休闲需求

2014 年,杭州市坚持海外市场的宣传促销,特别是在全球实施的"寻找当代马可·波罗——杭州博士"旅游营销事件和杭州大运河申遗成功,增强了杭州的国际知名度,为入境旅游市场增添了活力。针对国内客源市场,杭州市继续实施大规模的推广促销,先后组团赴上海、广州、厦门、福州、长沙、南昌、郑州、济南、苏州、扬州、沧州、德州等城市进行促销推广活动,取得了较好效果。2014 年上半年杭州市还连续开展了一系列的会奖旅游促销活动:应邀参加"第四届中国(上海)会议与旅游产业发展论坛",组织实施 IT&CM 展会专业买家展后杭州踩线考察团,启动 2014 会聚杭州会奖旅游特惠年活动等。

(三)促消费:盘活多方面资源

自 2013 年以来,杭州市每年都推出"四季休闲 IN 杭州"品牌推广活动,以"醉美春日、缤纷夏夜、浪漫金秋和养生暖冬"为四大板块,激发市民、游客潜在休闲旅游消费热情。在活动的具体运作中,创新性地尝试引导媒体资源、企业资源的优化配置和有效利用,实现从政府要企业参与活动转变为企业主动参与政府活动,从企业伸手向政府要钱转变为企业愿意拿出资源与政府一起做事。2014 年 3 ~ 5 月,春季推广活动期间中心联合 13 个区县市、18 个行业协会、5 家媒体共同打造了《春游去哪儿》这一亲子电视栏目，带动了百家商户、千户家庭、10 万名游客的直接参与，带来了 400 万元的市场消费增量；6 月，在吴山广场举行的第三届夏季夜休闲嘉年华活动吸引市民游客 18 万人次参与，现场及协议销售额近 360 万元；9～11 月，在中心策划的第三届杭州国际婚恋旅游节上，联合携程网共同推出了"蜜月久久，99 元杭州度蜜月"活动，报名参加促销活动的高星级酒店、餐饮企业、特潜企业 60 多家；12 月，在上城区建国南路中医街（五柳巷）举办的第二届杭州养集市主题活动，汇集了 16 家休闲养生企业代表设展推广与展销，三天时间吸引了 2 万余人次参与，销售额近十万元。全年四大品牌推广活动累计拉动消费约 4.2 亿元。

（四）惠民生：广大市民共享旅游休闲的发展成果

2002 年西湖景区免费开放，带给人们前所未有的休闲体验。目前，杭州正在倡导和推进市本级内国有收费景点向市民优惠开放，两区五县市国有收费景点向当地市民优惠开放。从 2014 年开始，杭州市旅委还推出了"杭州旅游进社区三年规划"，计划通过在杭州城区 100 个社区范围内开展"社区旅游服务点"的组建布点工作，逐步构建布局合理、功能完善、行之有效的杭州社区旅游服务体系，让广大市民共同分享杭州旅游休闲产业发展成果。

（五）育人才：优化人才发展机制

杭州制定全市旅游人才中长期发展规划，优化人才发展的体制机制；建立旅游产学研合作基地，构建产学研结合的旅游人才培养模式；鼓励旅游院校与企业紧密合作，共同制订旅游人才培养计划；加强与境外知名旅游院校合作，定期组织中高层旅游管理人员赴境外开设专题培训班，加快国际旅游人才的培养步伐；加大旅游产业高层次人才的培养和引进，完善旅游人才激励机制。2015 年 3 月 20 日《杭州市高层次人才分类目录》发布，"金牌导游员"也列入了人才大名单，并享受相应的住房等方面的政策待遇。

G.13
中国湖泊休闲发展分析：
以浙江东钱湖为例

赵 鑫 吴金梅*

摘 要： 在"十八大"提出全面建成小康社会的背景下，中国经济平稳较快增长，2014年中国人均GDP约为7485美元。《国民旅游休闲纲要（2013－2020年）》的颁布以及带薪休假制度的逐步落实，标志着中国国民休闲进入新的阶段。以水岸休闲和康体疗养为代表的湖泊休闲，越来越多地受到公民和学界的关注。本文对湖泊资源的分布、特征、分类以及休闲开发现状进行了梳理，通过分析湖泊休闲的典型案例——东钱湖的成功经验，探索得出对推动中国现代湖泊休闲产业的发展有益的启示。

关键词： 湖泊休闲 东钱湖 实践经验

湖水是水体旅游资源中非常重要的一种，也是重要的旅游休闲载体，古时人类依水而居，如今湖泊更多的是满足人类娱乐休闲的需求，以观光游览、水上运动、休闲垂钓、餐饮美食、游船休闲、湖滨度假为代表的湖泊休闲，越来越受到旅游者的欢迎，也逐渐受到学者的关注。

---

* 赵鑫，中国社会科学院旅游研究中心博士生，长期从事旅游与休闲产业发展和经济影响研究；吴金梅，中国社会科学院旅游研究中心副主任、博士，长期从事旅游产业发展、旅游投资、旅游房地产等领域的研究与实践。

一　中国湖泊资源及其开发状况

（一）地域分布

中国湖泊分布广泛。根据第二次全国湖泊调查数据，中国面积大于 1 平方公里的湖泊有 2693 个。从地区分布来看，中国湖泊相对集中。东部季风区，特别是长江中下游地区分布着中国最大的淡水湖群。西部青藏高原区湖泊较为集中，多为咸水湖。青藏高原湖区和东部平原湖区的湖泊数量占全国湖泊总数量的 63%，湖泊水域面积占全国湖泊水域总面积的 77%。根据湖泊的成因、地形环境、水环境、资源特征和水文特性，中国湖泊划分为五大湖区，即青藏高原湖区、东部平原湖区、蒙新湖区、东北平原－山地湖区、云贵高原湖区（见表 1）。

表 1　中国五大湖区概况

单位：个，平方公里

区　域	湖泊数量	湖泊面积
青藏高原湖区	1055	41831.8
东部平原湖区	634	21053
蒙新湖区	514	12589.9
东北平原－山地湖区	425	4699.7
云贵高原湖区	65	1240.2
合　计	2693	81414.6

资料来源：中科院南京地理与湖泊研究所。

（二）湖泊的特征

一是遍在性。从统计上看，中国天然湖泊有 24000 多个，人工湖泊有 80000 多个，共计 10 万有余。二是综合性，湖泊涵盖了水资源、生物资源、生态资源、矿产资源、滩地资源等诸多类型的资源，是不同资源的集聚和综合功能的体现，各种资源相互依存又相互制约。三是载体性，湖水是湖泊的自然实体，是各种湖泊资源的承载体，湖泊的演变和资源的交换均以湖水为载体。四是动态变化性，在季节、气候、水文等因素的影响下，湖泊的各种资源相互作用，体现为水位的涨落、植被的兴衰演替、滩地的侵蚀消涨等。五是双重性，即开发湖泊的外部性可能为正亦可能为负，合理的开发利用可以满足人类的多种需求，若打破这一临界点，可能会破坏水体生态环境的平衡。

（三）湖泊的分类

中国湖泊的数量众多，分类的方法也很多。根据所处的地形位置可以分为：高山峡谷湖泊、高原湖泊、丘陵湖泊、平原湖泊、城市园林湖泊等；根据水质可以分为：淡水湖、咸水湖、盐湖；根据湖盆的形成原因可以分成：河迹湖、构造湖、海迹湖、堰塞湖、冰川湖、岩溶湖、火山口湖和人工湖等；根据湖泊形成的原因可分为如下几种类型：火口湖、河成湖、牛轭湖、冰川湖、人工湖等；按照湖泊的旅游功能和区位特色可以划分为观光游览型湖泊、休闲游憩型湖泊、康疗度假型湖泊、综合开发型湖泊四种（见表2）。

表2 按照旅游功能和区位特色分类

类型	区位	开发手段
观光游览型	距城市较远	以现代化的手段开发不同的观光方式
休闲游憩型	位于城市近郊或城镇内部	结合湖泊本身开发娱乐休闲活动
康疗度假型	位于城市近郊或者较远的地方	利用湖泊和周边的环境，开发疗养项目
综合开发型	一般规模较大，跨两个及以上的行政区，依托附近的城镇为腹地	依托水陆及周边环境，围绕吃住行游购娱全方位深度开发集观光、休闲、度假、疗养、探险为一体的综合型旅游目的地

（四）湖泊的旅游休闲开发

在旅游休闲开发方面，中国湖泊旅游经历了三个阶段。

第一阶段，1990年代以前。湖泊休闲以机关及企事业单位的度假疗养院为主要载体，如昆明的滇池。当时大多数湖泊旅游度假区缺乏统一的规划或套用城市规划的方法来规划，接待标准低，同质化严重。

第二阶段，1991～1999 年。在此期间，随着旅游休闲消费环境的改善，国内休闲度假市场逐渐向大众化趋势发展；同时，国家开始重视开发湖泊休闲旅游，从 1992 年开始，国务院陆续批准（建立）国家级、省级等湖泊型旅游度假区，其中首批的 12 个国家级旅游度假区中有 4 个是以湖泊为依托（无锡太湖、广州南湖、苏州太湖和昆明滇池）的，1997 年"海韵、湖光"旅游产品又成为主推产品。这一系列措施掀起了湖泊旅游开发热潮，出现了一批以湖泊为主要吸引物的旅游目的地。

第三阶段，2000 年以后。中国经济保持高速增长，随着人均可支配收入的增加，带薪休假制度的逐渐落实，还有公民休闲意识的觉醒，各种主题的旅游市场呈现出百花争放的局面，湖泊休闲也受到众人的追捧。2013 年国民旅游休闲纲要的颁布掀起国民旅游休闲的新篇章，湖泊休闲迎来新的发展机遇。根据中国旅游信息网整理，截至 2015 年 1 月，全国关于湖泊的景区有 620 家，其中 5A 级景区 35 家，4A 级 219 家。

二　湖泊休闲的产业构建：以浙江东钱湖为例

宁波东钱湖，湖面 20 平方公里，是浙江最大的天然淡水湖，有"华夏沿海第一湖"之称。2001 年宁波市委、市政府设立东钱湖旅游度假区，由东钱湖旅游度假区管委会管理，2009 年管委会正式开展国家级旅游度假区创建工作，2011 年东钱湖成为 4 个国家级旅游度假区试点单位之一，已连续 4 年在浙江省旅游度假区考核中名列前茅。在摸索前行的过程中，东钱湖旅游度假区已在全国率先构建起完整的休闲度假产品体系和独具特色的发展路径。

（一）发挥生态、人文、区位优势，夯实发展基础

1. 得天独厚的生态之湖
东钱湖属亚热带季风气候，空气温和湿润，雨量充沛，年平均气温

17.5℃；有植被300多种、脊椎动物730多种、水生动植物近200种，山体森林覆盖率92.4%，碳汇总量约65万吨；空气优良天数占全年逾98%，PM2.5值优于国家一级标准，负氧离子含量平均超过1850个/cm³，全年适宜旅游度假天数占比91%。因地质时代的海迹运动，东钱湖形成了极具魅力的泄湖风光。2012年东钱湖被列为国家级生态湖泊试点地区之一。

2. 底蕴深厚的文化之湖

东钱湖被誉为"财智文化之乡"，人文历史、民俗风情交相辉映。这里据说为仁君徐偃王归身地、范蠡西施隐居地，北宋王安石在此治湖，南宋史氏家族显赫一朝，"一门三宰相、四世两封王"，石刻遗存颇多；小普陀闻名遐迩，大慈寺为日本曹洞宗祖庭。近代东钱湖名人辈出，是"中国梵高"沙耆、"书坛泰斗"沙孟海、生物学家童第周故里。民间秋赛龙舟文化、渔文化、茶文化生机勃勃。厚重的历史和民俗渲染出东钱湖独特的气质。

3. 四通八达的城市之湖

东钱湖位处中国经济最为发达的城市群中，改革开放的前沿地带，是"长三角的大花园"，是浙东重要的旅游中心枢纽，东接舟山、普陀，南通宁海、象山，西邻余姚、奉化，北连慈溪、镇海，辐射效益极强。"海陆空"三线联动造就了东钱湖立体化、便捷化的交通体系。海运方面，宁波地处长江黄金水道和南北海运大通道的T形交汇处，具有辐射"一带一路"和长江经济带沿线城市的战略区位优势；陆运方面，宁波正在形成以"一环六射"高速公路网、国省道主干线为骨架，"一环五射"铁路网为纵深连接的陆地综合交通运输网；空运方面，到日本、韩国、东南亚、欧洲均有直飞航线，与北京、香港和台湾地区皆在两小时旅游圈内。在国家实施"一带一路"的伟大构想中，东钱湖应进一步依托宁波作为战略支点城市的区位优势，打造一个更加国际化的休闲之湖。

（二）科学的规划指明发展方向

东钱湖根据宁波市委市政府赋予的"一区三基地"的目标定位：一流

的国家级旅游度假区、长三角著名的休闲度假基地、华东地区重要的国际会议基地和国际性的高端总部基地，按照"省内领先、国内领跑"的方向发展，大力推动"两个转轨"，即从基础设施建设为主向功能项目建设为主转轨、从旅游观光产品为主向休闲度假产品为主转轨，制定了系统性、连续性、全局性的发展规划，明确未来发展方向。

第一，系统性。其体现在编制了全方位、全覆盖、全息化的规划体系，从区域概念规划到色彩规划；从土地规划、控制性详细规划、经济社会发展规划到项目单体规划；从"分片"的新城建设规划、老镇改造规划、村庄发展规划到"连线"的岸线保护规划、旅游交通规划共150余项。

第二，连续性。规划一以贯之，不因管委会领导班子换届调整而调整，确保历届领导班子发展东钱湖休闲产业思路的连贯性，并确保前期规划系统落地。

第三，全局性。这体现在规划总体空间布局上，东钱湖分为六大板块，西北片总部、会展、文化、商住功能的特色城镇区，东北片田园牧歌主题的乡村度假区，西南片总部文创产业区，东南片山地生态涵养区及北线影视娱乐区，中线宗教旅游区，南线运动休闲区。系统的规划有效地强化各板块的游线互通、功能互补、产业互动，提升整体面貌，完善综合功能。

（三）多层次的旅游产品支撑休闲产业

野生动物园、南宋石刻公园及茶园主题的福泉山景区、宗教主题的小普陀景区等观光型产品在国内属于一流，除此以外，东钱湖在开发休闲度假型产品方面，锐意进取、大胆创新。2011年东钱湖牵头组织成立了由7个国外著名湖泊和15个国内知名湖泊组成的国际湖泊休闲联盟，制定并向全球发布了《国际休闲湖泊评定标准》，高扬"湖泊休闲"旗帜，首倡"湖泊休闲产品"。如今，已率先构筑起多层次的湖泊休闲产品。

1. 以环湖酒店群为依托的住宿产品体系

一是多层次的住宿类型，顶级酒店、星级酒店、度假酒店、经济酒店、乡村客栈、特色民宿、户外露营七个层次一应俱全，满足不同客户群体需求；二是差异化的住宿主题，有全国唯一的以目的地度假为主题的铂金五星级柏悦酒店，以温泉康疗为主题的二灵山恒元酒店，以沙滩、冲浪为主题的随风帆船酒店，以花卉、婚纱、油画为主题的南苑花博园，以乡村木屋为主题的纪家庄等，实现了精细市场定位；三是区块化的住宿集群，两年内投资超过 180 亿元打造环东钱湖高端酒店集群。

2. 以"四行东钱湖"为主打的户外休闲产品体系

所谓"四行东钱湖"分别为"骑行东钱湖""舟行东钱湖""车行东钱湖""步行东钱湖"。"骑行东钱湖"贯穿北湖、南湖两条线路和一中心、多层次、多节点，如今已形成较为成熟健全的环湖单车驿站服务体系；"舟行东钱湖"利用龙舟、游船、帆板、帆船、皮划艇、摩托艇、水上自行车等多种水上交通工具打造乐活水上休闲活动；"车行东钱湖"为自驾游爱好者提供一整套特色突出的休闲产品；"步行东钱湖"以南湖岸线木栈道和 6 条登山道串联步行健身环线。

3. 以休闲综合体为主体的水上休闲产品体系

东钱湖依托"一带两区"三大休闲综合体，开发水上特色休闲项目。南湖岸线休闲综合体，以亲水运动为特色，主推"水上花园 + 水上乐园 + 沙滩 + 游艇 + 高尔夫 + 温泉"的黄金组合，涵盖春、夏、秋、冬四季旅游；马山湿地综合休闲区，按 4A 级景区标准建设，集生态旅游、文化旅游、休闲度假等功能于一体，作为南部旅游板块的中心；下水湿地综合休闲区，按 4A 级景区标准建设，以"欣赏田园风光、体验农情生活、回归自然本心"为主旨，作为北部旅游板块的中心。

4. 以湖泊休闲节为统领的旅游节庆产品体系

东钱湖至今已连续承办七届中国湖泊休闲节，形成了碧波中的东钱湖、单车上的东钱湖、舌尖上的东钱湖、月光下的东钱湖、婚纱里的东钱湖、田野间的东钱湖六大主题活动。此外，在中国湖泊休闲节框架下，东钱湖捕鱼节、东钱湖音乐节及国际骑游大会、房车大会、露营大会、全民健步大会等一大批节事活动营造了东钱湖浓厚的节事氛围。

（四）前瞻性的体制机制统筹湖区管理

早在 2001 年，宁波市委市政府决定成立东钱湖旅游度假区管委会，负责管理东钱湖旅游度假区下辖一镇（东钱湖镇）二场（福泉山茶场、梅湖农场）。东钱湖管委会内设一办七局，即办公室（综治办），人力资源和社会保障局（组织部）、经济发展局（安监局）、旅游与湖区管理局、财政局、建设管理局（环保局、交通局）、行政执法局、社会事务管理局；市级机关派出机构六个，监察室、国土分局、规划分局、公安分局、工商分局、地税分局。

管委会的成立将从原来单一部门的管理转变为多部门协调的综合管理，以两大协调机制贯穿东钱湖发展之血脉。一是通过统筹协调机制，在统筹资源、创新服务、市场监管等方面加强配合。二是建立决策协调联动机制，将决策与市级机关派出机构等多部门相互衔接，实现决策联动。"管委会"的成立不仅不会对现有各个部门的工作形成多头领导，还能建立信息沟通桥梁，加强部门间的统筹协调。

此外，还专设旅游与湖区管理局。将湖区纳入管理，作为行业主管部门，下设东钱湖游客中心（东钱湖旅行社），统筹协调各景区、酒店、旅游企业，统一营销推介。在管委会行政体制外，拥有实体化运作的东钱湖投资开发有限公司、东钱湖文化旅游发展有限公司两大国有企业平台，大大提高了开发建设、经营运作的效率和效益。

（五）精细化、法制化、智慧化管理提升休闲服务品质

1. 精细化管理，构建人性化管理服务体系

为了提高游客的旅游体验，东钱湖建立游客中心，并与东钱湖旅行社合并，形成了一体化的旅游咨询服务体系，打破了传统游客中心只重咨询、销售、集散功能的局限，增设的体验中心更方便游客全方位享受休闲。除此之外，还设立了马山游客二级咨询服务平台。

在基础设施方面也极尽人性化，体现贴心设计。对全区旅游交通网络包括码头、公交站、停车场、租赁点、零售店及厕所、环卫、标识标牌等进行了系

统设计与重点完善。同时，依托二级乙等的钱湖医院建立了旅游应急医疗系统。

2. 法制化管理，多部门联动强化执法效果

东钱湖有关部门强调从顶层设计依法治湖，2008年，颁布《东钱湖旅游度假区条例》，明确了东钱湖的法律地位，解决了执法依据等问题。2013年，颁布《东钱湖水域管理办法》则主要是针对保护水质、规范水上秩序、科学开发利用水域资源等问题。同时，为推动落实法律法规的执行，东钱湖度假区成立了司法局、行政执法局。针对生态管理、旅游管理、城市管理、交通管理等方面的诸多问题，管委会发挥体制和机制上的优势，推动部门联动、综合执法，提升了执法效果。

3. 智慧化管理，五大平台提升管控效率

通过实施"智慧东钱湖"战略建成五大平台——面向政府的高端决策平台、面向旅游企业的中端运营平台、面向游客和公众的前端服务平台、后端数据平台以及与"智慧宁波"上层对接的中枢运转平台，集智慧政务、智慧旅游、智慧交通、智慧环保、智慧城管多项服务于一体，为日常管理提供便利。此外，"智慧旅游地图""绿色呼吸地图"集成了旅游信息、环境信息、地理信息并实时分享，为大数据分析奠定基础，游客可以通过手机、iPad、电脑等设备分享大数据，轻松享受优质的旅游服务。

（六）正本清源开创湖区生态治理之先河

一直以来，东钱湖非常注重生态保护和湖区治理，视其为发展的根本。东钱湖治水自唐朝开始，形成了"正本清源、守中致用"的治水之道。管委会自设立以来，实施全湖退渔、全湖清淤、湖河并治三步曲。2009年，投资6亿元实施综合整治工程，淤泥固结、余水处理技术创造两个全国第一。引进了淡水生态与生物技术国家重点实验室，深入科学治水，湖水水质实现从四五类到二三类的大扭转，被称为"城市型湖泊治理的典范"。东钱湖还大力发展循环经济，利用清理的湖泥打造半岛水上花园，并推广太阳能及中水回用系统。

三 东钱湖经验对中国湖泊休闲发展的启示

中国的湖泊休闲正处于快速发展的阶段，总体来看发展水平不高、不均衡，大部分湖泊休闲主要以观光旅游为主，休闲游憩型旅游在逐渐增加，综合型开发的湖泊休闲度假区已经初露端倪。伴随着中国休闲时代的到来，湖泊休闲作为新兴的休闲业态是旅游休闲发展的重要选择，将迎来发展的黄金期，在未来的一段时间内中国会产生一批富有文化、贴心服务的综合型湖泊休闲区，东钱湖的有益经验值得借鉴。

（一）理顺管理体制，实现法制化管理

湖泊的管理、保护和开发涉及多行业、多部门的协调统筹。很多的湖泊面积较大，跨多个行政区域，跨市甚至跨省，要解决跨行政区、跨行业，管理混乱的问题，就需要建立一个权利、责任、管理高度集中的管理机构，如管委会等政府派出机构，可依照国家相关法律以及所在省市颁布的条规，实施湖泊的发展和保护。这样可以避免管理混乱、权责不明、盲目开发等乱象，能够使湖泊资源得到更有效的利用开发。与东钱湖以及中国大部分湖泊管理和保护现状相似，美国田纳西流域最早由于管理混乱，导致流域缺乏有效的保护和开发，还衍生出许多社会、经济等问题。自设立田纳西流域管理局后，管理体制彻底理顺了，解决田纳西流域治理和保护问题。

习近平同志强调治理一个国家、一个社会，关键是要立规矩、讲规矩、守规矩。同样，治理好一个景区也是如此。湖泊的法制化需要从科学立法、严格执法、公正司法、全民守法等各方面下足功夫做工作。虽然中国相继颁布了一系列有关自然资源与生态环境保护方面的法律法规，但是缺乏湖泊生态安全方面的专门立法。鉴于目前国家制定法律的条件，以某个流域的湖泊为例来研究制定相关条例、地方性法规或者行政条例更具现实性和可实施性。

（二）科学编制规划，实施分层开发与保护

具有前瞻性、科学性、可落地性的规划是湖泊管理、保护和开发的明灯，唯此湖泊休闲的发展才能健康、有序、协调。科学的规划既要强调在资源保护、休闲设施和管理服务等方面的规范化、标准化，又要注意因地制宜，根据各地自然、经济社会发展的不同条件，注意挖掘和体现本地的文化内涵，形成各具特色的湖泊休闲旅游产品。

对于湖泊休闲区而言，不仅要遵循科学的规划编制，还要在总体规划框架下，明确功能划分，合理区分湖泊的功能区，分层次地对湖泊进行有效保护。对于保护区，严控核心风景区，禁止建设，限制进入或只能观光；对于缓冲区，保护公共空间，可利用自然的地形环境修造水上花园、湖滨沙滩，供参观游览；对于休闲区，应大力开发亲水娱乐休闲项目、体育极限项目等，对原有滨湖的城镇或者乡村，按照湖泊休闲的整体风格进行改造或修缮。

（三）引导社区参与，实现包容性增长[①]

湖泊休闲的发展离不开当地社区的参与和支持。一般而言，唯民富、民享、民乐之地，方可成为真正具有持久竞争力的湖泊休闲目的地。鼓励和引导社区参与应坚持把居民视为主人而不是阻力；是承载景区自然生态和文化生态的财富而不是包袱；是管理与建设湖区的管理者而不是被管理者；是持续发展的保护者而不是破坏者。使社区与自然保护区一荣俱荣、一损俱损，注重湖区居民的融合与参与，致力于与社区同步发展。

具体来看，可通过多种方式促进社区参与、维护居民利益。比如设立专

---

① 包容性增长（inclusive growth）：倡导公平合理地分享经济增长的成果，使得旅游收益以较为公平的方式惠及广大民众，使其生活质量、幸福指数和生活满意度不断提高，从而最大限度地消除当地社区的被排斥感和不公平感，使尽可能广泛的社区群体公平受益，并和旅游目的地管理者拥有共同的发展远景，保持协调一致的发展步调，共同推进旅游目的地的旅游发展和社会经济全面进步。

门的社区管理机构、居民管理办公室；创造多种渠道鼓励与吸纳社区居民参与旅游事业和管理，对社区居民子女优先安排就业；通过股份制经营，建立"公平"优先的利益分配机制；加强对居民的培训和政策扶持，促进社区参与湖泊休闲的发展。在这种利益共享的发展理念下，湖泊休闲环境能够实现开发与保护并举，而且社区居民的收入水平、生活质量、幸福指数都会相应提高，真正实现包容性增长的目标。

（四）城湖联动，发挥城镇"稳定器"的作用

湖泊休闲是以湖水为载体的旅游休闲活动，明显受到季节、温度、气候等因素的影响，有淡旺季之分。规划建设并利用好滨湖城镇的休闲功能，将会在湖泊休闲产品开发及旅游淡旺季调节中起到非常重要的作用。

对于国内大多数休闲型湖泊来说，水上活动为湖泊休闲的主导产品，湖泊自身在旅游开发中所占的地位十分重要。然而对于成熟、综合的湖泊来说，开发重点应逐渐从水上产品向陆地和空中转移，使水陆空形成立体式休闲度假产品体系。实际上，地面的休闲产品更多的是依托滨湖城镇的基础设施和休闲功能，发展城镇休闲是湖泊休闲度假区的基本要素，城镇完备的公共设施，如商业街、大型娱乐场、影剧院、室内体育馆、图书馆等可以从"吃住行游购娱"等方面来满足游客的需求，成为度假区的重要组成部分。不仅如此，从总量平衡的角度来探究，城镇对于湖泊休闲度假区来说是一个缓冲，当旅游旺季时可以缓解度假区的接待压力，在旅游淡季时能够聚集一些游客，仍可以保持度假区的人气。

梭罗说过"湖泊是风景中最美、最有表情的姿容"，亚里士多德也曾言"休闲可以使我们获得更多的幸福感"。如何更好地诠释湖泊、休闲、幸福三者之间的关系，让每个湖泊都成为怡游、怡居、怡情之所，让更多的人真正感受到"湖泊让生活更休闲"的幸福真谛，是相关部门面临的一个课题。

G.14

京郊休闲发展：现状、问题及对策建议

赵雅萍　吴丰林*

摘　要： 京郊作为北京市的后花园，向来是北京市居民休闲的重要场所。目前，京郊休闲已颇具规模，且逐步构建了乡村旅游、都市观光休闲农业和度假休闲等多元并存的休闲业态体系，形成了包括不同档次，能够满足各消费阶层的休闲产品体系，并呈现出融合化和智慧化的特征。同时，京郊休闲产业还面临着休闲产品供给结构性短缺、休闲便利度有待提高、资源和环境保护日益严峻等问题。未来，京郊休闲产业应当通过特色化、差异化等措施"提升低端档次，增加高端供给"；通过尽快落实带薪休假制度，加强自身建设，做好预警和营销等工作来引导休闲需求平缓释放；通过优化公共服务体系来提高休闲便利度，并坚持走绿色、低碳道路，加大环境保护力度。

关键词： 京郊　休闲模式　对策

自改革开放以来，高速的工业化和城市化进程已经对经济社会各领域产生了深刻影响，与此同时，城市居民人口数量逐年递增，城市生活空间日益

---

* 赵雅萍，管理学博士，北京市社会科学院助理研究员，研究重点为旅游产业、文化创意产业。吴丰林，理学博士，中国旅游研究院助理研究员，研究重点为区域发展与旅游经济。

拥挤，许多大中城市不可避免地面临着环境恶化、交通拥堵、生活压力加大的"城市病"，越来越多的城市居民希望通过休闲、旅游等方式寻找一种放慢脚步、返璞归真的"慢生活"体验。而城市郊区山清水秀的自然环境、朴实无华的民俗民风，与城市的生存环境形成了鲜明对照，使其成为城市居民释放身心压力的绝佳场所。

北京作为中国的首都，其城市化进程在全国处于前列，但北京的经济社会发展还存在明显的二元结构特征。城六区占北京市总土地面积的8%，却承载着61.5%的常住人口总量，人口多且分布密集，绿化和休闲娱乐面积小，交通拥堵和环境污染严重。相反，京郊作为北京市的后花园，不仅拥有广阔的空间和相对较低的人口密度，还具有优良的资源条件和区位优势，为面临市内工作紧张、生活枯燥、活动空间狭小等压力的居民提供了一个休闲娱乐和放松身心的好去处。"十二五"时期，中国城镇化将高速推进，并将代替工业化成为下一步中国经济社会发展的主要动力。随着城乡一体化进程的加速推进，京郊基础设施条件将得到显著改善，加上自驾游的普及，居民休闲时间的增多，以及《关于加快推进京郊旅游发展的指导意见》《国民旅游休闲纲要（2013－2020年）》等一系列政策的出台，京郊休闲将成为北京市居民休闲活动中发展最快、最具活力的产业，京郊休闲产业也将迎来自身发展的良好机遇，并成为北京市旅游业未来发展的重点。

一 京郊休闲市场的发展条件和现状

（一）京郊休闲市场蓬勃发展的条件

2009年，北京市人均GDP突破1万美元大关，北京进入世界中等富裕城市行列，城镇居民人均可支配收入为3914美元，2014年增长至7148美元，2007~2014年年均实际增速均在6%以上（见图1）①。按照北京市居民

---

① 按2014年美元兑人民币平均汇率6.1428计算，2009年汇率按6.832计算。

现有的闲暇时间和收入水平，休闲度假的需求已经非常现实，也具备了相应的经济能力。

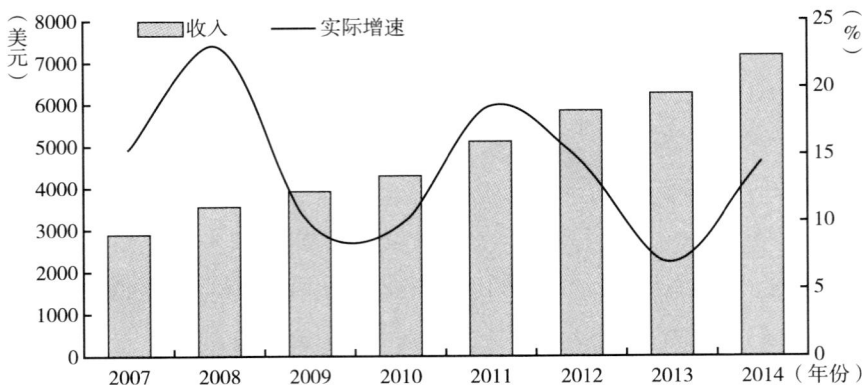

图1 2007～2014年北京城镇居民人均可支配收入及实际增速

资料来源：《北京市2014年国民经济和社会发展统计公报》。

有钱、有闲是休闲旅游得以实现的基本条件。1995年以来，中国先后颁布并执行了"双休日""黄金周"等休假制度，居民的闲暇时间显著增多。2008年，国家进一步对休假制度进行了调整，形成了元旦、清明、"五一"、端午和中秋5个小长假①，并规定职工连续工作一年以上的，享受带薪休假。大长假的减少，小长假的增多，更加有利于人们选择2～3天的郊区休闲游。到目前为止，北京市居民每年享有的闲暇时间为115天，而新出台的《国民旅游休闲纲要（2013-2020年）》又使职工带薪休假制度的落实得到了保障。未来，"富余"的闲暇时间将使得更多的人选择外出休闲。

此外，随着北京市私家车占机动车保有量比例的逐步攀升②，以及《国民旅游休闲纲要（2013-2020年）》实施后京郊休闲环境、休闲基础设施和

① 2008年的休假制度调整，取消了"五一"黄金周，将假期分散到清明、端午、中秋等传统节日，而这些节日往往与双休日相连，从而形成了元旦、清明、"五一"、端午和中秋一系列小长假。

② 截至2014年底，北京市机动车拥有量达559.1万辆，其中，私家车437.2万辆，占全市机动车总量的78.2%。

公共服务的极大改善，居民到京郊休闲的意愿、活跃度和便利度都较之以往有较大的提高。

（二）京郊休闲市场的发展现状

2014年北京市常住人口总量为2151.6万人，庞大的人口总量为京郊休闲提供了广阔的市场。在一项针对京郊休闲市场的调查中，有95%的北京市民表示希望到郊区旅游、度假，其中，32.6%的被访者每周或经常到郊区旅游，30%每年郊游3次以上。按照北京市现有的2000多万的人口规模，以及该调查中愿意出行和实际出行的人数比例，京郊休闲市场已经颇具规模。而随着休假制度的调整、居民收入水平的提高，以及私家车的增多等休闲条件的改善，市民的京郊休闲行为呈现出以下特征。①从出游时间来看，除"十一"和春节两个长假期间市民更倾向于选择长距离旅行之外，京郊休闲时间主要集中在双休日和5个小长假，其中选择双休日期间进行京郊休闲的市民比例更大。②从出游结伴方式来看，京郊休闲以和亲友、同事结伴为主，独自出行、跟团出行及与网友结伴的人较少。③从交通工具选择来看，公交车和私家车各占据半壁江山。除这两种出游方式外，汽车租赁的普及和租赁方式的不断创新，也使租车、拼车出游的方式受到了越来越多旅游者的青睐。对于近郊的休闲活动，也有部分年轻人会选择自行车出游。④从出游偏好来看，以休闲度假类最受青睐，生态环境类、探险拓展类、农业观光类、娱乐项目类和会议会展类等项目也具有一定的市场份额（见表1）。

表1 京郊休闲模式特征总结

模式	特征
出游时间	5个小长假+2个双休日
交通选择	以"公交+自驾"为主，租车、自行车出行等方式也较受青睐
结伴方式	以和亲友、同事结伴为主，独自出行、跟团出行及与网友结伴的人较少
出游偏好	以休闲度假类最受青睐，生态环境类、探险拓展类、农业观光类、娱乐项目类和会议会展类等项目也具有一定的市场份额

二　京郊休闲产业的发展现状及特征

近年来，京郊依托丰富的自然和人文资源，已初步构筑"近郊 - 远郊平原 - 远郊丘陵 - 远郊山区"地域特色鲜明的休闲空间体系，形成了包括乡村民俗、观光休闲农业、会议会展、温泉养生和度假休闲等在内的多元化的休闲业态。其中，乡村民俗旅游仍是京郊休闲的主体。截至 2010 年底，北京市已开辟 33 条京郊旅游与农业休闲沟域（带、区），开展了 97 个乡村民俗旅游村的专项规划，共有观光休闲农业园 1300 个，其中，市级观光园 95 个，市级民俗旅游村 207 个，市级民俗旅游户 9970 户；共接待游客 3328.5 万人次，同比增长 11.3%；实现收入 25.2 亿元，同比增长 18.3%。

（一）多元化：从"民俗旅游"到"京郊休闲"

在相当长的时间段内，民俗旅游几乎成为京郊休闲的代名词。而这个起源于 20 世纪 90 年代初的休闲业态，最初也主要是以农户自主、自发经营为主，分布较为分散，规模较小、档次较低，休闲形式也较为单一，主要是郊区农村观光和农家乐。此后，随着参与乡村旅游的人数不断增多，其发展引起了北京市政府的重视与支持。自 2003 年起，北京市相继制定和实施了《北京市"十一五"时期乡村旅游发展规划》、"一区（县）一色，一沟（村）一品"乡村旅游规划，以及《关于加快推进京郊旅游发展的指导意见》等政策、规划，使得京郊休闲产业逐步转型升级，并逐步形成了乡村旅游、都市观光休闲农业和度假休闲等多元并存的休闲业态体系（见表 2），改变了以往民俗旅游一枝独秀的局面。而乡村民俗旅游也在政府引导、专家支招和自身探索中，逐步形成了包括乡村酒店、休闲农庄、养生山吧、民族风苑、生态渔村、采摘篱苑、国际驿站和山水人家在内的 8 种乡村旅游新业态，并制定了相应的业态标准。

表2　京郊休闲的业态分类

业态	类型
乡村民俗旅游	乡村酒店、休闲农庄、养生山吧、民族风苑、生态渔村、采摘篱苑、国际驿站、山水人家等
观光休闲农业	观光农园、采摘农园、垂钓渔场、畜牧观赏狩猎、生态科技观光
度假休闲	以温泉、生态农业为主题，并具备康体健身、养生、会议会展等功能的度假村

（二）层次化：从"大众化"到"分层化"

在京郊休闲产业发展的早期，由于缺乏相应的规范和标准，且进入门槛比较低，乡村旅游的主要形式就是"农家乐"，甚至在一段时期内出现了"农家乐"遍地开花的局面。起初，这种产品档次低、规模小，相应的消费也低，正好迎合了大多数中低收入阶层"大众化"的休闲消费诉求，但也导致一些收入较高的旅游者的"高端化、精细化"休闲需求无法满足，出现了有钱没处花的现象。随着居民收入水平的普遍提高，以及人们对休闲环境和服务质量要求的逐步提升，以往大排档式的休闲产品已越来越无法满足消费者的需要，而一些新兴的、有特色的休闲产品，虽然价格高昂但也不乏拥趸者。

为了顺应消费者休闲需求的这一转变，京郊加大了高端化休闲产品和项目的建设力度，形成了包括不同档次，能够满足各消费阶层的休闲产品体系。其中，高档酒店、高尔夫球场、骑马场等休闲项目主要走"高端路线"，将目标受众锁定在高端消费者和商务会奖群体；乡村旅游和农家乐保持低端风格，主打"大众牌"，推出了采摘、垂钓、畜牧观赏等多种特色项目，以浓郁的体验特色吸引以散客形式出游的市民；而近年不断出现的度假村则稳坐中端定位，以商务、休闲相结合为自身特色，以开发温泉、康体健身、养生等项目为亮点。事实上，随着居民收入水平的提高、消费理念的转变，各行业标准和规范的不断提升，以及营销手段、产品和项目策划的不断创新，高端与低端之间的界限已经不再那么明显，一些传统的所谓"低端"休闲项目，如农家乐已经开始出现少量的"高端、精品"。比如平谷区金海湖镇海子民俗旅游村的"紫藤花开山村度假小屋",由于装修装饰都经过了精心的设计,且设有建在树上的特色"树屋",虽然食宿价格较之周边的普通农家院贵几倍,但是生意非常好。而以往所谓的"高端"休闲项目,如滑雪,由于推出了多种档次和收费方式,以及各种网上团购、"三·八节"女士滑雪免费等促销活动,也深受大众消费者欢迎。

(三)融合化:从"分散"到"整合"

京郊的产业门类相对齐全。除了以民俗村、采摘园为代表的农业资源外,还有高新技术企业、科研院所等为代表的科教资源,以通州宋庄艺术区为代表的文化创意资源等。以往,这些资源各不相干,分散在京郊大地的各个片区和角落,随着需求推动,逐步形成了与旅游休闲业融合发展的格局。各区县开始逐渐整合京郊的各种产业类型和资源,推出一些休闲产业与相关产业深度融合的休闲产品和项目。比如延庆县2011年七条重点沟域建设项目之一"四季花海",就构建了花卉种植与加工、旅游景观和民俗旅游相融合的产业链条;房山区波龙堡酒庄在原有葡萄种植及葡萄酒酿造的基础上,开发了葡萄酒主题旅游、专业葡萄酒品鉴、休闲度假三大功能,形成了一、二、三次产业融合发展的新模式。

(四)智慧化:从"京郊制造"到"京郊智造"

智慧化是信息新技术(包括物联网技术、云计算技术、智慧终端技术、大数据技术等)的集成应用。休闲产业与智慧技术相结合,将大大提高资源配置效率和产业素质,实现产业发展的高端化。北京市是国家确定的智慧旅游建设试点城市,而京郊休闲作为北京市旅游业未来发展的重点,在智慧化建设方面也大有作为。2012年北京市旅游委发布了《北京智慧旅游行动计划纲要(2012~2015)》和包括"智慧旅游乡村"在内的4个建设规范。其中,《北京智慧旅游乡村建设规范(试行)》设计了详细的评分细则,从民俗旅游村网站、民俗旅游接待户建设、无线网络、智慧应用、自主创新5个方面进行了详细的内容指导和量化规范。相关纲要和规范的制定,进一步推动了京郊休闲产业的智慧化发展。各区县在这方面也已经做出积极的努力。例如，2012 年 3 月，大兴区启动了涵盖区内主要旅游咨询站、采摘园、民俗村等 100 多家服务机构的 4001678809 统一语音门户热线和 1065016 统一短信门户旅游宣传服务平台，开启了"无线旅游"的新模式，并很好地吸引了市民通过这两个平台来咨询大兴旅游信息。

三　京郊休闲产业发展存在的问题

（一）休闲产品供给的结构性短缺

在京郊休闲产品供给过程中，尽管有所改善，但仍存在很大的结构性短缺问题，主要表现在以下几个方面。

1. 大众化产品较多，高端休闲产品供给较少

就休闲产品供给整体结构而言，乡村民俗类等大众化的休闲产品供给相对较多，但其发展尚处在初级阶段，产品品位、质量和档次偏低，服务、卫生、安全等问题较为突出，尚不能满足中等偏上收入都市居民的休闲度假需求；受旅游用地供给的限制，度假村、滑雪场、骑马场等中高端休闲产品的供给有限，而这些场所本身占地面积就较大，加上许多休闲场所都不同程度地存在土地浪费的现象，更加剧了这些类型休闲产品的短缺现象。

2. 特色化、差异化的产品较少，同质化、低档次的重复建设较多

由于缺乏整体规划等原因，各区县休闲产品从内容、名称到营销都大致雷同，以乡村民俗类休闲产品更为严重；京郊休闲城市化的倾向，使得乡村所具有的朴素和本真感大大减弱，出现"千村一面"的现象。与京郊毗邻的一些地区如河北省、天津市，以及山东省、内蒙古自治区等相比，京郊在生态休闲类产品上并不具有比较优势，甚至在海洋旅游和草原旅游等生态休闲产品方面出现了空缺，而随着这些地区纷纷加大对休闲产业的投入力度，并把目标市场定位在北京，使得京郊本来就不具有比较优势的生态休闲类产品更加缺乏吸引力。

3. 近郊和远郊休闲冷热不均

节假日期间，居民集中休闲，近郊和远郊休闲目的地经常出现"冰火两重天"的现象，即区位和交通条件较好、可进入性较强、配套服务相对完善的近郊休闲目的地常常人满为患，游客接待量严重超出景区承载力；而区位和交通条件相对较差，配套设施和服务也不完善的一些远郊休闲目的地则鲜有人问津。这也从一个侧面反映了京郊休闲产品供给的结构性短缺问题。

（二）休闲便利程度有待提高

京郊公共服务体系不完善，这在10个远郊区县中表现得更为明显。

1. 休闲交通体系建设非常薄弱

当游客乘坐公共交通工具到达郊区县之后，普遍缺乏进入景区的便捷途径，景区之间的连通性较差。郊区县出租车缺乏，黑车横行，宰客、欺诈现象经常发生，游客抱怨较多。

2. 配套服务设施供给不足

主要表现在旅游标识体系不完善，许多游览节点无法找到多语种导向牌、导游图等；现有的旅游咨询服务中心和休闲集散中心与景区之间缺乏快速交通连接；一些热点旅游景区，停车位供给不足，造成游客高峰时期私家车与游客共同挤占旅游通道；景区旅游厕所星级化和生态化的普及率比较低，厕所环境差、女性厕位不足、标识不明显，造成游客找厕难、如厕难；面向老人和残障人士的旅游无障碍设施配备严重不足等。

3. 信息服务和应急救援服务体系不完善

目前，京郊休闲信息发布平台以旅游咨询中心、旅游集散中心、旅游政务网站等信息服务平台为主。这些平台都属于公益性平台，由于宣传推广经费有限，访问量和排名仍未达到预期的目标，影响了京郊各区县休闲信息的发布和传播功效，这也是导致京郊休闲产品出现障碍性短缺的主要原因。此外，这些信息平台的电子商务功能也还未完善，还无法真正实现在线预订和在线支付，配套的休闲服务功能也有待于进一步完善。

另外，近年来，随着越来越多的散客、背包客和"驴友"等喜欢自助到京郊进行徒步、登山或探险活动，野外应急救援服务就显得非常重要。然而，京郊应急救援技术装备和队伍专业化程度还远不能满足处置各种旅游事故的需要，应急救援装备普遍存在数量不足、技术落后和低层次重复建设等问题，专业化的旅游救援队伍也非常缺乏。

（三）存在资源与环境保护问题

生态环境质量是京郊休闲赖以生存的基础。近年来，随着京郊工业化的快速发展，整个京郊的生态大环境质量也大不如前，一些二次污染物（如臭氧、PM2.5）指标超标，水体污染严重。而景区、民俗村、度假村等场所的小环境也随着游客的增多，固体垃圾、污水等污染日益加重。特别是在"十一"黄金周期间，超负荷的接待更是加大了污染的程度。

四 京郊休闲产业发展的对策建议

（一）通过特色化、差异化等措施提升低端档次，增加高端供给

1. 坚持本色、突出特色，提升低端产品的档次

市区居民选择京郊休闲动机各有不同，但总的来说，追求返璞归真、亲近大自然、体验乡村民风民俗是大多数人的共同选择。在京郊休闲产品开发过程中，要坚持原汁原味的城郊本色，突出田园特色，强调京郊的天然、淳朴，强调闲情和野趣，避免城市化倾向。同时，在坚持本色的基础上，要立足"同中求异"，各区域根据自身的资源特征，深入挖掘当地休闲资源的文化内涵，并按照不同层次消费者的需求，进行市场细分和定位，有针对性地设计休闲产品和项目，打造特色化的区域产品，并形成各自的特色品牌，各有侧重，优势互补，避免雷同和重复建设。

此外，还要对京郊休闲产业，尤其是乡村民俗旅游进行规范管理，通过制定和执行相关的标准对民俗旅游产品和服务进行规范，提升其档次。

2. 通过集约化、复合化用地增加中高端休闲产品供应

随着北京城市化进程的不断加快，以及地价的不断攀升，京郊休闲度假旅游用地供给有限，未来甚至会出现紧缩①。这将成为度假村、滑雪等休闲产品发展的瓶颈。未来京郊耕地转换为旅游用地，特别是休闲度假用地的可能性较小，因此，应加强对现有及新增度假村、高尔夫球场和滑雪场等建设的用地规范，节约用地，提高土地的使用效率。要在保护性开发、利用生态资源的基础上，通过法规、政策及标准等，使度假村、滑雪场等旅游用地与风景名胜区、自然保护区和森林公园，以及水利设施和河流湖泊用地等实现有机结合与融合，通过集约化、复合化用地增加中高端休闲产品供应。

3. 加强与周边区域的联合，实现优势互补

随着京津冀一体化进程的不断加快，京郊要加强与周边区域的联合。首先，全面整合相邻区域、环北京游憩带的特色休闲资源，根据各区域之间资源的同质性和异质性的划分，采取"互补性"或"协调性"的产品整合方式，联合开发专项休闲产品，弥补各自在不同类型休闲资源上的短缺，发挥优势和特长，从而产生"1 + 1 > 2"的效应；其次，整合大区域内的休闲线路，将"热点"和"冷温点"合理搭配起来，充分发挥"热点"的辐射作用和"冷温点"的分流作用；最后，要发挥现有的连通周边区域的高速公路的作用，通过开通到周边省市主要景区的集散巴士，以及与周边省市现有的集散中心实现对接等方式，实现区域休闲交通的无障碍性。

（二）保障休闲需求在不同时段和景区平缓释放

1. 尽快落实带薪休假制度

居民休假时间过于集中，是造成节假日期间居民休闲需求井喷的主要原因，再加上远郊与近郊的休闲景区在区位、交通和服务配套设施等方面的差距，势必造成近郊和远郊景区的冷热不均现象。解决这一问题的关键在于国

---

① 北京城市总体规划（2004～2020）提出了建设生态城市的目标，2020年全市森林覆盖率要达到38%，耕地保有量要达到24万公顷。而根据《2012年北京统计年鉴》，目前两项指标分别为37%和23万公顷。

家要尽快完善休假制度，落实带薪休假，让居民根据情况相对自由地自行决定休假时间，从而让休闲需求能够在全年的各个时段平缓释放，避免需求过于集中而造成拥堵、休闲体验下降，以及景区由于超负荷接待而造成生态环境恶化现象。

2. 完善休闲相关供给

首先，远郊区县要加快基础设施建设，改善交通条件，提高景区的可进入性，并提高景区自身的接待能力，让游客不仅能进得去，而且能散得开、玩得好；其次，旅游委（局）要协调交通局、气象局，以及景区、旅游企业等相关单位在节假日期间要做好预警，避免游客无序、盲目地蜂拥至热点景区；最后，冷门景区还可以通过发放优惠券、促销等营销方式，推出富有吸引力的活动等，吸引并分流游客，避免需求过于集中在热点地区。

（三）优化公共服务体系，提高休闲便利度

1. 加强休闲交通体系建设，提高休闲场所的可进入性

要依托高速公路、主干道和县乡村道等公路网络，沟通京郊的主要景区、民俗村、度假地等休闲节点、旅游集散中心，以及火车站、飞机场等交通中转枢纽，形成"环形加放射"的网状休闲通道系统，使休闲通道达到较高的通行速度，实现"快行"与"慢游"的结合。通过将城市公交线路与景区串接，在重要交通枢纽开辟或设置与景区衔接的专线站点等方式，将旅游交通与城市公共交通系统有效衔接。结合京郊铁路线网的建设，完善铁路端点、枢纽点的游客集散功能和配套服务。加强对郊区县非法运营车辆的监管，严厉打击黑车司机宰客、欺骗现象。

2. 加强休闲信息化建设

首先，各郊区县旅游委（局）协调相关部门，重点解决和完善各休闲景点、旅游支线公路、游客服务中心、火车站、汽车站、机场和停车场等节点的旅游标识系统，并在主要休闲景点、宾馆等场所放置休闲指南、购物指南等宣传资料。其次，要加大信息建设的投入，重点要加强郊县休闲旅游电子政务系统、目的地营销系统和休闲资讯网站的建设，充分利用相关平台提

供更加丰富的服务项目，并注重与游客的互动，利用他们的反馈信息改善服务。

3. 加强休闲应急救援建设，给予游客以安全保障

在安全预警方面，要加强地理信息系统（GIS）、全球定位系统（GPS）、卫星遥感系统（RS）等先进技术应用，及时捕捉相关信息，进一步完善休闲安全风险监测评估、安全信息披露、安全预警发布、突发事件的信息报告和备案制度。

在应急救援方面，第一，要构建政府牵头的休闲救援指挥中心；第二，在发挥政府的主导作用的同时，充分利用社会救援机构，形成政府与民间商业救援组织联动的社会应急救援管理体系；第三，休闲旅游企业尤其是景区应根据游客特点和本企业的实际情况，制定出各项安全标准和安全保卫岗位职责，加强事故发生后的应急救援能力和快速救援队伍建设；第四，对游客进行休闲旅游安全培训和教育。

（四）加强环境保护力度

党的十八大报告提出要"推进绿色发展、循环发展、低碳发展"，建设"美丽中国"。京郊休闲产业发展要按照党的十八大提出的要求，从政府、企业和游客三个方面，加大环保力度，走绿色、低碳发展道路。

在政府方面，政府部门要制定完善的低碳休闲旅游发展目标，并以此来引导休闲企业、景区和游客；要支持和鼓励休闲企业设计和推广低碳产品，并给予适当补贴；通过广泛的宣传教育，改变企业传统的发展观和游客传统的出行观，鼓励企业进行绿色、低碳生产，鼓励游客绿色出行和消费。在企业方面，广大企业要积极引进节能减排技术，降低碳消耗和碳排放，积极发展循环经济；严格执行休闲旅游项目环境影响评价制度；采用智能化的发展方式，提高运行效率；加大宣传力度，提高游客对企业所使用的低碳环保设施和措施的认知。在游客方面，出行时要多采用绿色出行方式；旅途中自带必备生活物品，选择最简约的低碳休闲方式；合理安排路线，途中回收废弃物，尽量减少在景区等地留下碳足迹等。

参考文献

［1］ 王建峰：《城市化："十二五"发展主动力》，《中国社会科学报》2011 年第 3 期。

［2］ 北京市统计局、国家统计局北京调查总队：《北京市居民时间利用情况调查报告》，北京统计信息网，http：//www. bjstats. gov. cn/sjjd/ztfx/200903/t20090319_ 140320. htm，2009 年 03 月 19 日。

［3］ 北京绿维创景规划设计院：《北京郊区休闲度假市场调查》。

［4］ 刘兵慧、魏政等：《城市郊区休闲旅游的机遇与挑战——以太原市为例分析》，《管理世界》2009 年第 1 期。

［5］ 王兵、罗振鹏等：《对北京郊区乡村旅游发展现状的调查研究》，《旅游学刊》2006 年第 10 期。

［6］ 董恒年、张妙弟等：《北京郊区休闲度假旅游用地现状及未来趋势研究》，《旅游学刊》2007 年第 4 期。

［7］ 范子文：《京郊休闲农业提档升级的路径选择》，《北京农业职业学院学报》2011 年第 4 期。

发展澳门成为旅居共享的
世界旅游休闲中心

唐继宗*

摘　要：　吸引外来旅客访澳的主要吸引物不大可能是当地居民的小区休闲设施。然而，由于澳门仅有 30.3 平方公里的陆地面积，游客如因其他主要吸引物或主要动机进入澳门进行各类旅游活动，难免会与澳门当地居民共享或竞争休闲空间。当社会经济发展进入较成熟的阶段时，居民对休闲的关注度将有所提高，若是为了进一步满足游客需求投入资源，而减少用于当地居民生活的休闲活动投入，将会引发更多矛盾。因此，在开发多元旅游产品、建设世界旅游休闲中心的过程中，决策部门须关注到旅游资源与休闲资源存在的竞争性。

关键词：　澳门　旅游　休闲　世界旅游休闲中心

　　2011 年中国发布《国民经济和社会发展第十二个五年规划纲要》，其中的第五十七章第一节关于澳门的部分提出"支持澳门建设世界旅游休闲中心，加快建设中国与葡语国家商贸合作服务平台"。那么一个天然资源匮乏，陆地面积仅 30.3 平方公里，人口密度为平均每平方公里 2.05 万人[①]的

---

　*　唐继宗，博士，中国社会科学院旅游研究中心国际交流部部长，香港中文大学亚太航空政策研究中心成员。主要研究方向为产业发展、区域经济等。
　①　澳门特区政府统计暨普查局 2015 年 4 月 27 日公布数据。

狭小地区是否具备足够条件发展"休闲"服务？这个议题一直备受澳门各界关注。中国的旅游和休闲正越来越紧密交融，也不可避免地将遇到越来越多的冲突问题，研究澳门旅居共享的独特休闲模式，因此具有很强的借鉴意义。

一 澳门居民的休闲空间与休闲活动

澳门在狭小的空间面积内融入了非常丰富的休闲空间和活动，涵盖了历史城区、博物馆、图书馆、公园、康体场地、海滩、泳池、球场、步行径及单车径、活动中心、展览表演场馆、露天广场、体育馆、庙宇、教堂、博彩场所、餐厅、商铺、电影院、会展与休闲活动场所、节事活动等，这些空间和设施是居民和游客共享的，旅居共享的城市休闲空间成为了澳门休闲发展的主要特征。

作为微型经济体，大量游客的涌入将无可避免地与澳门当地居民共享或竞争休闲空间，当那些原先主要服务对象为当地居民的休闲空间因大量游客使用而受到较大程度的干扰时，难免会引起两者之间的矛盾。要建立和谐的旅居关系，一方面要平衡好澳门居民休闲与游客旅游两者之间的需求，加强对游客的管理；另一方面当地社会也要清楚认识到，澳门大量现有的休闲空间或盛事，是由旅游需求推动形成的，如缺乏大量的入境游客消费支持，无论是政府还是投资商，都不太可能长久地支撑相关业态，那么可供澳门居民休闲的选项就不可能如今天这么丰富了。

（一）由政府及各类组织供应的公共休闲空间

具体包括：（1）澳门历史城区。澳门历史城区是一片以澳门旧城区为核心的历史街区，其间以相邻的广场和街道连接而成，包括妈阁庙前地等20多处历史建筑。（2）博物馆。澳门特区土地面积虽然狭小，城内却设置了不少主题相异的博物馆为居民提供休闲服务，且大多收费便宜或免费入场。（3）图书馆。除供应读物为提供居民阅读休闲活动外，特区政府设立的图书馆总馆和分馆定期举办各项阅读推广活动、展览、讲座等，对象遍及儿童、青少年、成年人及长者。当地在各区设立了图书馆服务居民，并设有流动图书馆。（4）公园。澳门拥有白鸽巢公园、凼仔市政公园、路环山顶公园以及黑沙水库郊野公园等20多个公园。（5）康体场地。包括黑沙水库水上乐园、黑沙海滩度假屋、黑沙海滩露营场地、九澳水库户外体验营、金像农场和黑沙公园设施等。（6）海滩。全澳门共有两个海滩，黑沙海滩及竹湾海滩分别位处路环岛东面及南端。（7）泳池。包括新花园泳池、孙中山泳池、嘉模泳池、竹湾泳池、黑沙泳池和凼仔中央公园泳池。（8）球场。包括何贤绅士大马路自由波地①等近20个。（9）步行径及单车径。包括望厦山健康径、松山健康径、莲花单车径以及凼仔海滨休憩区等。（10）活动中心。例如营地活动中心、二龙喉环境信息中心和筷子基活动中心等。（11）展览表演场馆。涉及民政总署大楼、澳门回归贺礼陈列馆、澳门综艺馆、澳门文化中心、中华民族雕塑园与嘉模会堂等。（12）露天广场。例如友谊广场、西湾湖广场和运动场圆形地等十多个广场。（13）体育馆。包括望厦体育馆（重建中）、澳门东亚运动会体育馆、国际射击中心、网球学校、保龄球中心、竹湾水上活动中心和路环小型赛车场等20多个。（14）庙宇。包括妈阁庙、观音堂、莲峯庙、莲溪庙、菩提禅院、谭公庙等。（15）天主教教堂。包括堂区六个，三个准堂区。（16）基督教会及设施等。

（二）由市场供应的以消费活动为目的的休闲空间

包括：（1）娱乐综合体及大型购物商场。如澳门壹号广场、永利名店街、威尼斯人购物中心、澳门渔人码头、澳门旅游塔等。（2）博彩娱乐场所。澳门共有35个博彩娱乐场，22个角子机场，还有赛马场及赛狗场各一个②。（3）餐厅及各类食店。当地有营运的饮食业场所及摊档达1918间，增加240间，其中饮食店铺为1843间，街市熟食档75个③。（4）零售及摊

---

① 广东话的"波地"即是"球场"。
② 澳门博彩协调局最新公布2015年首季数据。
③ 澳门统计暨普查局最新公布的2013年数据。

档。有营运的批发及零售店铺（11601 间）、街市摊档（744 个）及固定街档（927 个）合共 13272 间①。（5）电影院。澳门有 5 家电影院共提供 3682个座位②。此外，当地市场也设有为数不少的卡拉 OK 及酒吧等休闲空间供居民休闲消费活动。

（三）澳门的 M. I. C. E. 与休闲活动

M. I. C. E. 是指会议（Meeting）、奖励旅游（Incentive Tour）、大型企业会议（Conference）、展览（Exhibition）及盛事（Event）。一般而言，M. I. C. E. 常被城市利用为吸引外来旅客，尤其是用来开发商务旅游市场的发展策略，但同时也可为当地居民的休闲活动提供更多选项③。据澳门统计暨普查局统计数据显示，2015 年首季当地举办了 190 场会议，共 19152 人次参加。同期举行了 10 场展览，入场观众共有 230028 人次。

以上的统计数据没有细分参加者的常居地特征，不可知当中的当地居民及外来旅客的比例，也未纳入以上统计，由当地约 6400 个社团举办的会务发展会议和相关活动却是澳门当地居民日常较普遍参与的休闲活动。

（四）节事活动

澳门拥有独特的节庆文化，既有农历新年、土地诞、端午节等中国传统节庆，还有复活节、花地玛圣像巡游、圣诞节等西方节日。除节庆外，澳门每年都举办多项大型的国际盛事以满足当地居民的休闲和外来游客旅游的需求，包括：新春花车巡游汇演、澳门艺术节、澳门国际龙舟赛、澳门荷花节、澳门国际烟花比赛汇演、澳门国际音乐节、澳门美食节、澳门格兰披治大赛车和澳门国际马拉松赛等。

---

① 澳门统计暨普查局最新公布的 2013 年数据。
② 澳门统计暨普查局最新公布的 2013 年数据。
③ M. I. C. E. 当中的奖励旅游的主要服务对象为外来旅客，其余的皆可供当地居民参与。

二 澳门建设世界旅游休闲中心的
有关政策建议

澳门建设世界旅游休闲中心，目的是要调整经济结构，平衡居民收入分配。休闲活动的吸引力具有主观性及动态的特征，且并不一定需要很大的空间面积。经过以上盘点笔者发现，澳门的休闲空间及休闲活动类别十分丰富。笔者尝试基于澳门当地的条件，对建设世界旅游休闲中心有关休闲的规划发展，提出五点政策建议。

（一）平衡好澳门居民休闲与游客旅游两者之间的需求

在开发多元旅游产品、建设世界旅游休闲中心的过程中，须关注到旅游资源与休闲资源存在某种程度的竞争性，特别是在一个土地面积十分有限的城市尤为凸显。当社会经济发展进入较成熟的阶段，居民对休闲的关注度将有所提高，若是为了进一步满足游客需求投入资源，而减少用于当地居民生活的休闲活动投入，这将无可避免地引发更多的矛盾。

经济发展成果是以社会净福利（Social Net Welfare）水平的高低来衡量。如果经济发展是建立在牺牲环境或当地居民日常生活品质的基础上，则此类发展模式定不能持续。但是，历史经验证明，没有任何经济活动是不需要付出任何成本的。因此，在选择经济发展模式或路径时，要从可持续的方向推进，严格控制要素投入成本和负的外部性的影响。

（二）增加具有公共品属性又能成为旅客访澳主要吸引物的休闲服务

节庆及盛事多具有的公共品或准公共品的特征，在供消费的过程中具有非竞争性和/或非排他性。一项盛事可同时满足为数众多的居民及游客的休闲与旅游需求，此类吸引物较适合面积相对较小的地区开发利用。

笔者建议结合在当地分布于每年不同日期的丰富及具中西方传统文化特

色的节庆，深度开发相关的盛事，此举可鼓励居民尤其是年轻人积极参与此类休闲活动，增加对当地文化的认知与认同。同时，亦可达到旅游产品多元化，以及把入境游客数量分散以避免过度集中在少数几个访澳高峰期之目的。

（三）用好国家给予的明确澳门习惯水域管理政策，大力发展海上休闲与旅游服务

2014 年底，国务院正式批准启动明确澳门习惯水域管理范围相关工作，国家海洋局高度重视，并于 2015 年 3 月专门组织成立了明确澳门习惯水域管理范围工作小组，制订了相关技术方案，在国务院有关部门和粤澳双方的积极配合和共同努力下，各项工作进展顺利。

2015 年 6 月 17 日，国家海洋局党组书记、局长王宏在京会见了澳门特别行政区行政长官崔世安一行。王宏指出，做好明确澳门习惯水域管理范围这项工作既要认真领会贯彻"一国两制"重要方针，又要细致考虑更好地促进粤澳双方共同发展，做到有利于特区政府依法施政，有利于推动澳门适度多元发展，有利于统筹粤、澳两地合作共赢的大局。他希望澳门特别行政区政府与国家海洋局共同推动完成好明确澳门习惯水域管理范围工作，并继续在海洋经济发展和"一带一路"建设方面加强沟通合作，推动粤、澳两地的长期繁荣与发展。

笔者建议澳门要把握契机做好规划，把澳门居民的休闲空间由传统的以陆地为主，有效延伸至海上。同时，可开发更多具有吸引力的水上活动和海上旅游产品，以助澳门世界旅游休闲中心的建设。

（四）做好城市规划，较好地划分居民生活区与游客旅游区功能

为尽量降低入境旅游活动和居民日常休闲活动与生活的互相干扰，建议做好城市规划，较好地划分居民生活区与游客旅游区功能。此举更可缓解居民生活区物价水平紧随旅游区上升幅度的压力。

在微型城市要划分好居民生活区与游客旅游区确实会存有一定的条件局

限，然而，随着填海造地，新城区土地面积增加，应有助改善功能划分的条件局限。

（五）区域合作发展休闲与旅游

国际货物及服务贸易，在过去的数十年经历了全球市场一体化又同时区域化的双轨演进道路。全球市场一体化势头在世界贸易组织（WTO）于1995年成立时达到了顶峰。随后因为各种政治或经济因素，各类区域性的经贸合作协议就如同雨后春笋般相继涌现。根据世界贸易组织的统计数据显示，目前经各成员通报并实施的区域合作协议就超过了200个。

随着粤澳跨界基建不断完善，横琴实施24小时通关，港珠澳大桥在未来几年内投入使用，珠江三角洲生活圈的目标正逐步推进。笔者建议珠三角各城市，尤其是港、珠、深、澳四地的休闲与旅游服务从各自的价值链尽快整合成为区域性的价值系统。同时，各地政府要共同推进通关便利化措施。今后澳门居民的休闲空间可有效延伸至邻近区域，并为该地区旅游产业针对中长线客源市场所需开发的旅游产品创造更多条件。

2014年底，习近平主席在出席庆祝澳门回归祖国十五周年大会暨澳门特别行政区第四届政府就职典礼时，提出四点希望，其中第二点提出"继续统筹谋划，积极推动澳门走经济适度多元可持续发展道路"。经过多年的双位数增长，澳门经济步入了调整期。加快经济结构适度多元发展，是澳门稳定和健康发展的客观要求，也是社会各界共同的期盼。在中央政府支持下，澳门积极构建为世界旅游休闲中心及中国与葡语国家的商贸服务平台，构建旅居共享的世界旅游休闲中心，需要实质性的落地探讨，也具有非常重要的现实意义。

中国户外运动休闲的发展：
以绿野为例

吴金梅 *

摘　要： 中国的户外运动休闲经历了 20 多年的快速发展，已经成为中国百姓休闲活动的重要组成部分。户外运动参与人数的快速增长、运动项目不断扩展、专业化水平持续提高、相关产品日益丰富、各项服务逐步完善。与此同时，户外运动的风险防控、救援体系的建设、公共服务水平的提升以及相关专业化服务及产品的提供，都是亟待解决的问题。

关键词： 户外运动　休闲　绿野

　　随着人们生活水平的提高、闲暇时间的增多、健康意识的提升，越来越多的人开始喜爱并参加户外运动。当前，户外运动已经成为人们休闲活动的重要组成部分。本文以中国目前会员人数较多、影响较大的绿野户外网（www.lvye.cn 以下简称"绿野"）① 为例，透视中国户外运动发展的轨迹和趋势。

---

* 吴金梅，博士、高级经济师、副研究员，中国社会科学院旅游研究中心副主任。感谢绿野网市场总监李健对本研究的支持与帮助。

① 绿野户外网是中国最早户外、自助游门户的网站之一，是全方位户外运动和旅行生活的服务平台。绿野成立于 1998 年，从简单的 BBS 发展成为内容丰富、功能强大的户外垂直网站，目前已是集户外综合信息、活动管理、领队培训管理、绿野保险、自游通支付、绿野户二代、绿野商城等板块于一体的综合户外门户网站。作为中国第一家户外垂直网站，注册用户已超过 140 万，驴友遍布全国各地。

一 户外运动休闲：界定与分类

户外运动最早兴起于欧美国家，其英文是"Outdoor Recreation"。美国户外运动资源评估委员会在1962年报告中将户外运动定义为，"在户外进行的游憩活动"①。户外运动一般是指在自然场地举行的体育休闲活动，包括登山、攀岩、悬崖速降、野外露营、野炊、定向运动、溪流、探险等项目。户外休闲运动多数带有探险性，属于极限和亚极限运动，有很大的挑战性和刺激性，拥抱自然，挑战自我。国家登山运动管理中心对户外运动的定义是，"户外运动是一组以自然环境为场地（非专用场地）的带有探险性质或体验探险的体育项目群"。主要场地包括陆地、水上、空中三大类。这个定义不仅体现了户外运动的特点，同时也涵盖了其基本属性。

从户外运动的场地、活动形式等特点来分，户外运动主要分为六个大的类别。② 一是水面运动及航海类，水上运动进一步细分为潜水类、游泳类和航海类。其中潜水类包括潜泳、水下定向、水下摄影等；游泳类包括游泳、跳水、水球、漂流等；航海类包括冲浪、滑水、风帆、舢舨、帆船、游艇、摩托艇、水上摩托、海上漂流等。二是陆地运动，陆地运动可分为徒步类和单车类。其中徒步类包括散步、行军、跑步、定向越野、城市越野等；单车类包括公路车长途、山地车越野、小轮车机动、山地速降等。三是山地运动，山地运动分为登山类、速降类、攀爬类、探洞类。其中登山类包括徒步登山、山地穿越、攀爬登山、攀登雪山等；速降类包括滑雪、滑梯、滑草、岩降、溪降（车降、滑降）等；攀爬类包括攀岩、攀石、器械攀登等；探洞类包括天然洞穴、人工洞穴、水下溶洞等。四是野营和猎捕运动，包括野营露宿、打猎野炊、模拟野战、拓展训练、荒岛生存、钓鱼塘钓、海钓、烧烤烹调、摄影写生等。五是机动车船及航空运动，包括摩托类运动、汽

---

① Clayne R. Jensen and Steven Guthrie, *Outdoor Recreation in Amerrica*. 6th. The United States: Human Kinetics, 2005：11 – 13.

② 参考相关网站资料。

车类运动、滑行类运动、航空运动类运动。其中摩托类包括山地越野、公路竞赛等；汽车类包括赛车、越野、探险等；滑行类包括滑雪、滑冰、滑水、旱冰、滑板、蹦极、岩跳等；航空运动类包括跳伞、滑翔伞、动力伞、热气球、滑翔机、超轻型飞机等。六是娱乐休闲及军体运动，包括游戏娱乐类、球类、骑行类、通信类、射击类等。每一种户外运动的形式、活动特点、所需要的条件都不同。其共同特点是以自然环境为运动场地，有回归自然的特征；具有不同程度的挑战性；可以实现对身体和意志全面的锻炼。

休闲为户外运动提供了基础，户外运动为休闲提供了内容。本文所述的户外运动休闲是指以户外运动为内容的休闲活动。

休闲与户外运动有着不可分的联系，随着科技文化的发展和社会文明程度的不断提高，人们开始拥有更多的闲暇时间，同时也开始更加关注身心的健康。于是休闲与户外运动二者自然结合、辩证统一，"闲暇时间是户外运动的前提，户外运动成为休闲的内容和目的之一"。

二　国际户外运动休闲的发展演进

（一）户外运动的起源

最初的户外运动，如农耕、采药、狩猎、战争等，是人类为生存而进行的，是人类生存的手段。后来人们在劳作之余，开始在奔跑、投掷、攀爬等活动中展开竞技，并形成习俗，由此形成户外运动。

公认的最早的户外运动是登山。法国科学家德·索修尔为探索高山植物资源，1786年成功登上阿尔卑斯山顶峰，人们把这一年作为登山运动的诞生年，把阿尔卑斯山下的夏木尼镇作为登山运动的发源地，德·索修尔、巴尔玛等人则成为世界登山运动的创始人。

18世纪，一些传教士穿越山区传教，科学家走入山区进行自然生态的研究，一些有钱有闲的社会新阶层，为了追求新的刺激，也开始把登山当成另一种休闲方式。第二次世界大战前后，出于特种地形作战的需要，军队发展了户外技术，攀岩和野营逐渐有了雏形，而真正形成分类的体育项目还是在 20 世纪 70 年代以后。虽然这些项目的历史很短，但在后几十年中已经成为各个发达国家里很普及的运动了，野外露营更是欧美国家上至老人下至儿童都十分喜爱的活动。

（二）户外运动休闲的演进

"二战"后，更多的人热衷于在大自然中以各种运动方式度过自己的空闲时间，户外运动开始走出军事和求生范畴，成为人类娱乐、休闲和提升生活质量的一种新的生活方式。例如在美国，户外运动的参与人数和产值居所有体育运动的第三位，在欧洲，种类繁多的各式户外运动已经成为人们生活中不可缺少的一部分。在中国，随着人们休闲时间的不断增加，户外休闲活动也越来越成为人们休闲生活的重要组成部分。当前，各种越野探险挑战赛、各种形式的户外活动和比赛在全世界如火如荼地开展，各类户外运动休闲组织及团队引领着众多的户外运动爱好者，在闲暇时间开展着各式各样的户外运动。

三　中国户外休闲运动的发展：以绿野为例

中国户外运动的真正快速兴起，是在 20 世纪 90 年代，特别是 1995 年开始实行双休日制度之后。在此，笔者透过绿野这个微观案例来透视中国户外休闲运动的发展历程和特征。

（一）发展历程

1. 建立松散型组织

自 20 世纪 90 年代开始，户外运动渐成风尚，越来越多的户外运动爱好者开始尝试进行户外休闲运动，并以兴趣和活动分类形成了相应的组群。其中既有正式注册的社团组织，也有结构松散的"团"和"队"，借助互联网的发展，以网络平台为媒介的"群"逐渐成为汇集户外运动共同爱好者的园地，他们在此组织活动、交流信息、发表游记照片、结交朋友。1998 年 3 月，绿野户外网正式上线。这个阶段的特点是，参与户外休闲运动的人员快速增长，人们的活动主要集中在徒步、露营、登山等普及程度高、对设施要求少、专业性较低的运动。

2. 成立规范化企业运作

21 世纪最初的几年，随着户外运动人群的不断扩大和兴趣选择、活动参与的逐步稳定，以专业化的服务机构和服务方式满足户外运动休闲活动的需求，成为市场需求下的必然选择。2003 年 8 月，绿野视界信息技术有限公司组建，且获得"绿野""绿野仙踪"等系列注册商标。绿野的公司式运行体现了户外运动休闲专业化、规范化的发展方向。

3. 开始实行标准化运行

随着户外运动经历的增加，人们开始尝试更具有挑战性的活动，并对相应的服务有了更多的希望和要求。为此，绿野于 2004 年推出国内第一个户外活动强度标准（共分为五级）。基于这一标准，人们可以根据自身不同的情况选择进行不同强度的户外运动。同时，也对不同户外运动的组织及服务保障提出了相应的要求。现在，绿野的线路强度体系已被中国的各类户外网站和户外俱乐部所采用，户外爱好者可依据此标准，并根据自身的户外经验选择更加适合自己的强度和线路。

4. 救援、保险等服务不断完善

无论参与户外运动还是户外旅行，安全是最重要的基础。随着户外运动休闲的普及，由个人身体、天气、自然灾害等各类危险所引发的危及人身安全的案例不断发生，户外运动本身的风险性逐步被人们所认识。一方面，户外运动的参与人数快速增长、探险等高难度的参加人数逐年增加；另一方面，户外运动安全问题频发，引起了各方面的重视。为此，绿野于2007 年 5 月成立了国内第一个民间户外救援队，致力于普及户外知识，倡导户外安全和实施户外救援任务。民间户外救援组织的成立，标志着中国户外休闲运动的安全保障开始逐步完善。绿野在建立救援队"有险救援、无险培训减灾"的同时，与美亚、利宝、太阳联合等优质外资保险公司合作，在国内最早推出户外运动和自助旅行等系列多元化保险产品，包括户外保险、签证保险、留学保险和户外保险等各种意外险种。绿野保险可通过在线、电话、上门等各种快捷投保方式，也可通过遍及全国数百家的户外俱乐部、户外店和户外旅游网站进行投保；拥有专业的客户服务、可靠的安全保障、高效率的理赔服务，绿野保险为户外爱好者提供了户外活动、旅行的安全保障。

此外，户外运动过程中所遇到的风险，往往是常规保险的免责部分，为了解决这一问题，绿野于 2008 年 3 月获得保险兼业代理资格，并和美国 AIG 集团合作推出户外保险卡，用户只需要使用保险卡的激活码即可在网上投保，从根本上解决了户外旅行短期保险的投保难问题。

5. 网络技术的应用使户外运动的组织能力快速提升

2009 年 9 月，绿野和支付宝、易宝合作推出绿野自游通业务，用户可先旅行后付费，从而解决了户外运动的信用保障问题。2012 年，绿野并购当时国内最大户外线路分享网站——六只脚，互联网新媒体战略计划全面启动。六只脚网创立的宗旨是帮助出行者更好地记录和分享出行体验，更好地选择目的地和计划出行，致力于成为体验最好的中文 GPS 旅行社区。六只脚行程，采用"地图游记"方式，在地图上展现出行路线和带有位置的照片、声音、文字等，不仅可以像欣赏电影一样重现旅程，还可以恣意漫游于旅程之中，去欣赏每一处的风光，体会每一处的感动，六只脚已经收集网友创造上传的户外线路轨迹超过 30 万条。2012 年，绿野推出绿野活动、六只脚行踪、绿野滑雪达人手机应用（iOS & Android 版），组织会员活动更加便捷。2013 年，新版绿野活动平台上线，全面提升了组织能力和服务水平。

（二）现状与特点

1. 户外运动项目类别丰富

以绿野为例，可以看出，目前中国户外运动的项目类别已经较为丰富。绿野旗下网站六只脚的平台上包含了徒步、登山、自驾、观光、骑行等 16 大类户外运动项目，基本形成了对各类户外休闲运动的全面覆盖。

绿野拥有国内最大滑雪论坛，数万资深滑雪爱好者在论坛中交流技巧，沟通心得；绿野有着全国最多的滑雪活动，300 余家俱乐部在 2014 ~ 2015 年雪季共发布 2247 次滑雪活动，共有 86000 多人次参与到滑雪运动中。2004 ~ 2015 年，绿野组织了连续十一届绿野滑雪烧包大会，国内顶级滑雪发烧友汇聚著名雪场，进行大众回转比赛，男、女双板，男、女单板分组别竞赛。2013 ~ 2014 年雪季，绿野组织了针对青少年雪友的"绿野青少年滑雪联赛"，在广大滑雪爱好者中引起极佳反响，目前已经举办两届。

2. 参与人数快速增长

绿野的互动社区包括 9 大类、50 余个子板块，注册会员超过 4000 万，户外运动休闲的群体已经具备非常大的规模。从活动组织与参与人数来看，近几年呈快速几何式增长：2012 年活动参与人数 22 万人次，活动数 1 万个；2013 年活动参与人数 49 万人次，活动数 2 万个；2014 年活动参与人数 125 万人次，活动数 6 万个（见图 1）。

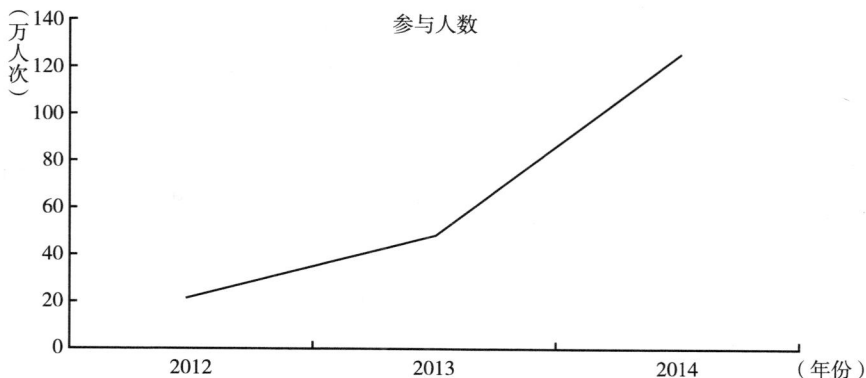

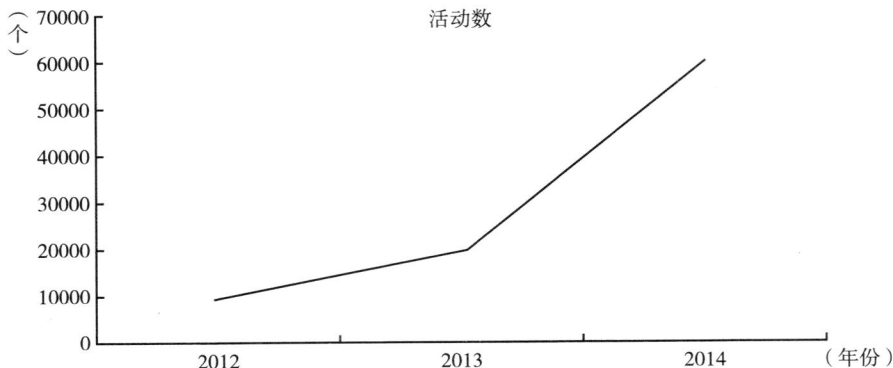

活动数

图1 2012～2014年绿野活动参与人数及活动数

数据来源：绿野网。

从2010年到2013年，绿野的日均在线人数从8000人增长到23000人，增长了近3倍，年均增长速度为71.9%，论坛日均发帖量从15000个增长到60000个，增长了4倍（见图2）。

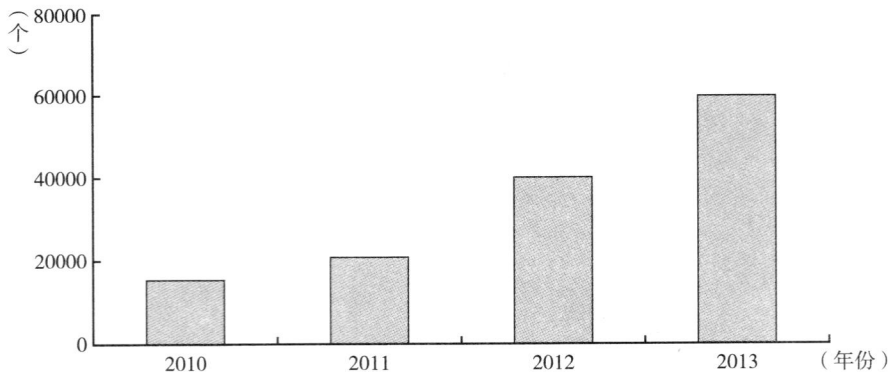

图2 2010～2013年绿野论坛日均发帖数量

数据来源：绿野网。

3. 各类户外运动休闲持续全年

从绿野活动平台数据可以看出，7～10月是户外运动的高峰期，同时我们也可以看到，在一年中的不同季节各类活动持续不断，户外运动成为全年的休闲活动（见图3）。

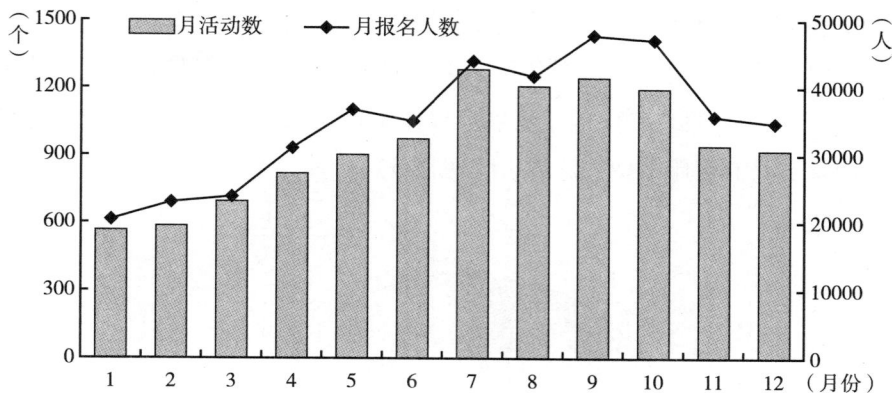

图3　2012年绿野活动平台数据统计

数据来源：绿野网。

4. 从事户外运动休闲的人遍布全国

从绿野会员的分布可以看到，会员最多的三个区域是北京（17%）、广东（15%）、四川（10%），其次依次为浙江、江苏、广西、山东、河北、陕西，另有31%的会员分布在全国范围的其他省市（见图4）。

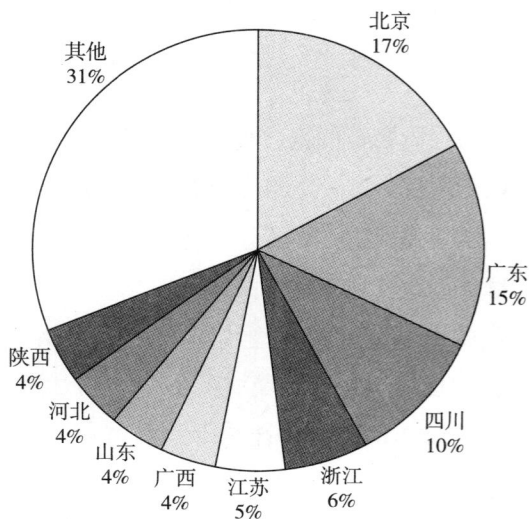

图4　绿野会员分布

资料来源：绿野网。

5. 参与户外休闲运动的人群文化素质相对较高

从绿野的会员结构可以看出，教育程度在大专以上的人群占总人数的67.26%。由此可见，在中国，从事户外休闲运动的主要群体是受到一定程度的教育、具有健康消费观念的人（见图5）。

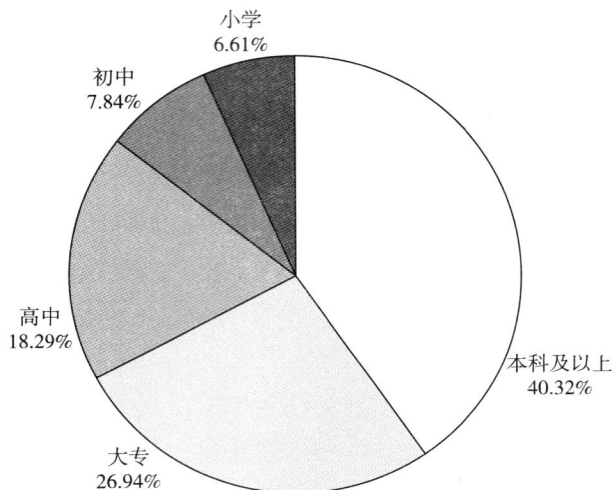

图5　绿野俱乐部会员学历特征

资料来源：绿野网。

比较互联网网民与绿野会员的教育程度，可以明显看到，户外网站的会员素质明显高于互联网网民。这一人群追求精神与物质的双重满足，对于新事物、新产品有极强的接受能力，也正是由于较高素质人群带来健康成熟的理念，使得户外的群体健康快速发展（见图6）。

从绿野的会员结构中可以看到一些共同的特征。第一，绿野会员往往是各种户外运动项目领域的引领者；第二，绿野会员注重生活品质，追求体验与感受；第三，绿野会员大多是社会中产精英，近半数拥有大专以上学历，企业高管及中层、私营企业主、国家公务员占多数；第四，绿野会员正值壮年，65%的会员介于30～49岁之间，是社会的中流砥柱；第五，绿野会员具有社会责任感；第六，绿野会员是周围人消费及旅游时的首选

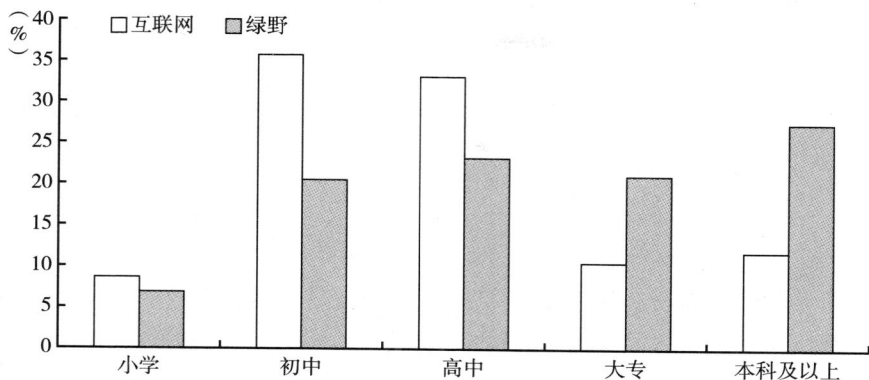

图6　互联网人群与绿野注册人群教育程度比较

资料来源：绿野网。

咨询对象。

6. 户外运动休闲组织形式多样

目前绿野网的户外活动组织形式有以下四种。一是网友相约，这是一种自由度最高的户外运动休闲的组织形式，以互联网为平台，通过网上发帖等形式，网友自行发起，自行组织，以共同的兴趣、爱好为基础而进行的户外运动休闲活动，如在绿野网上的自助云南、约伴西藏、相约雪乡等活动都是这种组织形式；二是 AA 自助，AA 自助专业领队是绿野最具特色的活动形式，户外运动的参与者以分摊自付的形式缴付费用，活动的参与者在具有丰富户外运动经验的领队的带领下参加户外运动，从绿野的组织与运行上来看，领队团队的素质培训与提升切实地降低了户外运动中的风险；三是俱乐部组织，即由俱乐部策划并组织相应的户外运动休闲活动，通过网络等形式向公众或针对会员进行招募，由领队带队，以团队为组织进行的户外运动，这种活动的形式类似于旅行社的组团出游；四是商业活动，即以商业活动为发起目的，由商业旅行社组织的户外运动，这种组织形式基本上是旅行社的运行模式。

四　中国户外运动休闲发展的方向及趋势

（一）普及化与专业化并行发展

从户外休闲运动的参与人数与运动项目数量来看，中国的户外运动休闲在未来几年仍会保持快速发展的势头。随着人们健康生活理念的不断提升，户外休闲设施和服务的完善以及假期的保障，户外休闲将成为大众化的休闲活动选择。与此同时，在先行进行户外活动的人群中，人们开始不断提升户外运动的专业化程度。

（二）专业组织成长迅速

随着户外休闲运动的发展，户外运动相关网站、俱乐部等组织的专业化程度不断提升，相关网站并购整合，功能板块创新开发，线上与线下活动相互融合，户外领队等专业培训的开展，不同类别户外活动的组织与线路开发等等，都将对户外运动者的入门、提升、保障起到良好的作用。

（三）相关产品不断丰富

户外运动的快速普及催生了人们对户外运动相关产品的需求，这种需求随着户外运动人群的扩大而不断增大，并且随着户外运动的专业水平的提升而不断升级。在这一过程中，一方面各类户外运动品牌经销商的营销活动和经营规模不断扩大，另一方面户外品牌与各户外运动组织开始相互联合。户外组织的装备测评推荐、户外品牌的最新装备体验、会员折扣特卖等都促进了户外产品的普及。

（四）安全问题值得关注

在户外运动普及的同时，风险防范仍是最大的问题。户外运动的特点、参与者自身的条件以及自然环境中的诸多不确定因素，都使得户外运动的风险远大于其他休闲活动。户外运动参加者的风险防范意识不强，运动装备设备不足，户外运动救护知识缺乏，救援保障机制不完善使得户外运动的安全问题格外突出。而这些问题的解决既需要政府的关注和投入，也需要户外运动相关民间组织的参与与支持，同时还需要户外运动参与者的个体提升风险意识和防范能力。

（五）户外运动公共服务体系亟待健全

户外运动休闲的快速发展提出了对户外运动公共服务体系的更高要求。一是对公众的教育，包括倡导安全、互助、环保观念树立风险意识；二是对组织者和参与者的培训，包括组织协调能力、野外生存技能、通联与定位、自救互救等能力的培训；三是救援体系的建设，主要目的是预防户外安全事件的发生，开展野外遇险的救援工作，其中既包括政府专业救援机构，也包括民间救援组织以及地方参与救援的人员；四是完善户外运动保障设施，包括救险呼叫、应急站点等；五是从天气预报、道路指引、地图、标志、户外运动风险提示等方面加强服务。

探索讨论篇

Theory and Discussion

生活方式的幸福建构功能

王雅林 *

摘　要： 当前"实现中国梦，创造全体人民幸福美好生活"已经成为中国社会的发展目标。实现这一目标需要创造良好的社会条件，同时也需要发挥生活方式的建构功能。生活方式的系统建构功能包括：作为价值导向的"意义系统"、作为生活资源的"配置系统"、作为主体行为的"调适系统"以及作为社会运行的"软动力系统"。在这"四大功能系统"的运行中，作为生活方式重要组成部分的休闲方式也将不断优化和提升。

关键词： 生活方式　建构功能　休闲　幸福生活

* 王雅林，哈尔滨工程大学人文学院教授，博士生导师，《哈尔滨工业大学学报》（社会科学版）主编，中国社会学会生活方式专业委员会会长。主要从事发展社会学、生活方式研究。

习近平总书记在十八届中央政治局常委与中外记者见面会上，发表了一段感人至深的讲话："我们的人民热爱生活，期盼有更好的教育、更稳定的工作、更满意的收入、更可靠的社会保障、更高水平的医疗卫生服务、更舒适的居住条件、更优美的环境，期盼着孩子们能成长得更好、工作得更好、生活得更好。人民对美好生活的向往，就是我们的奋斗目标。"在十二届全国人民代表大会上，习近平同志又进一步向全国人民发出了"实现中国梦，创造全体人民更加美好的生活"的号召。这些讲话表明，我们党已把实现中国梦、创造人民幸福美好生活作为施政的根本方向和目标。这一重要施政指导思想的表述，既符合广大人民过上更好生活的愿望，同时也符合人类现代文明进步的历史发展趋势。从全球视角来看，"衡量幸福和进步目前已处于国家和国际层面统计和政治议程的最前沿"，因此各国政府要"制定更好的政策，让生活变得更美好"①。

改革开放以来，中国首先经历的具有划时代意义的历史事件是党的十一届三中全会结束了"以阶级斗争为纲"，实现了工作重点向现代化建设的历史性转移。但在随后的发展中，中国在经济建设上取得巨大成就的同时，也存在"GDP 挂帅"和迷信市场的倾向，导致人民生活领域的失衡，生活水平提高了，生活质量和幸福度却降低了。以十八大为标志，我们党战略实施的重点从单纯注重 GDP 增长，转移到创造人民美好幸福生活上来，这一治国方略的转变，与党的十一届三中全会一样具有划时代的历史意义。

在民间的日常用语中，老百姓把生活叫"日子"。过"好日子"、提高生活幸福度需要主体和客体两方面相互配合的条件。首先，创造使广大人民群众过"好日子"的社会条件，各级党委和政府组织无疑是责无旁贷的。但"日子"毕竟又是一个个具体的老百姓过的，因此要过"好日子"，除了政府和各种社会组织创造条件外，也需要每个老百姓作为"生活者"主体通过价值选择经营好自己的生活，而这就是生活方式问题和生活方式的建构

---

① 世界经济合作与发展组织：《民生问题——衡量社会幸福的 11 个指标》，洪漫等译，新华出版社，2012，第 1～2 页。

功能发挥的问题了。在老百姓的"日子"里，休闲生活占据越来越重要的地位。因此，研究包括休闲在内的生活方式在幸福生活和"好日子"方面具有怎样的建构功能就十分必要了。这正是本文要考察的角度。笔者把生活方式对幸福生活的系统建构功能概括为以下四个方面。

一 生活方式作为价值导向的"意义系统"

生活方式是人的特有生命形态的展开方式和方法。"呵护生命"就是人的生活方式的最终归宿。但人的生命形态不是动物式的生存和"存活"，而是社会的、文化的、精神的，直至追求终极价值的自为的生命，因此作为具有这种生命特质的生活活动主体，必然是追寻生活意义的能动主体，必然是能够在反思现实"生活怎样"的基础上追问"怎样生活"的能动主体，并通过创造性的生活活动不断提升自身的生存文明形态，最终实现人的发展和个性展现。这就决定了人们的生活活动不限于一般的满足衣食住行需要、饮食男女的日常生活领域，也包括精神文化的、闲暇的、社会的和政治的等更高层次的生活领域。前者同人们的基本需要相联系，是人们整体生活的基础和从事其他各种生活活动的前提，但也是较低形态的和相对狭小的自在形态的生活领域。在中国的现阶段，解决与满足人们基本生活需要相联系的民生问题仍然是繁重的任务，但也需要适时提升人们的生活层次，增加生活的自为性。而自为性生活"这些成分的共同特点是，它们都为生活提供意义"，"并表达了人性在给定时代所达到的自由的程度"①。因此中国"社会幸福"的构建，不能停留于自在的生活领域，因为这样的幸福还是"有限的成就"，② 而我们所创建的幸福生活必须是同"有意义的生活"相联系的生活形态，这应当是我们在追求幸福时必须坚守的观点，否则只满足感官享受的

---

① 〔匈牙利〕阿格妮丝·赫勒：《日常生活》，衣俊卿译，黑龙江大学出版社，2010，"中译者序"。

② 〔匈牙利〕阿格妮丝·赫勒：《日常生活》，衣俊卿译，黑龙江大学出版社，2010，"中译者序"。

生活追求，爱因斯坦称之为"猪栏理想"。

中国目前一个普遍存在的问题恰恰是，人们的物质生活水平上去了，但发生了生活"意义系统"价值迷失的情况。特别是到了 20 世纪 90 年代初，在 GDP 主义和市场自由主义思潮影响下，物欲主义、金钱主义、消费主义和享乐主义盛行，社会生活为"物化"所左右。在对生活好坏、幸福不幸福的衡量标准上，物的尺度压倒了人性的尺度，锦衣、美食、豪车、豪宅、名牌、盛名、高薪、厚禄、财富积累成为一部分人生活方式的追求，物欲的膨胀剥蚀了人的心灵自觉和生命的自为性。这种失去灵魂和意义的"物化主义的生活方式"在休闲领域也有突出表现。

休闲是"一种相对自由的生活，它使个体能够以自己所喜爱的、本能地感到有价值的方式，在内心挚爱的驱动下行动"[3]。这就是说，休闲所从事的是具有主体价值的内在化行动，是人本身发展和寻求生活意义的空间。但在中国现实的社会经济和文化体制下，休闲的发展却受到如下"四个操纵"。一是自发市场力量的操纵。在市场经济条件下，人们丰富的休闲精神文化需求在很大程度上要靠市场的资源配置作用和通过发展休闲产业加以实现，但市场对自身价值的追求同休闲的价值追求之间又会形成张力，如果市场机制无度扩张并狂迷地追求利润，而政府和企业组织又放弃了人文责任，其结果势必造成市场行为对人们休闲需求的滥用，也会出现商业化行为不适当地侵入本属非营利性和公共性的休闲领域的情况，从而使社会失去休闲权利的公正性和大众性。一旦市场机制由满足人们休闲需求的手段变成目的本身，那么休闲主体自身就会如鲍德里亚所说，"是我们变成了金钱的粪土，是我们变成了时间的粪土"。二是"拼命地赚钱，尽情地享乐"生活模式的操纵。在消费主义思潮泛滥下，当社会对财富的关注超过对生活的尊重的时候，必然会使一部分社会成员把人生的意义简单地等同于赚钱和消费，形成扭曲的幸福观。为了能够尽情地消费，度假有别墅、旅游有私家车，或能到外国旅游，他们拼命地赚钱，形成"拼命地赚钱，尽情地享乐"生活模式。一些人在职场上疲惫不堪地加班或挣外快，在工作外的时间把精力花费在消遣、娱乐上，直至"娱乐至死"，高速度地消费产品和体验人生。于是，人们像钻进风箱的老鼠一样身不由己地在一波又一波的时尚休闲风潮中奔忙和无所适从，很难有心灵的宁静和净化的时间。于是我们看到一些人是在"花费时间"，而不是在"享受时间"，他们难以从心底涌出幸福感。三是"大众文化"操纵。"大众文化"是当代社会生活中的重要社会文化现象，其规模化、商品化和信息化生产所形成的文化产业，成为满足人们文化需求的重要途径。大众文化的基本属性是"文化"，同样应在塑造人们的心灵、情操、审美方面发挥积极的作用，但在中国的经济发展中，雅文化和先进文化的引导作用常常缺位，更多地是从属于营利的考虑。其结果是大众文化简单地迎合了人们娱乐的快感，造成休闲文化的低级化和庸俗化。四是手机的操纵。现实生活中的一个重要现象是：无论是在地铁、公交车或在其他公共活动场所，可以看到的一大景观是，人们拿着手机在痴迷地看着，甚至在家庭中也会出现类似情景。手机的发明和功能的扩大给人们的生活带来很大便利，但走向极端则是手机组织和控制了人们的生活、精神需要和社会交往，给人们的休闲方式以至整个生活带来很大弊害，甚至成为人们的"新鸦片"，这是必须值得注意的生活现象和社会问题。

针对"物化生活方式"存在的现实状况，我们必须在理论上分清一个问题：人的生活方式和行为选择不是建立在"欲望"的满足上，而是建立在"需要"的满足上。"需要"和"欲望"的区别就在于，需要是文化形态，是受价值导向影响的行为方式和"欲求"，体现人的自我提升和生活意义的追求，决定着要什么样的生活、创造什么样的生活以及不要什么样的生活，所以我们才说生活方式是个"意义系统"。

二 生活方式作为生活资源的"配置系统"

在全面建设小康社会的进程中，要让人民过上幸福生活，一个基础性的条件自然是增加人们的生活资源的社会供给。十八大报告提出从 2010 年到 2020 年中国的经济总量和人均收入实现"两个翻番"的目标。根据国家统计局的数据，2010 年中国城乡居民人均可支配收入分别为 19109 元和 5919

元，2020 年可分别达到 38000 元和 12000 元，到那时城乡居民的收入水平将有很大提高。但应当看到，即便如此，中国同那时的发达国家相比仍有较大差距。特别是面向未来，中国通过经济增长提高人们生活水平将面临更多的"两难困境"。中国是拥有 13 亿多人口的大国，一方面，人均经济总量还不高，但已是世界最大的碳排放国，受到极大的生态环境约束，如果一味追求经济增长而不考虑环境的保护，中国将付出更高的环境代价和受到大自然更严酷的惩罚；另一方面，中国的人均生活水平还不高，但已是世界消费大国，资源环境消费的每一点增长都会面临巨大的压力，并在国际上引起资源的无度竞争。因此，未来要"过上更好的生活"，不能期望像美国那样人均消耗那么多能源和资源，也不能期望人均 GDP 达到那时发达国家的水平。中国应有智慧破解发展悖论和解决这样一个问题：靠相对较少的人均资源消耗和较低的收入水平过上质量较高的生活。

笔者认为，解决这一难题在理论和现实层面上是完全可行的，因为较高的生活质量虽然需要有较高的收入水平做保障，但收入水平高并不等于生活质量好；相反，在基本生活需要得到保障的前提下，即使在收入水平相对较低的情况下也可能获得较高的生活质量和幸福度。在现实生活中我们看到，中国"大妈"们的休闲活动并不是出入昂贵的商业休闲场所，她们在免费的公共活动场所同样获得较高的休闲生活质量和幸福的生活感受。

人的生活方式不只是寻求"生活意义"的行为方式和方法，也是对全社会的生活资源和个人拥有的生活资源有效配置的行为方式和方法，体现为一种生存智慧和艺术。因此，在全面建设小康社会的过程中，政府不但要增加物质生活资源的供给，也要通过政策和价值导向，使人们自由选择行动合理配置生活资源，从而产出更高的"生活方式效益"。可做的工作有以下几个方面。

一是要树立新的财富观。从生活方式的角度来看，"财富"不限于物质财富，也包括一切有助于提高生活质量的因素。因此，如何实现物质和精神生活、工作和休闲、公共生活和私人生活等之间的平衡，就成为生活方式发挥配置作用的问题，特别是通过物质消耗较少的休闲活动提高生活质量就成为一个重要问题。

二是将生活方式变成一门科学、学问和艺术。会产生"生活方式效益"的行为是习得的，因此需要社会引导和进行生活教育来实现，同时将其纳入社会的整体教育体系中，有计划地开展休闲、家政、理财、养生等方面的社会教育。特别是在人们对于提高休闲生活质量有迫切需求的情况下，如何采用多种方式进行"休闲教育"就成为一个迫切需要解决的课题。"巧妇难为无米之炊"，但如果缺少生活技能和艺术，有米也不一定能做出好饭。财力雄厚也不一定幸福，相反，幸福生活的获得常常是免费的。我们的社会要力争形成"低成本、中收入、高质量"的生活模式。从广义上说，社会治理也要进入日常生活领域。

三是学会通过配置和支配生活资源感觉幸福。在生活资源既定的情况下，人们怎样配置和支配生活资源才感觉幸福是个人的事，因而社会应给个人经营自己的生活，特别是休闲生活以更多的选择自由和"任性"的空间。生活方式的选择自由是社会文明进步的标志。

四是做好家庭的生计安排和建设。在中国传统文化背景下，家庭是生活资源配置的最基本单位，这就需要社会加以培育、扶植和引导，搞好家庭的生计安排和建设。

三　生活方式作为主体心理的"调适系统"

生活方式是一个个具体的、有灵性的人文化选择和适应的活动方式。良好的生活感受固然源于优化的社会环境和条件，但也直接取决于作为主体的人的一定心理状态、人格特质和情感结构。从这个意义上说，适合主体感受和人格特质的生活方式就是好的生活方式。为了获得适合于个人的良好生活方式，一方面要通过改革和发展的举措为每个人创造良好的、和谐的社会生活条件，另一方面也要发挥生活方式主体的心理调适功能。

当代西方社会学家吉登斯、贝克、鲍曼等学者把现代社会概括为充满不确定性、难以把握的多变性和挑战性的"风险社会"和"流动的现代社会"，在这样的社会中生活人们会更多地产生"最令人不安的烦恼"，也会陷于苦闷、烦躁、失望甚至绝望之中。在现代社会中生活，不可能像节目祝词常说的那样"万事如意"，当不可避免地面对不尽如人意的生活情境和限制性条件时，人们可以通过调适自我心态去获得适宜自己心境的、和谐的生活方式，这种主体调适的方式就如《古兰经》讲的一句哲语："如果你叫山走过来，山不过来，那你就走过去。"比如，目前的社会结构和运行机制会给人们的生活造成很大压力，体制、制度的因素改变有一个过程，个体自身可以通过调适来缓解压力。另外，散步、娱乐、沉思、旅游等休闲活动也是调节心态和缓解压力的重要方式。

在这方面，中国传统文化中有极为丰富的生活智慧可汲取，如知足常乐、修身养性、怡然自得、逍遥自在等。庄子讲的"擅摄生"就是讲要注重生活的智慧，在非顺境的生活中呵护生命。在中国文化里，"心""心态"是重要的概念。费孝通提出："要扩展社会学研究的界限"，其中重要的一点就是讲社会学研究要扩展到对"心态"的研究。作为生活方式的研究自然更应扩展到这个领域。中国社会处于快速、激烈的社会转型阶段，各种利益关系、矛盾冲突交织、叠加在一起。落实到每个具体的人，其人生际遇不可能都是顺心如意的，因此每个人可以通过主体调适的生存策略和智慧来获得平衡的生活方式，进而树立新的"成功"的观念，改变升官、发财、成名的"成功"标准，从而摒弃由挤"独木桥"而产生的焦虑心情。

需要强调的是，这种在非"良序"环境中的主体自我调适行动是"自为"主体的积极生活行动，这不是鼓励"逃避社会，退回内心"的安于现状，而是对自己当下状态的不断超越，因此我们讲主体的调适作用，就是确立刚健有为的人生态度，善于在限制性条件中创造新的生活家园，实现人生幸福和过有意义的生活。

四　生活方式作为社会运行的"软动力系统"

讲生活方式问题不能不涉及生活与社会的基本关系问题，以及在两者互动中生活方式所发挥的功能问题。生活是人的特有生命形态展现的社会行动体系。人们作为生活主体——"生活者"，是一个个具体的现实的人。人的生活产生各种生活需要，满足这种需要的方式是社会性供给，社会以直接或间接的方式供给人们所需要的生活资源，这就产生了生活者个人与社会的互动关系。生活方式就通过人的生活需要行动，构成了互动的纽带和推动社会变革的动力源。在社会结构关系中，当一种社会结构与制度不能满足人的生活需要和生活方式发展要求时，必然要进行调整和变革。

长期以来，社会科学研究奉行的是科学主义世界观及本质与现象二元化的研究范式，看不到生活在社会中的地位，往往把感性的、日常的、个人化的生活活动排除在研究视野之外，注意生产力的研究，很少考察生活方式、"生活力"的功能，或者只把生活活动视为受动的和被建构的因变量，这种情况必须改变。从生产和生活的关系来看，社会生产通过生活资源的供给构成人的生存、生活的基础和前提，生活活动则通过对生活资源的有效配置和享用来满足人的需要，使人得以生存、享受和发展。生活资料的供给是通过生产力实现的，而人的需要满足过程实际是人的"生命力"，即"生活力"的保持和增长过程。"生活力"的核心体现为人自身本质能力的保持和扩大，同时也体现为产生新的更高需要的能力，而人的能力的扩大必然成为新的生产过程的推动力量。

由"生活力"的概念可以引申出"休闲力"的概念。在古罗马拉丁文中，"休闲"（loisir）是指"关照人自身的最好时间"，包含着人们享受生活美的含义。随着人类社会的进步，这种休闲日益成为人们生活的重要组成部分，成为衡量人类社会进步的重要尺度和推动社会发展的强大动力。关于这方面马克思有许多精辟的论述。比如，他认为自由时间就是以时间形态存在的宝贵社会财富，"整个人类的发展……无非是对这种自由时间的运用"；一个国家真正富裕的标志就是劳动时间的减少和闲暇时间的增多；增加自由时间即增加使个人得到充分发展的时间，而"个人的充分发展又作为最伟大的生产力反作用于劳动生产力"。而在当代社会，正如许多学者所指出的，社会发展的质量标准在于人的生存质量和全面发展，人们将日益增加对

"休闲"的探索，以此展示个人的能力，实现其潜能和获得个性发展。

生活方式的幸福建构四大系统功能中，"意义系统"是导向和灵魂，并通过对生活的客体、主体的"配置系统"和"调适系统"运作形成"生活方式效益"，实现人自身的再生产，并最终成为社会发展的"软动力系统"。

G.18

以休闲分配拉动内需：
问题与建议

周勇　王晖*

摘　要： 经济增长是休闲产业发展的必要而非充分条件，休闲产业
的发展和人均收入水平之间有着紧密的关系。休闲分配，
既要考虑私人消费品分配，也要考虑公共消费品分配，特
别是收入和休闲分配之间还有最后一道鸿沟，即三次分
配，比如个人获得收入后，还需要确定用于休闲的比例，
有的人可能用收入的大部分进行休闲，有的人可能将钱全
部用于他途，这相当于剥夺了自己的休闲分配。各主体在
休闲分配过程中的地位和作用不同。中国休闲分配常态化
还存在民生性公共休闲设施发展不足、企业休闲支出相对
较少、社会保障水平低、居民家庭休闲支付存在顾虑、相
关社会组织不发达、休闲消费外流现象比较突出等问题。
针对上述问题，政府需要加以积极应对。

关键词： 休闲分配　内需　经济拉动

---

* 周勇，中国社会科学院数量经济与技术经济研究所副研究员，博士，研究方向为产业经济；
王晖，北京信息科技大学经济管理学院副教授，中国社会科学院数量经济与技术经济研究所
博士研究生，研究方向为公共组织、数量经济与技术经济。

一 经济增长是休闲发展的必要而非充分条件

休闲产业发展和收入水平提高之间有着紧密相依的关系。按照国际经验，一个国家人均收入超过 1000 美元，观光旅游需求将急剧膨胀；人均收入达到 2000 美元，对休闲的多样化需求将基本形成；人均收入达到 5000 美元，度假需求就会普遍产生。从表 1 可看出，2011 年中国人均 GDP 突破 5000 美元大关，旅游度假有望日益走向大众化，全民休闲度假可望成为中国经济新的增长点。

表 1 1999 ~ 2014 年中国以美元折算人均 GDP 的大致估算值

单位：美元

年份	1999 年	2000 年	2001 年	2002 年	2003 年	2004 年	2005 年	2006 年
人均 GDP	1003	1100	1200	1300	1500	1700	2000	2300
年份	2007 年	2008 年	2009 年	2010 年	2011 年	2012 年	2013 年	2014 年
人均 GDP	2780	3300	3600	4200	5000	5600	6076	6995

资料来源：据历年《中国统计年鉴》整理。

中国休闲业已经具备大发展的经济基础。但值得关注的是，收入增长只是体现了国民财富水平，潜在需求并不必然是现实需求。换言之，收入增长并不必然会转化为消费增长和休闲分配增长。从表 2 可看出，中国历年人均消费水平较低，其中农村消费又远远低于城市消费。

表 2 中国历年人均消费水平

单位：美元

	2003 年	2004 年	2005 年	2006 年	2007 年	2008 年
全国居民人均消费水平	640	700	800	900	1000	1200
农村居民人均消费水平	300	330	380	420	470	560
城镇居民人均消费水平	1100	1300	1400	1500	1800	1900
	2009 年	2010 年	2011 年	2012 年	2013 年	2014 年
全国居民人均消费水平	1300	1500	1860	1980	2010	2130
农村居民人均消费水平	600	670	800	910	1040	1130
城镇居民人均消费水平	2100	2300	2600	2500	2610	2720

资料来源：据历年《中国统计年鉴》整理。

只有收入分配才能形成休闲内需。更进一步说，收入分配有各种对象和各种主体，也有多种途径，只有有效的、民生性的收入分配才可能促成大众休闲。收入高只是休闲业发展的必要条件，而非充分条件。要实现休闲业的发展，还需要深入探讨与收入分配相关的其他制约因素。为此，本文提出，只有休闲分配常态化，中国休闲业才可能实现稳定增长和快速发展。探讨休闲分配常态化的机制及中国存在的问题，对于促进中国休闲业发展，扩大休闲内需具有重要意义。

二 休闲分配涉及三个过程和多个主体

（一）休闲的三次分配过程

包括休闲支付在内的国民收入首先要由工商企业（假定农村生产方式也是一类企业经营形式）创造，这可称为收入的原始获得阶段。企业越有实力，经营越有效率，经济越发达，休闲就越有支付基础。国民财富经由工商企业创造后，通过多类途径进入 5 个经济主体，包括政府、企业自身、消费者（即劳动者，也叫私人）、社会（以各类社会组织为代表）、他国，从而形成政府收入、企业收入、消费者收入、社会收入、国际收入，这可称为收入的一次分配。此分配过程只涉及整个收入的分配，没有落实到具体的休闲分配，但明晰了休闲分配的可能途径和可能来源。

休闲作为消费品，有其私人和公共属性。休闲消费首先是私人的，是为了满足个体的需要。彰显个性、回归个性、释放个性、解放个性是休闲的本质。同时，正因为人是群体性动物，并且现代任何经济活动脱离不开公共基础设施，所以人类的休闲消费越来越具有公共品性质。正是基于此，在休闲分配时，一方面要考虑私人消费品分配，另一方面还要考虑公共消费品分配。前者如个人旅游度假支付，后者如休闲广场的建设。休闲的二次分配仍停留在收入层面，但涉及收入的公共品分配和私人品分配，相应地也明晰了休闲的公共分配和私人分配（有个比例问题）。每个主体都可能涉及私人分配和公共分配的问题。比如政府既对公共分配负责（如国家的转移支付），也对私人分配负责（如给公务员发工资、提供待遇），政府是典型的公共品和私人品兼营。企业也如此，除了企业主获利，还要给政府纳税，给工人支付工资，履行相关社会责任。消费者收入中更多向私人品倾斜，但仍然有社会责任支付部分，如捐助。社会组织更多分配公共品，但也需要为本组织的生存分配资源，为员工支付工资福利。

为何消费者收入和休闲分配之间还有最后一道鸿沟，即第三次分配？原因很简单，比如个人获得收入后，还需要确定用于休闲的比例，有的人可能用收入的大部分进行休闲，有的人可能将钱全部用于他途，这相当于剥夺了自己的休闲分配，如当前一些"房奴"，为支付房贷而被剥夺休闲分配。对政府而言，其公共收入和最终的休闲分配之间环节更多，大量休闲转移支付需要通过各级政府、各个部门、多个环节，至于最终有多少休闲支付被转移到政策对象手中往往不得而知，转移支付的有效性也常常是公共财政研究的一个重要领域。休闲的三次分配过程可简要概括为图1。

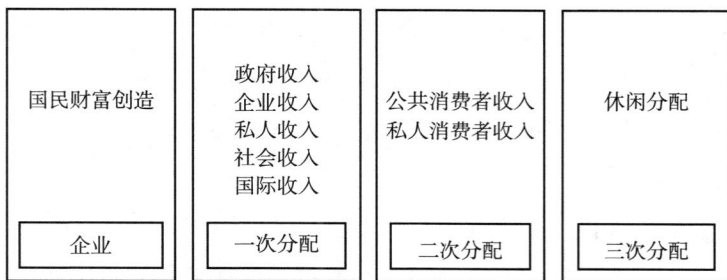

国民财富创造	政府收入 企业收入 私人收入 社会收入 国际收入	公共消费者收入 私人消费者收入	休闲分配
企业	一次分配	二次分配	三次分配

图1 休闲的三次分配过程

（二）各主体在休闲分配过程中的地位和作用

从以上分析可看出，没有财富，谈不上休闲支付，但有了财富，休闲分配过程仍然漫长。要促进休闲消费，以达到休闲促内需的政策目标，还需要提高休闲分配的有效性。财富创造过程和分配过程是收入研究的两个方面，两个过程应相互协调、相互促进，而且比例平衡，才能更好地促进收入增长。光创造不分配就会失去创造的动力，反之，光获得分配不创造就会使收入成为无源之水。按照多劳多得的原则，谁创造财富多，谁获得的分配也应越多；谁在财富创造中发挥的作用大，谁所受到的分配激励就应该大。为做好休闲收入分配，有必要研究各主体是如何参与休闲分配过程的及其在分配过程中的地位和作用。

一是政府。政府在社会经济中发挥着重要的公共组织作用，即使是最主张私有化和自由市场的经济学研究者也不得不承认政府"守夜人"的角色，因而政府应该参与休闲分配，尤其是公共休闲品的分配。只不过政府作为代表全体纳税人的公共组织，其公共属性决定了其不能参与更多的私人分配，如给公务员谋取更多的休闲福利。此外，不论是出于公共品目的还是私人品目的，政府都不能以其为理由，获取过多的收入分配，否则会影响其他主体财富创造的积极性。

二是企业。企业是现代市场经济的基本活动单位，是财富创造的源泉，成为财富分配者是一个社会的起码激励。企业的代表者——投资人或者经营者有权根据自己的经营收益，获取更多的休闲分配。富商出入高档休闲会所应该获得社会的尊重。当然，企业在获得自己的休闲分配时，也不应忘记社会责任。企业家既要获得私人休闲分配，也应支持公共休闲分配，如捐助贫困地区的休闲设施。

三是居民。居民是生产要素资源的贡献者，应该获得资源要素回报，如劳力回报、人力资源回报、其他财产性回报。劳动者有权利休闲是经济工作的一部分。保障劳动者休闲权利不是社会生活的要求，而是社会工作的要求，因而如带薪休假一类休闲分配应是工作内的一部分，而不是8小时之外一部分。居民休闲是整个休闲分配的最终极表现。不论是公共休闲品还是私人休闲品，最终需求的实现都需要落实到居民，即个人消费者身上，因而居民休闲是休闲内需促发的中心环节，居民休闲分配是整个休闲分配工作的关键部分。

四是社会组织。社会组织虽然不直接参与财富创造，但对财富创造却起着重要的社会协调组织作用。社会组织为非营利组织，虽然其自身不更多参与收入分配，就规模而言，其成员数量少，工资水平大多为社会的平均值，但对于整个社会的收入分配过程社会组织往往能够发挥巨大作用。其收入分配影响机制可概括为：聚沙成塔，集腋成裘。大量微不足道的私人、社会财富经社会组织运作后即可能成为大规模的休闲资源。一个社会越进步、越成熟，社会组织所发挥的休闲分配功能越大；反之，社会发育水平越低，政府所要担当的社会休闲分配功能越大。

此外，随着经济全球化，国与国之间的休闲分配机制可能互相影响。如果一个国家成为另一个国家的休闲旅游净出口国，这意味着国际休闲分配更多向前者倾斜，前者获得更多旅游休闲收入，这也相当于后者更多地将国民休闲收入分配给了前者，但没有获得对等交换。根据国家富裕程度又分为两种情况，一种是休闲支付由穷国到了富国，另一种反之，由富国到了穷国。此外的情形是，一个国家获得另一国家的更多侨民支付，如海外侨胞给国内亲友汇钱，由此可能增加国内居民的休闲福利。

三　中国休闲分配常态化还存在各种问题

改革开放以来，中国 GDP 虽然有了大幅增长，企业实力不断增强，已经具备较好的休闲分配基础，但中国大量社会财富并没有转化为消费内需，更没有转化为休闲分配，中国休闲产业发展还远远不够。以美国为例，其休闲产业总值有望在 2015 年达到其 GDP 的 50%，目前其休闲消费已经占到 67%。在实践中，收入创造和收入分配不协调的现象很多。当前，中国休闲分配各环节面临的瓶颈因素有以下几个方面。

（一）对休闲的经济和社会属性的认识依然存在矛盾

休闲是浪费了社会财富，还是创造了社会财富；休闲支出是消耗资源，还是节约资源；休闲是影响了社会生产，还是促进了社会生产；休闲是影响了社会稳定，还是促进了社会稳定……对于这些休闲经济发展的基本问题，整个社会依然认识不清，至今没有形成统一意见，影响了整个国民经济分配向休闲的倾斜。休闲分配不足，一方面影响了中国休闲基础设施的建设水平，基本层次休闲娱乐设施不足，中等层次休闲基础设施缺乏，高端休闲环境营造和文化发展严重不足，从而影响了中国旅游休闲的国际竞争力，大量高附加值的旅游休闲活动与中国无缘，而且也难以留住中国自身的中高端旅游消费；另一方面，中国休闲消费的总量与经济发展总量不相称，从表2可看出，中国消费增长和国民收入增长是倒挂的。在中国经济增长放缓、外需难稳、内需寻求突破的背景下，休闲消费的经济拉动效应有待提高。

（二）民生性公共休闲设施发展不足

国家每年在财政分配中规定了用于民生改善的部分，其中的许多资源用于民生休闲基础设施建设，如体育馆、歌舞剧院、博物馆等社区文化场馆建设等。但由于这些休闲资源的分配更多地对上面负责，对基层民生需求考虑较少，因而并没有受到人民群众的欢迎，许多建成设施基本上成为摆设，利用率极低。

（三）企业休闲支出相对较少

在中国，企业投入休闲设施的不多，甚至在工厂的厂区内也很少见到企业为自己员工建造的休闲娱乐设施。企业之间也较少进行休闲娱乐交流，以丰富员工文化生活。这有多方面原因：一是税收负担重，企业组织财富基础薄弱，休闲设施投入能力差。企业特别是民营企业利润微薄，在大量竞争性领域甚至生存困难，休闲福利改善难。二是即使有条件改善，但由于理念不够，经营层次没达到，也不能把休闲纳入企业文化的一部分。在西方发达国家，甚至中国周边一些发展中国家，均存在一些私人组织如企业援建的休闲娱乐设施。

（四）社会保障水平低，居民家庭休闲支付存在顾虑

受到高房价、就医难、上学难、就业难、结婚难、养老难等因素影响，居民消费心理始终处于一种不安全的状态之中。包括中老年人，由于对未来的担心（包括自己和子女），休闲消费日趋保守。即使作为休闲消费主力的年轻人，许多由于早早迈入"房奴"的队伍，早早背负结婚、成家、生子的重负，休闲消费的空间很小。

（五）相关社会组织不发达

中国地域广阔，人口规模大，休闲市场大，休闲资源可积累的总量大，但大量可利用休闲资源散落于民间，散落于居民个体，没有能够凝聚成整体力量。针对不健康休闲行为所进行的矫正工作，在西方都是由一些专业的社会组织来完成的。例如酒精滥用或依赖性干预，就涉及家长学校、职业培训咨询中心、压力调节训练班、医疗机构或者医生、专业评价机构或者人员、社区自助群体、嗜酒者互戒协会等相关社会组织，而中国在这方面还比较欠缺。

（六）休闲消费外流现象比较突出

当前，中国休闲产业的整体发展水平不高，尤其是满足高层次休闲消费需求的商业供给还不足。随着中国经济发展，富裕群体不断扩大，对休闲消费的需求层次越来越高，但国内的设施及经营项目难以满足，大量人群转而去往国外寻求高层次休闲消费，由此导致中国休闲分配不断向国外倾斜。

四　促进休闲内需的对策建议

为发挥休闲的经济带动作用，有关部门促进休闲分配需要兼顾以下方面。

（一）加强重大休闲理论和现实问题研究，培育健康休闲文化

休闲分配能够拉动内需、促进经济增长的观念有待增强。目前，对于休

闲经济有两个重要方面需要进行观念更新。一是休闲是消耗了经济资源还是节约了经济资源。二是中国是否需要适当提高休闲基础设施水平和人民休闲消费水平。休闲分配不是在消耗国民收入，而是能够创造国民收入，推动经济发展。中国以往重视生产制造业产出和物质产出，不重视服务业产出和精神文化产出。物质需求和精神文化需求同为人类需求的重要组成部分，后者的需求层次普遍比前者高。在中国当前工业产能过剩、内需不旺的背景下，休闲分配不但能够推动中国产业层次的提高，还有利于淘汰落后产业，抑制过剩产能。让人们少生产多服务，消化剩余生产产能；让人们少生产多消费，从而推动经济良性发展。

（二）在休闲消费中兼顾政府公共投入和私人支出

实际上，休闲发展中既有公共部门的努力，也有商业企业的空间，公共品和私人品的供给应保持恰当比例，两者不可偏废，应强调休闲供给中公共品和私人品并重。政府的休闲分配不能代表私人的休闲分配，政府也不能包办私人休闲。

（三）创造条件，实施监管，让企业更多地为员工提供休闲条件

为了促进企业休闲活动开展，有必要为企业减负，尤其是对于一些专项休闲活动，政府相关部门可以考虑免税或者增加补贴。在员工心理疾病频发的企业、自杀事故屡屡出现的行业，政府有必要督促企业开展休闲活动。在工人的福利结构中，劳动部门应监督企业的休闲时间安排，以落实劳动者的休息权利。对于劳动强度过大的行业，相关行业协会必须规定相应强度的休闲活动安排。

（四）提高公共休闲供给的有效性

当前一些地方的公共休闲场所、设施，仅对政府负责，而对居民需求的了解程度和满足程度不高，存在服务意识不强、效率低下的问题，比如一些

社区图书馆、剧院等。对此相关部门要引起重视，要探索切实有效的供给机制和监管机制。

（五）在国民收入中增加社会保障支付份额，增强社会休闲消费的安全意识

在家庭消费中，休闲消费一般是在基本生存需求满足后才有可能实现的。随着国家财力的增强，中国已经具备解决人民群众一般生活需求的基础，但因为地区、行业、部门财政资源分配不均衡，比如西部偏低、农村偏低，部分行业偏低、部分岗位偏低，地区发展不平衡，更因为社会保障统筹漏洞大，人民群众的基本社会保障还难以全面覆盖，因此国民进行休闲消费时还存在较大的顾虑。为此，政府需要通过各种手段，在国民收入中增加社会保障支付份额，增强社会休闲消费的安全意识。

（六）促进休闲健康发展

提高休闲分配的社会化组织程度，不仅是资源利用、潜在休闲能力转化为现实休闲能力的要求，更是社会稳定，保持休闲消费的健康性、合法性，维护社会稳定的需要。如果休闲分配的社会化组织程度不高，或者由灰色、地下社会组织取代合法、公开的社会组织，就会给社会稳定造成一定的隐患，因此需要发展合法的社会化组织，促进休闲的健康发展。

G.19

休闲发展促进国家经济转型
提升国民幸福水平*

卿前龙　曾春燕　吴必虎**

摘　要：　休闲生活水平是衡量民众幸福感的一项重要指标。不同社会
发展阶段的休闲与幸福有不同的演化特征，当前中国整体上
处于休闲与幸福水平较低的阶段。随着经济社会的发展，未
来中国将过渡到"富裕、休闲、幸福"的更高阶段。届时，
中国休闲发展将迎来六大新变化，这些变化的出现将大大提
高中国的休闲发展水平，更大地提升民众的幸福感。同时，
休闲发展水平的提升还将引发经济结构的一系列变化，从而
有助于中国经济的转型升级。

关键词：　休闲　国民幸福　经济转型

一　休闲与社会发展阶段

休闲业发达程度可以用来衡量一个国家（地区）民众的幸福水平。古
希腊亚里士多德早在1000多年前就提出，"休闲才是一切事物环绕的中心"

＊　基金项目：广东省高等教育创新强校工程项目"城市户外公共休闲空间剥夺对居民生活指数效
应"。
＊＊　卿前龙，教授，广东金融学院休闲产业与高端服务业研究中心主任，主要研究休闲与旅游；
曾春燕，广东金融学院工商管理系讲师，主要研究旅游管理；吴必虎，教授，博士生导师，
北京大学旅游研究与规划中心主任，主要研究区域旅游规划。

"惟有休闲者方是幸福的"。幸福水平高的社会，休闲发展水平也一定较高。Gramm（1987）认为，随着人类生活水平从饥饿阶段、小康阶段向富裕阶段的不断提高，人类社会也将由劳动社会、工作社会最终过渡到休闲社会[①]。沃姆斯利和刘易斯（1988）则对从原始氏族社会到现代知识经济时代各阶段中休闲和劳动的演化特征进行了研究，认为休闲是随着人们闲暇时间和收入的增加而出现并逐渐多样化的（见表1）。

表1　不同社会发展阶段中休闲的特征演化

社会阶段	原始社会	农业社会	工业社会	知识经济时代
休闲特征	劳动极化，宗教信仰为主，休闲思想火花出现	贵族休闲类型多样，平民以农闲为主，多民俗化	休闲大众化、产业化，社会整体对休闲产业持赞同态度	休闲极化，个性特征凸显，劳动成为自然选择，生活休闲化

资料来源：〔美〕D. J. 沃姆斯利、G. J. 刘易斯：《行为地理学导论》，王中兴等译，陕西人民出版社，1988。

对于上述人类历史进程中的休闲演化，我们可以用经典的"劳动－闲暇"模型来加以推导。在该模型中，闲暇被看成是一种具有正的边际效用的"正常品"，其机会成本（实际工资率）的提高将使人们倾向于增加劳动供给而减少对闲暇的需求，这是替代效应；但同时，当工资率提高时，人们将获得一个额外的收入，这笔额外的收入可以用来购买额外的闲暇，由此所导致的劳动时间的缩短和闲暇的增加，就是收入效应。这两种效应共同作用的结果是：随着劳动生产率及工资率的提高，闲暇需求表现为一条向右前方弯曲的曲线，和向左后方弯曲的劳动供给曲线刚好相反（见图1）。

图1中，L_1、L_2分别为劳动供给曲线和闲暇需求曲线，它们相交于F_1和F_3点。在这两个交点，工作时间与闲暇时间相等，它们分别对应工资率w_1和w_3。两条曲线的拐点对应的工资率为w_2，在拐点以下，工资率提高带来的替代效应大于收入效应；在拐点以上，工资率提高带来的收入效应大于替

---

① Gramm 认为，劳动和工作是有区分的，劳动指的是那种重复性的、危险的、环境恶劣的不需要技能的工作，主要是指体力劳动；而工作是指那种技能性的劳动，主要是指脑力劳动。

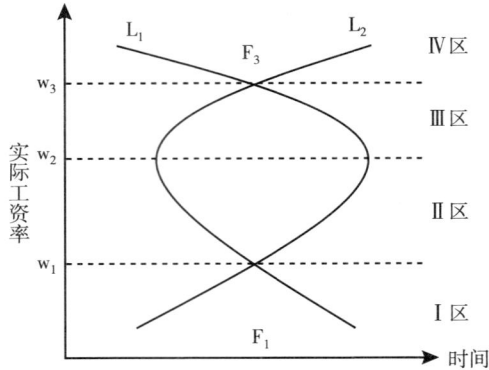

图1 闲暇需求曲线与劳动供给曲线

代效应。根据 w_1、w_2、w_3，笔者将坐标的第一象限分为四个区域，这也代表了社会发展依次经历的四个阶段。在这四个不同的阶段中，"劳动－闲暇"模式将表现出不同的演化特征（见表2）。

表2 社会发展各阶段中休闲与幸福的演化特征

	第一阶段	第二阶段	第三阶段	第四阶段
收入水平	低	较低	较高	高
闲暇时间	少	较少	较多	多
物质生活	贫困	温饱	小康	富裕
休闲状况	空闲	半空闲	较休闲	休闲
休闲产业规模	无	小	较大	大
主要幸福指标	物质	物质为主	物质＋休闲	休闲为主

Ⅰ区（第一阶段）：实际工资率处于一个很低的水平（w_1 以下），闲暇时间超过劳动时间。其原因是实际工资率实在太低，劳动所得甚至难以抵消劳动本身给劳动者所带来的负效用，以致劳动者宁肯尽量少工作甚至不工作，从而导致闲暇时间超过劳动时间。不过这时劳动者的闲暇时间是边际效用完全为负的空闲时间。Gadamer（1986）曾对这种空闲时间进行过讨论，他认为，当个人的闲暇时间变得日益充裕且不知道应如何度过时，时间就变成了一种压力，一种"空无"的压力，这种压力比繁忙更令人难以忍受。

因为"当无聊的时候，我们把时间的毫无特征的重复的流逝作为一种令人烦恼的时刻来经验"。此时，闲暇时间对消费者来说完全是一种"多余"的时间。在这一阶段，劳动者的物质生活水平极低，大量空闲时间只能在忍饥挨饿中度过。这是一个"贫困、空闲、不幸福"的阶段。

Ⅱ区（第二阶段）：随着工资率的不断提高，劳动者愿意供给的劳动时间也随之增加，工作时间超过闲暇时间，而且随着工资率的进一步提高，劳动者愿意用于闲暇的时间越来越少，愿意用于劳动的时间则越来越多。在这个阶段，劳动者的收入水平有了较大提高，但总的来说仍然较低，闲暇时间也不多，休闲市场不发达，劳动者主要靠自我休闲的方式打发时间。这是一个"温饱、半空闲、低幸福"的阶段。

Ⅲ区（第三阶段）：工资率进一步提高带来的收入效应开始超过替代效应，工作时间虽然仍多于闲暇时间，但出现了工作时间不断减少而闲暇时间不断增加的趋势。较多的工作时间和较高的工资率使得劳动者的收入水平有了很大的提高，物质生活水平有了很大改善，劳动者开始注重生活质量的提高，休闲生活相对丰富，社会整体的休闲发展水平有了很大的进步，休闲市场较为发达。这样的阶段可以称之为"小康、较休闲、较幸福"的阶段。

Ⅳ区（第四阶段）：工资率上升到一个相当高的水平，人们只需要工作一个较少的时间就能获得一个满意的收入，最显著的特征是闲暇时间超过工作时间。由于收入和闲暇时间在这一阶段都大大增加，因此休闲成为个人生活中的一项重要内容，衡量生活质量的指标将不再是物质生活水平而是休闲，休闲市场非常发达。我们称这样的阶段为"富裕、休闲、幸福"的阶段，休闲社会就是指这样一个社会阶段。

根据《2014年国民经济和社会发展统计公报》，2014年中国人均GDP为7575美元，在世界上仍处于排名靠后的位置，尚未达到中等发达国家的水平。新假日制度实施后，中国居民全年享受的假日天数为115天。因此，从总体上来看，目前中国还处于由第二阶段向第三阶段过渡的时期，其中北京、上海、天津等7省市的人均GDP已超过10000美元，达到了中等发达国家的水平，整体上已进入"小康、较休闲、较幸福"的第三阶段，部分经济最为发达的城市和地区如上海、深圳甚至已进入第四阶段或正向该阶段过渡。不过由于中国经济发展的不平衡，部分落后的西部地区目前还处于"温饱、半空闲、低幸福"的第二阶段。

二 "休闲时代"将迎来六大新变化

现在，由于经济社会发展以及生活观念的变化，人们正在迎来一个更加休闲的时代。随着休闲时代的到来，中国休闲发展将迎来六大新变化。这六大新变化的出现，将进一步提高中国休闲发展水平，更好地促进民众生活品质的提升。

（一）休闲从少数人走向大众化，中国将迎来大众休闲时代

随着收入水平的快速提高和闲暇时间的显著增加，中国居民的生活方式发生了重大变化，旅游、运动、娱乐、游憩等休闲生活已经成为中国居民特别是城市居民日常生活中的重要内容。当全面小康的建设目标实现后，普通民众的收入水平和休闲消费力还将有一个更大的提高，一年中将可能享受更多的假期和每周更短的工作时间。到那时，中国将正式进入大众休闲时代，中国的消费结构将出现休闲化的趋势，休闲权将作为一种基本权利得到尊重和保护，普通民众将有机会享受更多和更好的公共休闲服务，政府将致力于为他们提供更多的公共休闲机会和休闲空间。

（二）科技在休闲中的应用越来越广泛，休闲将进入"泛科技"时代

无论是从历史还是从现实来看，技术变革对人们休闲生活的影响都是深刻的、显而易见的。如今在中国，从儿童游乐园到海洋馆，从社区休闲中心到城市公园，从小巧便携的掌上媒体到巨大的摩天轮，科技几乎被应用到所有的休闲娱乐领域。可以预见，随着中国休闲发展水平的不断提高，未来科

技与休闲将结合得越来越紧密，技术体验将成为人们休闲体验中越来越重要的部分，科技应用于休闲将具有越来越广阔的前景，"泛科技"将成为未来休闲发展的重要标志。

（三）工作不断向休闲渗透，二者的界限将变得日益模糊

工业革命曾经不但加剧生产与消费的对立，也加剧了工作和休闲的对立，使得工作在后来变得越来越自动化和按部就班，工作日益成为一种奴役的方式。现在，技术进步正开始改变这一模式，它不但使得今天人们的工作时间和工作场所具有更大的灵活性，而且对工作的感受也发生了变化。尤其是电脑互联网技术的发展，使得今天的人们可以将工作带回家里甚至在野外完成，工作空间和休闲空间重合了，人们可以边休闲边工作，两者的界限开始变得模糊不清。在未来，工作环境也将设计得更加舒适宜人，工作过程将更富有人性化色彩，工作本身会成为一种有益的享受，甚至成为一种休闲的方式。由于个体的工作条件得到越来越大的改善，因而休闲和工作的界限变得越来越模糊了，一项令人满意的工作可能变得与休闲难以区分。

（四）劳动社会将向休闲社会转变

随着经济的快速发展和全面建设小康目标的实现，我们极有可能在21世纪中叶后迎来一个闲暇时间超过工作时间的新时代。到那时，中国就将开始迈入休闲社会的门槛，民众的幸福水平还将有一个大的提升。届时，科学技术的发展将使机器代替所有繁重的劳动，社会劳动生产率将大大提高，人的劳动强度将大大减轻，闲暇时间将超过工作时间，工作的地位将下降，而休闲的地位将上升，劳动社会将向休闲社会转变。正如 Richmond（1974）所认为的："休闲，而不是工作是这个时代的中心。"2015 年国务院印发《中国制造 2025》，明确将智能制造和机器人生产作为未来制造业发展的重点领域。随着《中国制造 2025》的深入实施，劳动社会向休闲社会转变的进程无疑将会加快。

（五）休闲将成为一种日益重要的社会治理工具

将休闲作为社会治理的工具，是对人的根本性需求及其内心动机的主动性适应，能获得更好的治理效果，这也是一些发达国家的成功经验。今后，随着中国休闲发展水平的不断提高，政府将会把倡导健康的休闲理念和休闲方式、提高公共休闲服务供给的水平、合理调整假期制度、完善国民休闲教育体系、建立青少年休闲系统、对不健康休闲进行正当干预等作为社会治理的重要工具来使用。而随着休闲向社会的全面渗透，它还将被应用于经济增长、扩大就业、公平分配、国民健康、旅游振兴、消费促进、犯罪预防、心理干预、素质教育、社会沟通、社区治理、特殊人群（老人、小孩、残疾人等）关怀、文化建设、降低社会医疗支出、化解家庭和社会矛盾等众多领域。可以预见，未来休闲将会被广泛应用于社会治理，从而更大地提升中国民众的幸福感。

（六）休闲消费将迅速扩张，休闲产业将成为中国经济新增长点

于光远（2004）先生曾指出，休闲产业的诞生符合我们这个时代的发展规律。根据休闲经济的活动规律，一个国家或地区人均 GDP 在 500～800 美元的阶段是休闲消费的迸发期，当达到 2500 美元时社会就会进入休闲消费的急剧扩张期。现在，中国人均 GDP 已超过 7500 美元，同时，新假日制度的实施又使人们拥有比过去更多的闲暇时间，大众休闲已相当普及。随着大众的休闲消费力不断地转化为现实的消费需求，中国的休闲产业必将迎来一个很大的发展，其对经济增长的作用也会越来越大，并最终会成长为国民经济新的增长点，成长为国民经济中的支柱产业。这些年中国旅游、文化、传媒、娱乐等产业所表现出来的快速发展势头，正是这一发展趋势的体现。

三　发展休闲在促进中国经济转型和促进国民幸福中的作用

要让中国居民生活更幸福，就要让民众有更高的收入和更多的闲暇，这

无疑要通过经济持续增长来实现，而此前中国的经济增长主要是通过发展劳动密集型产业、低端产业和传统产业来实现的，这种经济增长方式显然已不适应中国经济发展的高品质要求，产业转型升级将成为未来中国经济增长的关键。为此，中国必须将经济增长逐渐转移到发展高新技术产业、先进制造业、现代农业和现代服务业上来。而通过发展休闲，促进民众休闲消费，将在很大程度上促进休闲产业的发展。有关发达国家和地区的经济和社会发展经验表明，发展休闲产业不仅是经济进入较高发展阶段后民众休闲消费快速增长的必然要求，它还在改造传统产业、推进产业转型升级、促进经济持续健康增长中具有非常重要的作用。特别是在当前出口和内需不振的情况下，为了顺利实现中国产业的转型升级，可以考虑通过发展休闲来激发广大民众的休闲消费需求，率先实现消费需求的转型升级，从而为产业的转型升级创造良好的需求拉动。梁小民（1996）曾分析过，由于资本的边际收益是递减的，因此一个国家如果仅仅通过资本积累来实现经济增长，在某个时候总会达到极限，此时再增加资本积累就不值得了。这时一个国家就要更多地消费，而不能再依赖增加资本积累来继续实现经济增长。而在经济增长达到较高阶段时，人们对物质生活的满足将使得社会物质消费的潜在空间变得相当狭小，这时休闲消费将成为推动社会消费力增长的主要因素，此时社会对休闲的欲求有多高，经济增长就有多快。

　　休闲是一种最基本的生理需要，不可或缺。即使在经济不景气时期，人们减少的也只是那些高价的休闲消费，低价的、大众化的休闲需求反而增加了，人们无非是从那些奢华的休闲场所重新回到普通的大众休闲场所而已，他们不是不休闲了，而是换了一种方式休闲。例如，2008年的金融危机就使得平时出现在美国人生活中的炫耀性娱乐消费出现了迅速减少，但很多人不过是用便宜的棋牌游戏桌代替了昂贵的视频游戏设备而已，玩具产业中较便宜的游戏设备反而因这次金融危机而更受欢迎了。可见，时代的发展昭示人们，即使是在经济不景气时期，休闲仍值得人们为之追求。特别是要充分认识到它在经济增长和社会发展中的重要功能，从而更好地发挥它在中国经济转型升级和促进国民幸福中的巨大作用。

（一）发展休闲有助于服务业转型升级

现代旅游业、娱乐业、体育运动业、美容保健业、住宿餐饮业等的兴起，改写了发达国家服务业的内部结构。在美国，休闲服务业不但已成为服务业中最重要的产业部门，而且已成为整个国民经济中第一位的经济活动，以旅游、娱乐和运动为基础的休闲服务业几乎扩展到了以美国为代表的发达国家的各个产业中（许斗斗，2001）。经济学家贝尔（Daniel Bell，1973）曾将服务业发展分为三个阶段。在农业社会主要以个人服务和家庭服务为主，在工业社会则以与商品生产有关的服务业即生产性服务业为主，而在"后工业社会"，他很有预见性地指出，随着国民收入的提高、寿命的延长和需求、口味的变化，人们用于实物的消费支出将减少，而用于第三部门即个人服务中的旅馆、酒店、旅游、娱乐、休闲、运动等方面的支出开始增长。这就是说，休闲服务业将是后工业社会服务业发展的重点，也是社会经济运行到一个较高阶段后服务业转型升级的基本方向。从中国目前的社会经济条件来看，随着社会经济发展水平的不断提升，中国收入水平还会进一步提高，民众对休闲消费的需求还会进一步增加，加之国务院已经颁布的《国民旅游休闲纲要（2013－2020年）》的助力，发展休闲必将成为促进中国服务业转型升级的重要动力。

（二）发展休闲有助于三次产业结构转型升级

从世界经济发展史来看，三大产业发展的顺序由最初的一、二、三变成现代的三、二、一，第三产业成为国民经济发展的龙头。第三产业的发展在很大程度上是得益于现代休闲服务业的兴起，因为产业发展的顺序实际上是由需求升级的顺序决定的，而在需求升级的过程中，对休闲服务的需求是最具潜力而且是增长最为迅速的。如果说是人们对实物型消费品的需求升级导致三大产业结构从传统农业社会的"一、二、三"过渡到工业社会初期的"二、一、三"的话，那么，正是人们对实物型消费品和服务型消费品需求的共同升级导致三大产业结构从工业社会初期的"二、一、三"过渡到了工业社会中期的"二、三、一"。而在工业社会后期，随着人们收入水平的普遍提高，社会对休闲服务的消费需求迅速增加，从而使得休闲服务业快速发展，导致第三产业在国民经济中的比重不断提高，最终使第三产业在国民经济中的比重超过第二产业，三大产业结构由二、三、一的形式变成三、二、一的形式。因此，休闲消费需求成为现代发达国家产业结构演变的主要动力（卿前龙，2007）。

据统计，2014年中国三次产业结构为9.2∶42.6∶48.2，第三产业在中国经济中所占的比重开始超过第二产业，三次产业结构开始升级为三、二、一结构。可以预见，随着产业结构的不断调整和优化，中国服务业还将大发展、大繁荣。其中，以金融、物流、信息、科技、外包、商务会展、文化创意等为代表的现代生产性服务业，以及以旅游、娱乐、运动等为代表的现代休闲服务业将成为未来产业转型升级的重要产业部门，特别是越到转型升级的后期，后者的重要性越凸显。

（三）发展休闲业，特别是鼓励休闲创新，有助于休闲产业本身转型升级

鼓励休闲创新是推动休闲发展的一条重要途径。随着新科技不断应用于休闲领域，传统的休闲产业将衰落或是被改造而新生，新的休闲方式和休闲产业就会不断出现，这不但会给经济增添新的活力，而且还会推动休闲产业本身的转型升级，并最终改变整个休闲产业的传统结构。现在，旅游业和娱乐业已开始大量地采用现代科技和工具，从而使传统的产业能力有了很大的提升。例如，钓鱼本是一项传统的旅游性娱乐项目，最初在国民经济中几乎没有任何地位，但现在却成为许多国家旅游业中新的经济增长点。

目前，中国休闲创新的能力和意识还普遍不强。以旅游业为例，中国许多景区仍是满足于传统的"爬山、嬉水、看菩萨"这老三样，娱乐活动项目单调，景点没有新鲜感、没有特色，缺少文化氛围，这在很大程度上制约了中国旅游休闲业的进一步发展。其实，对于旅游休闲业来说，创

新显得尤其重要。美国著名的迪斯尼乐园，其之所以能保持经久不衰的魅力，一个重要的原因就在于不断创新。休闲创新的问题目前已引起一些工业和农业部门的重视，它们结合自身的特点，推出了一些诸如工业观光、农业观光项目，取得很好的经济效益。这是一种工（农）业与休闲服务业融合的趋势，休闲创新是其中的关键。

（四）发展休闲有助于一、二产业的转型升级

由于休闲消费具有很强的消费关联性，这种消费关联性最终要转化为产业关联性，从而促进一些相关产业的兴起。比如人们在享受休闲服务时，就需要休闲场地、休闲器材、休闲食品和用品等，随着人们对休闲服务需求的增加，与之相关的需求也会增加。这类需求将转化为第一和第二产业的供给，最终促使第一和第二产业中那些与休闲相关的产业如休闲食品业、玩具业、美容品业、工艺品业等的兴起。特别是休闲的介入有时甚至会完全改变某些产业原有的产业性质，如珠三角城市周边的一些农村地区（如广州市花都区梯面镇）原来种油菜是为了获得种植收入，后来随着大批城市居民来观赏油菜花，他们就转型为只种不收专供游客观赏，村民们转型做起了餐饮、住宿、旅游纪念品，所得的收入大大超过以前的种植收入，这样传统农业就演变成现代休闲农业。中国台湾省渔业的起死回生则是传统渔业借助休闲而转型升级的成功案例。十多年来，台湾省由于渔业资源的枯竭使渔业发展陷入了困境，为此，台湾省渔业局适应隔周休二日制实施后公众休假时间增加的需求，从1998年开始在沿海港口、渔区大力发展休闲渔业，从而吸引了大量游人，活跃了渔区经济，使"已近黄昏"的台湾省渔业迅速起死回生。休闲渔业也因此被台湾省称为"建设现代化渔村和增强渔业活力的改革"（卓友瞻，2000）。

中国有庞大的城市人口，近年来越来越多的城市居民热衷于去乡村旅游休闲，吃农家饭、住农家屋、干农家活成为新的休闲时尚，这无疑为中国发展休闲农业、促进传统农业转型升级提供了一个不错的新思路。

参考文献

1. 于光远：《论普遍有闲的社会》，中国经济出版社，2004。

2. 梁小民：《宏观经济学》，中国社会科学出版社，1996。

3. 许斗斗：《休闲、消费与人的价值存在》，《自然辩证法研究》2001年第5期。

4. 卓友瞻：《发展休闲渔业，振兴渔区经济》，《中国渔业经济研究》2000年第1期。

5. 卿前龙：《休闲服务与休闲服务业发展》，经济科学出版社，2007。

6. 丹尼尔·贝尔：《后工业社会的来临：对社会预测的一项探索》，高铭等译，商务印书馆，1986。

7. Gramm, W. S. Labor, Work, and Leisure: Human Well-being and the Optimal Allocation of Time, Journal of Economic Issues, 1987, 21 (1): 167-188.

8. Gadamer, H-G. The Relevance of the Beautiful and Other Essays, Cambridge: Cambridge University Press, 1986.

9. Richmond, W. K. Foreword to T. Husen. The Learning Society. Methuen, London, 1974.

G.20
日本休闲行政机构与休闲政策
动向及存在的问题

田中伸彦 *

一　前言

　　现在的日本，可以说是一个拥有充足闲暇时间的国家。日本人的平均寿命大概是 80 岁（大约 70 万小时）①，其中工作时间是 7 万～8 万小时，只占

---

　*　田中教授曾长期就职日本政府部门，现在东海大学任教。受本书主编宋瑞邀请，经美国阿拉巴马大学董二为博士联系，田中教授为本书撰写此稿。田中伸彦，东海大学观光学部观光学科教授。本文由北京联合大学旅游学院副院长石美玉博士、教授翻译，美国阿拉巴马大学副教授董二为博士审校。
　①　依照日本厚生劳动省的简易生命表，2011 年日本人的平均寿命为女性 85.90 岁、男性 79.44 岁，日本成为全世界屈指可数的长寿国之一。但是与 2010 年相比，女性平均寿命缩短了 0.40 岁，男性平均寿命缩短了 0.11 岁。主要是因为 2011 年 3 月 11 日发生的东日本大地震中的受灾人数巨大（死者 18877 名，2012 年 9 月 5 日，厚生劳动省发表）。

据其人生的 1/10。另外，自由时间超过 20 万小时，大概占人生的 3/10。也就是说，日本人的休闲时间是工作时间的 3 倍。

因此，如何对国民的休闲时间给予适当的安排，是国家政策不能置之不理的重要议案。"怎样才能让国民享受充实的休闲生活"这一问题与工作问题（产业振兴）一样重要，可以视为一辆自行车的两个车轮。

但是近代①的日本人很长时间被指"总的看来不太擅长享受闲暇时间"，这确实是一个事实。这里并不包括近代以前的日本人，比如江户时代②的日本人，因为当时从武士及贵族阶级到一般百姓，各阶层的人们充分享受着有意义的闲暇时间。江户时代日本采取闭关锁国政策③，一般老百姓及上层的武士们的休闲活动形成日本独特的文化④，促成日本人独特的生活方式及行为方式。可是 19 世纪后期的开国时期，由于引入了西方的生活方式，日本独特纯熟的生活方式受到很大影响，甚至被歪曲。

19 世纪后期的开国被称为明治维新，伴随着西方科学技术的引入、废佛毁庙、变更历法⑤、修改土地税，土地私有制、货币经济开始出现了。同时，随着交通的不断发达，生活场所与工作场所的分离等出现了。其结果是，日本的生活方式及生活空间、时间的利用等在短时期内产生了剧变，由此导致日本人的价值观及物质丰裕程度急剧变化。其后，日本人没有充分吸收西方化的冲击就过渡到了 21 世纪。为此，日本人至今也没有能够充分应对伴随着科学技术的发展而日新月异的休闲环境的变化，他们仍然保持着不自然的生活风格。

---

① 本文中的所谓近代是指日本终结了武士政权的江户时代，建立近代国家的明治维新（1868年）以后的近代。

② 所谓江户时代，是指日本历史中德川将军家在江户（现在的东京）设置幕府、统治日本的武家政权的时代，指 1603～1868 年之间的 265 年。

③ 所谓闭关锁国政策，是指江户时代德川幕府禁止日本人的海外交通、限制外交、贸易的对外政策。实际上，日本与李氏朝鲜及琉球王国有"通信"的关系，与中国（明朝、清朝）和荷兰有通商关系。

④ 17 世纪后期至 18 世纪的元禄文化、19 世纪前期的化政文化等为代表。

⑤ 在日本 1873 年，从二十四节气·七十二候的天保历（太阴太阳历）变更为格里历（太阳历）。

在历史上，19 世纪初至 19 世纪 20 年代融合了西式生活风格与日式生活风格，休闲曾经有过具有民主、自由主义思潮的所谓"大正民主主义"这一进步的文化。但是，到了 19 世纪 30 年代，随着军国主义的形成，休闲文化活动受到严重的控制。

战争时期，休闲活动被称为"厚生运动"，专门用于增强预备服兵役的青少年体质。此时，个人的休闲自由权明显地受到限制。因为战争时期受到严格的控制，与现在直接相关的日本的休闲政策大多是"战后"① 重新建构的。因此，本文首先概括"战后"日本的行政政策的动向，然后通过其动向指出日本休闲政策的变化。

二 "战后"日本休闲行政机构与政策发展历程

（一）昭和时期的休闲行政机构与政策发展历程

在日本战后昭和期②的休闲行政机构变迁中，原来的经济企划厅（现在的内阁府）发挥着中心作用。

事实上，关系到休闲行政管理的省厅（相当于中国的中央部委）很多。譬如，从 2013 年日本的行政机构来看，经济产业省负责服务产业，厚生劳动省主管劳动问题，涉及旅游的是国土交通省（观光厅），负责国立公园及世界遗产的管理的是环境省及文部科学省（文化厅），负责绿色旅游（Green Tourism）的是农林水产省，涉及休闲的财政问题由财务省负责，外交问题由外务省等管辖。可以说，很多省厅与休闲的行政管理相关。

战后昭和期的日本，经济企划厅负责各省厅横向政策的实施。用中国古典解释"经济"这一词的话，所谓经济就是"经世济民"，也就意味着"好好治理国家，把人们从苦难中解救"。经济企划厅就是根据"经济"这一词

---

① 指 1945 年日本战败以后，下同。

② 所谓昭和时期就是从 1926 年（昭和元年）12 月 25 日至 1989 年（昭和 64 年）1 月 7 日的 64 年。所谓战后昭和期就是指 1945 年以后。

的原意从国民生活的视角来解释休闲，并致力于提高国民生活的行政管理机构。

关于昭和时期经济企划厅休闲行政机构的历史，松田（2006）已经简洁地归纳了其动向。因此，本文以松田的理论为根据，补充经济企划厅（1997）及经济企划厅国民生活局（1995）的形式，归纳昭和时期休闲行政机构的变迁史。

经济企划厅是以1946年建立的"经济安定本部"及1952年继承它的"经济审议厅"为起源发展起来的。经济安定本部的主要工作是，"战后"动乱期的经济统制及经济复兴改革以及对其的综合调整。1950年的朝鲜战争使日本经济复兴的速度比预计的还要快。与此同时，1952年旧金山媾和条约的生效使日本回到了国际社会。此时，日本的经济政策是从统制经济转到自由经济，经济审议厅在3年后的1955年重组成为经济企划厅。

次年，即1956年出版的日本历史上第一本《经济白皮书》，记述为"已经不是战后了"。20世纪50年代后半期到60年代日本实现了高速的经济增长。60年代后半期，日本的国民生产总值（GNP）继美国之后排世界第2位。70年代，日本国民收入也达到了先进国家水平。战后物资与精神匮乏的日本，此时充分受惠于经济增长，目光开始"从物资上的富裕转向了精神上的富裕"。因此，经济企划厅将日本与发达国家相比较，开始致力于生活质量的改善和休闲环境的改善。

从国民的平时生活来看，20世纪60年代前半期，日本发生了所谓"休闲（leisure）热潮"的社会现象。在这爆发性的休闲热潮之下，日本各地的山、海、旅游地到处都是熙熙攘攘的人群。这一年夏天，登山超过200万人次，冬天的滑雪人数超过100万人次，日本航空国内线的乘客数首次突破了100万人次。以1962年的舞蹈（twist）热潮、1963年的动漫及历史连续剧的放映、1964年的东京奥林匹克运动会、1965年的电子吉他（electric guitar）热潮、1966年的披头士乐队（The Beatles，又译"甲壳虫乐队"）来日等为象征，日本的休闲活动往多样化方向发展，出现了出游、体育、跳舞、音乐、动漫、电视、娱乐等多种形式（清原，2007，2008）。

　　为适应这样的状况，经济企划厅开始了改善休闲环境等提高生活质量的政策。例如，1956 年发行了最初的国民生活白皮书——《国民生活变貌的实态》。国民生活白皮书从 1963 年开始正式报告给内阁会议（发布资料），把经济增长成果与提高国民生活质量相结合进行资源分配，并将其列为国家政策的基本课题。休闲的重要性在 1966 年的国民生活审议会报告《未来的国民生活景象——20 年后的蓝图》和 1968 年的国民生活审议会调查部报告《休闲问题的现状与未来方向》中都有论述。其中涉及几个重要问题：①科学技术的进步以及生产的扩大带来了自由时间的增多（工作时间缩短），政府谋求提高国民生活水平；②由自由时间形成生活文化的重要性不断提高；③休闲不只是劳动再生产的手段，应有更深层的积极意义；④虽然出现了休闲热潮，但是国民对休闲认识缺乏及适应能力（态度）不充分，使得休闲并没有伴随生活内容的充实而得到发展等。

　　在此情况下，经济企划厅为了积极推进国民的休闲，设立了休闲开发室①。而且从 1973 年开始，为了和与休闲政策有较大关系的各省厅之间进行协调，经济企划厅设立了联席会议②。同时，为了推进地方公共团体的休闲行政管理，召开都、道、府县休闲行政负责人会议等，实施了推进休闲的诸多政策。为了配合经济企划厅的步调，通商产业省（现在的经济产业省）在产业政策局产业结构课中设立了休闲开发产业室。同时，1972 年设立了财团法人休闲开发中心，这一机构主要致力于把日本的产业结构从重视生产转向重视生活③。

　　综上所述，至 1970 年初，日本顺利地实现了经济增长。之后，1973 年发生了第一次石油危机，消费跌入低谷，大型公共事业被迫冻结、缩小。

---

① 1972 年设立在长官房，1973 年移动到国民生活局。

② 经济企划厅休闲开发室成为事务局。

③ 财团法人休闲开发中心是"战后"日本的促进休闲活动、从政府·产业界方面受到支持的政府系中枢机关。休闲开发中心开始编辑·刊行的《休闲（leisure）白皮书》是日本的关于休闲（leisure）的年度统计·分析资料。2000 年休闲开发中心更名为"财团法人自由时间设计协会"，重新编制。之后 2003 年 3 月 31 日"财团法人自由时间设计协会"被解散。现在此机关的业务由"财团法人社会经济生产性本部国际部"接管。

1979 年又爆发了第二次石油危机。但是即使面对这样的经济危机，政府并没有缩小休闲的投入。20 世纪 70 ~ 80 年代的日本，国民生活的目标从物质量的扩大变化为品质的提升。实际上，依据原总理府（现在的内阁府）的舆论调查，对于"今后生活着力点的生活内容"的询问，回答为"休闲（leisure）·闲暇生活"的国民渐渐增加，1983 年超过"居住生活"首次排在第 1 位。之后，除了一些特殊情况之外，"休闲（leisure）·闲暇生活"持续成为国民最为重视的生活项目。在国民的价值观中，休闲已经成为不可忽视的内容。另外，这个时期值得注意的是，不仅是休息及娱乐，推动志愿者活动等社会性活动的政策也开始成为休闲活动的重要一环（国民生活审议会报告《自主参加活动的意义与作用》等）。

进入 20 世纪 80 年代后期，面对长寿社会，日本有必要改革社会结构。战后一段时期的平均寿命为"人生 50 年"，此时已经进入"人生 80 年"时代，因而有必要再建设适合这些变化的社会经济系统（国民生活审议会的报告《长寿社会的构图》）。这个报告指出，有必要消解特定人生阶段上的金钱负担①及时间富余②的过分集中，人生不只是"幼儿期→教育期→劳动期→退休期"这一传统的舞台，而有必要提供诸如经历了社会人之后接受再教育的再流向式生活模式等选项。

从 1986 年开始，日本把有"文化日"及"勤劳感谢日"等国民假日的 11 月作为"余裕创造月"，集中实施缩短工作时间的宣传、启发活动。加上 1987 年修正了劳动基本法，明确提出了"与欧美先进国并列的年总实际工作时间的实现与周休 2 天制的早期完全实施"的政策目标，规定 1 天工作不能超过 8 小时，1 周不能超过 40 小时的法定工作时间，用 10 年分阶段实行这一政策（三谷，2012）。进而接受了 1988 年设立在原总理府（现在的内阁府）的临时教育审议会的提议，原来的文部省（现在的文部科学省）设立生涯学习局等，实施了面向生涯学习体系的国家政策的转移。

---

① 大部分负担集中在教育费及房屋购买债务等重叠的育儿期。
② 大部分休闲时间集中在幼儿少年期及退休老年期。

另外，泡沫经济①对日本昭和后期的休闲影响是不可忽视的。之后，泡沫消失也是已知的事情。在此情况下，1987 年实施了《综合保养地区整治法（保养地法）》，开发大规模的度假酒店、高尔夫球场、滑雪场、海边船坞（marina）等。日本国内以所谓 3 套巨大娱乐设施的奢侈消费型休闲为前提，制定进行国土改造的基本构图，开发商纷纷购买土地，严重破坏了山村地区及海边地区的自然环境。而且泡沫经济的气势没有在日本国内停止。例如，原来的运输省，即现在的国土交通省（观光厅），制订了"海外旅行倍增计划"，鼓励出境旅游，以此缓解贸易黑字问题。但是，这种空前好景象的泡沫也在平成初期（1991 年）开始破灭。之后，日本进入长期的经济萧条期。

（二）平成时期休闲行政机构的发展

1. 平成泡沫时代的行政机构发展

从 1989 年到现在的平成期，可以概括为"以泡沫经济为开幕，1991 年泡沫崩溃之后陷入长期的经济萧条"。从休闲行政机构的视角来看，经济萧条刚开始的 20 世纪 90 年代，沿袭了昭和时期所制定的各种休闲振兴政策，摸索根植于国民生活的休闲方式。随着进入 21 世纪，由于面临经济衰退，休闲在行政机构中急剧消失。

1989 年平成元年之后一段时期内，正是泡沫经济的发展时期，国家对休闲的推进非常积极。例如平成元年，在国民经济的中枢机构——金融部门中引入了双休制。同年，政府机关也实施了双周星期六休息制度②。1991 年，引入了公务员夏季休假制度。1992 年，学校开始实施"一周 5 天制"。

1991 年，公益法人——日本游憩协会作为全面开展设计休闲生活、解决休闲障碍要素、实施活动节目、提供信息等的"休闲生活的顾问"，开展

---

① 所谓泡沫经济景象，就是指昭和末期到平成初期［1986 年（昭和 61 年）12 月至 1991 年（平成 3 年）2 月为止的 51 个月］在日本发生的因资产价格的高涨而发生的黄金时期。地价及贵金属等资产价格高涨，伴随着发生了各种各样的社会现象。

② 1992 年完全成为周休 2 天。

了"休闲生活开发师·休闲生活商谈员"的培训以及资格认定等事务。1991 年，日本制定了育儿休假法①。1992 年，经济企划厅的"休闲开发室"改组为"休闲、生活文化室"。此次改组的目的在于，不仅确保民众休闲时间，同时通过人们的自由时间创造价值。与此同时，地方政府也积极推动休闲产业。

学术界也进行了广泛的休闲研究。例如，这个时期广播大学的课本采用了休闲论（例如一番个濑，1985），面向现代社会的休闲方式的讨论也进行着（例如休闲开发中心，1989）。在民间，各种休闲活动得以蓬勃开展。对日本经济影响很大的民间企业经营者团体——经济同友会，1989 年公布了题为《以实现"个人·企业共存的时代"为目标——提高国家富裕》的报告。在该报告中，经济界也明确表示，为了实现富裕社会，使国民从"有钱人""物质富裕的人"转变为"有时间的人"，应扩大自由支配时间，缩短工作时间。

2. 平成泡沫经济以后的行政机构发展

平成初期的好景象支撑着休闲活动得以积极展开，但是 1991 年泡沫经济崩溃后不久，到 21 世纪，休闲已不能成为讨论的话题（松田，2006②）。在昭和时期倡导日本休闲发展的经济企划厅国民生活局，2001 年中央省厅等改革③经济企划厅被废止，并被合并到新设置的内阁府中。2009 年 9 月，日本设立消费者厅，国民生活局的大部分事务转移到消费者厅，国民生活局被废止。废止以前的国民生活局所管辖事务中，对 NPO 法人的认证以及促进市民活动的业务等留给内阁府，其他业务都移转到消费者厅。

与此同时，2009 年以后没有再发行《国民生活白皮书》。政府从 1956

---

① 施行为次年的 1992 年。

② 泡沫经济崩溃后的 1995 年 1 月发生了阪神大地震，在这个地震中，受灾地区的志愿者活动不仅受到高度的评价，也使国民广泛地认识其意义，因此这年被称为志愿者元年。这样的选择自由支配时间时，志愿者活动及市民参加的地位提高也可称为平成时期的特征，对此本文不加以探讨。

③ 所谓中央省厅等改革，就是指根据中央省等改革基本法，2001 年 1 月 6 日实行的中央省厅的再编统合。那时的 1 府 22 省厅改为 1 府 12 省厅。

年开始每年制作的以国民生活的满意度、地区交流、出生率与育儿、老年人的生活等与国民生活息息相关的各种各样课题为内容的历史性白皮书，随着国民生活局的废止也中断了。直到现在为止，还看不到负责日本休闲发展和政策的行政机构复活的迹象。当然，接管国民生活局很多事务的消费者厅还存在，但是用休闲、闲暇等关键词来搜索此厅的网站，无法看到近年来其推行了哪些积极的举措。消费者厅是从财产和服务的对象——"消费者"的视角研究国民的，致力于"建设消费者享受安全、丰富的消费生活的社会"，而国民生活局是把国民看作"生活者"，因此，消费者厅并不会把经济增长与提高国民生活质量连接在一起开展资源分配、建构休闲环境等。

虽然目前日本没有专门的休闲行政机构，但是从各种政策来看，关于休闲的行政机构并非不存在。例如，2001 年为了推进工作与生活的协调、男女机会平等及共同参与，日本在内阁府设置了男女共同参画局①。2008 年，为了促进观光立国的实现，建设有魅力的观光地，振兴国际观光及其他关于观光的事务，日本设立了观光厅，并把它作为国土交通省的外局。

三 目前日本休闲行政机构存在的问题

综上所述，不能否认，现在的日本已经失去休闲行政机构的向心力。但是正如前文所述，现在的日本人，其几乎人生的 1/3 是休闲的时间。因此政府为了充实民众休闲生活而推进政策非常重要。

为了提高国民对生活的休闲行政管理重要性的认识，将其恢复到 20 世纪 70～80 年代的水平，首先必须努力消除长期的经济不景气和大幅度的财政赤字。据最新版的《休闲白皮书》（公益财团法人日本生产性本部编，2012）的分析，2011 年日本的休闲市场产值是 64 兆 9000 亿日元，这一产值比日本主要产业——汽车产业（40 兆日元）规模还要大，相当于家电产

---

① 作为男女共同参加局的前身，1994 年内阁总理大臣官房（总理府的大臣官房）设置了男女共同参加室。之后随着 2001 年的内阁府设置，男女共同参加室改为男女共同参加局。

业的产值。但是与2010年大约68兆日元的休闲市场规模相比，还是减少了4.5%，与2007年大约74兆6000亿日元的休闲市场规模相比，更是减少了大约12.9%。进一步说，与休闲产业规模很大的1996年90兆9000亿日元相比较，休闲市场规模大约降低了30%。为了恢复和建设日本休闲社会，应该把因通货收缩而缩小的休闲市场复苏起来，因此，有必要在国民生活中积极地营造休闲的舆论。

为了解决这些问题，与休闲政策一起成为一辆车的两个轮子的劳动政策（产业政策）的好转是非常重要的。战后的昭和时期，日本企业实施以"终身雇用""年功序列工资""各企业工会"为三个特征的独有的经营方式。在日本式的经营中，如果一个员工在一个公司就职的话，一生都会受到该公司的照顾。在这一默认的理解之下，很多劳动者进行服务性加班①，从而减少了自己应享有的自由支配时间。但是现在，日本的终身雇用制度已经崩溃，就算进行了服务性加班，也不能保证那个公司就会对员工照顾到退休。加上随着年功序列而增加工资的结构也要崩溃，工会为劳动者权利交涉的能力也在弱化。一般老百姓作为劳动者的权利变得非常脆弱，因此老百姓主张享受休闲的权利也非常困难。从经营者角度来看，更多的企业为了使自己的公司生存下去，拼命让员工工作，而忘记了如上所述1989年的《以实现"个人·企业共存的时代"为目标——提高国家富裕》的休闲振兴提议②。举个极端的例子，现在的日本社会确实有无视员工的健康、迫使员工进行长时间劳动（服务型加班）的"黑企业"（今野，2012）。换句话说，现在日本的劳动环境，存在两种情况：一种是比以前更长时间继续工作的无定时劳动者；另一种是因退休及裁员而失去工作，从而有很多可自由支配时间的人。

关于日本人的休闲时间和工作时间的关系，有客观的研究成果。根据黑

---

① 所谓服务性加班，是指对于雇主不付正规的工资（加班工资）的八小时以外工作的俗称。雇主利用其地位对被用者（劳动者）强制的也不少。服务加班本来就是违法行为。

② 经营者认为，看得到消费的扩大等利益方面的主张，看不到为了市民的生活好转推进休闲的主张。

田（2009）对总务省1976年以后每隔5年进行的《社会生活基本调查》的研究，1986年和2006年相比，日本在职人员的每周工作时间没有很大区别。如上所述，其间日本正式实施了双休制，从每周48小时工作转到每周40小时工作，从制度上缩短了劳动时间。但是，从黑田（2009）的结论可以看出，日本普通劳动者的工作时间实际上没有缩短，而是将星期六的时间移到平日。因此，对普通劳动者而言，双休制实施以后，平日的休闲时间和睡眠时间有意被缩减。在日本，在休假增加及法定工作时间缩减这一政策之下，个人的工作时间并没有减少。可以说是实质上的工作时间没有减少，没有给国民的休闲生活带来好的效果。

休闲活动兴盛时的20世纪60～80年代，日本随着科学技术及经济的发展，被预测劳动时间将会大幅度减少。也就是说，随着国家的发展，国民的劳动时间将会减少，以休闲为中心的生活方式将会形成，但事实并非如此。综上所述，现在的日本从经济角度来看，劳动者的休闲环境恶化，关于休闲的话题被搁置。

经济之本意就是使国民过着更加像人的生活，即"经世济民"。也就是说，经济的发展有必要以"好好治理国家，把人们从痛苦中解救出来"为根本。日本正处在应该再次确认这一结论的状况。希望从生活的观点把握休闲，尽快恢复为了提高国民生活水平而尽责的行政机构。

参考文献

经济企划厅编（1997）《战后日本经济的轨迹——经济企划厅50年史》，大藏省印刷局。

经济企划厅国民生活局（1995）围绕休闲·生活文化行政的主要动向、leisure·recreation研究29。

清原伸一编（2007～2008）《昭和Times 64年的记录与记忆》，deagostini，1961～1966。

黑田祥子（2009）日本人的劳动时间是否减少？1976～2006年利用Time-Use Survey

的劳动时间·休闲时间的计测，ISS Discussion Paper Series，J－174。

三谷直纪（2012）：《关于休闲与劳动的长期性推测的经济理论与实际》，日本劳动研究杂志 625。

一番个濑康子（1985）《休闲生活》，广播大学教育振兴会。

（财）休闲开发中心编（1989）《90 年代的 leisure 精神》，创知社。

公益财团法人日本生产性本部编（2012）《leisure 白皮书 2012》，公益财团法人日本生产性本部。

今野晴贵（2012）《黑企业》，文艺春秋社。

Jean Fourastié：（1965）《四万时间，预测未来的劳动》，长塚隆二译，朝日新闻社。

G.21
加拿大游憩与公园政策的
起源与历史发展

刘慧梅　黄保丹　俞　滨*

摘　要：加拿大游憩与公园起源于100多年前的四大社会运动：公园和花园行动、体育文化运动、游乐场运动和城市美化运动。其发展经历了投入时期、产出时期、益效时期和成果时期四个阶段。加拿大游憩与公园发展所体现出来的休闲政策作为社会干预手段及多样性、包容性的特征，为中国目前的休闲政策发展提供了启示。

关键词：游憩与公园　加拿大　融入

休闲政策是"国家政府部门为实现既定目标，制定与公民休闲需求、休闲产业发展等相关的行为规范、准则和规章制度以及所采取的行动"（刘慧梅，2011）。休闲政策有不同的分类方法。根据政府部门的分工，一般分为休闲文化政策、休闲旅游政策、休闲体育政策、公园与游憩政策等。根据休闲的要素，可以分为休闲时间政策、休闲场所政策、休闲财政政策、休闲教育政策等（阮黎帆，刘慧梅，2012）。公园与游憩政策是加拿大与美国最

---

* 国家社科基金项目"国民休闲基本理论与发展体系研究"（项目编号：0BGL047）阶段性成果之一。刘慧梅，浙江大学外国语言文化与国际交流学院，浙江大学亚太休闲教育研究中心博士、副教授，硕士、博士生导师，主要研究兴趣为跨文化休闲比较、休闲政策；黄保丹、俞滨均为浙江大学外国语言文化与国际交流学院研究生。

具特色的休闲政策，也是相对界限清晰的政策。公园与游憩政策不但提高了北美民众的休闲机会，也与各级休闲教育机构密切相关，尤其是与高校的休闲专业教育及学术研究有紧密联系。本文重点讨论加拿大的公园与游憩政策，讨论其起源、演变及未来的发展趋势等议题。

休闲政策讨论的起点之一是把休闲作为人们需求的一种公共产品。根据萨缪尔森的定义，公共产品是"每个人对这种物品的消费，都不会导致其他人对该种物品消费的减少"。即"每个人对这种物品的消费，不需要从其他人对它的消费中扣除"（Samuelson，1945，pp. 387 – 390）。加拿大休闲政策专家伯顿教授认为，公共产品就是指"为了整个社会而不是某个体或特定社会群体而采取的行动，虽然个体及社会群体可以并经常从这些行动中获得益处"（Burton，2011，p. 5）。由此可见，公共产品既可以是一种物品，也可以是一种服务和行动。公共产品理论认为，政府服务的价值取决于它是否能维护和促进公民社会。本文将从加拿大游憩与公园的起源和发展来探讨加拿大的休闲政策，尤其是其游憩与公园政策。

一　加拿大游憩与公园政策的起源

在加拿大人们有享受休闲的权利已是社会共识，公共社会服务必须包括提供休闲和游憩的机会。这种观点与加拿大游憩与公园体系最初发展所依据的实用思想一致。这些思想的源头是距今 100 多年的四种运动：①城市通过土地补助和购买方式建立公园和花园的行动；②19 世纪初的"体育文化运动"；③20 世纪初加拿大全国妇女理事会倡导形成的"游乐场运动"；④促进正式城市规划、加强城市设计的"城市美化运动"。这些旨在促进公共产品发展的四种力量汇集在一起，共同推动加拿大市政游憩与公园服务的最初发展。

（一）建立公园和花园的行动

哈利法克斯、蒙特利尔和多伦多的公园是加拿大最早的公园，设立这些公园的宗旨是让它们成为城市的呼吸空间。这些公园及早期的其他公园，通常都是慈善家送给政府的礼物或捐赠。后来，政府也通过购买或者没收一些拖欠税收的土地等形式增加新的公园。起初，人们并不能在里面玩游戏，也不允许在草地上行走和躺在草地上。尽管有这样的限制，这些公园还是影响了当时人们的观念，人们认为公园是城市生活质量的关键，市政府应担此责任。加拿大多伦多市议会在 1851 年成立了公共步道和花园委员会，以官方形式正式认可了市政府的责任。

（二）"体育文化运动"

体育文化运动兴起的主要原因是 19 世纪工业革命过程中，中产阶层和精英阶层因为静坐方式而导致的"富贵病"。为此，各种运动诸如传统的民间竞赛、舞蹈、运动、军事训练等都得到提倡，用来防止这些疾病，很多运动是从古希腊和古罗马的运动训练模式中得到灵感，并以更科学的方式组织起来。到 19 世纪晚期，体育锻炼已经与游憩、各种形式的教育、竞技体育及社会改革、宗教事业等糅合在一起，体育运动与宗教事业的联系促进了"强身基督徒"（Muscular Christianity）以及基督教青年会（YMCA）等机构发展。时至今日，基督教青年会仍在加拿大和美国提供大量的社区休闲游憩活动。

（三）Meller, 1976 "游乐场运动"

加拿大的游乐场运动始于 1901 年，该运动的宗旨是以有组织、有管理的游乐场代替儿童们在街上无组织的危险玩乐。为了改善工业城市和城镇工人阶级儿童的生活条件，加拿大全国妇女理事会致力于促进假日学校（vacation school）和夏季操场（summer playground）的发展。假日学校起源于美国，美国改善贫民状况协会（the Association for Improving the Condition of the Poor）于 1894 年 6 月 8 日在纽约开办了第一所假日学校，实行完全免费教育，并设立一些实用性的科目，从身体、道德、文化、精神等方面关心贫困学生（陈燕文，2004）。加拿大全国妇女理事会虽然自身没有经营游乐场，但它是加拿大全国各地游乐场运动的倡导者和促进者。

（四）"城市美化运动"

城市美化运动在 19 世纪末至 20 世纪初得到蓬勃发展，其主导力量是建筑师、景观设计师和社会改革者。他们主张通过重新建设城市，包括宏伟的建筑、绿树成荫的林荫大道、宽敞的公园，消除工业城市城镇和社区中那些危险及不美观的因素，从而提高北美城市的生活质量，该运动在 1893 年芝加哥举办的世界博览会上受到广泛的国际关注。

上述四股力量共同推动了加拿大的市政游憩和公园系统的发展。其中，游乐场运动促使游憩和公园体系自然地进入市政体系。其发展过程为，最初地方妇女委员会（local Council of Women）建立一个游乐场委员会（Playgrounds Committee）。然后游乐场委员会与当地教育部门合作，组织夏日游乐场。此后设立游乐场协会（Playgrounds Association）并发展为更正式的游乐场委员会（Playground Commission）。然后该游乐场委员会被吸纳到市政组织内部成为负责管理城市公园的部门。最后游乐场委员会就成为市政府内独立的游憩与公园部（Markham，1992）。这个过程正是公园和游憩等受到各种社会力量、民间力量的推动，最后发展成为政府部门的职能和政策的过程。换言之，加拿大政府的游憩与公园是为了回应社会运动，在各种非营利组织的推动下而设立的。

二 加拿大游憩与公园政策发展的四个阶段：以阿尔伯塔省为例

加拿大阿尔伯塔省游憩与公园方面最为突出，它在休闲政策、实践和学术研究等诸多方面引领了加拿大的发展。加拿大阿尔伯塔的公共、非营利性游憩和公园可以追溯到 100 多年前，但是其快速发展则是在 20 世纪 60 年代之后，其发展大致可划分为以下四个阶段。

（一）加大投入时期：20世纪60～70年代

1947～1966年的婴儿潮时代，加拿大人口急剧增长，阿尔伯塔省的人口从1951年的94万人增长到1961年的133万人，增长了42%。1949～1958年，由阿尔伯塔省会爱德蒙顿通往美国威斯康星的跨省油管、通往温哥华的跨山油管以及邻省通往蒙特利尔的全国油管先后开通，极大促进了经济发展。人口增加和经济增长，加上汽车的普及，使得加拿大人参加各类游憩运动的热情空前高涨。1951年参加体育与游憩和有组织的操场运动的人数分别为10万人和6万人，至1961年分别增加到14.9万人和7.1万人，分别增长约46%和20%。这些都导致了游憩与公园需求的急剧增长，各个社区建立了种类齐全的游憩设施，公园的服务也拓展到游憩活动。在20世纪六七十年代后期，阿尔伯塔的城市诸如卡尔加里、雷德迪尔、莱斯布里奇、埃德蒙顿都拥有当时加拿大最齐全的游憩和公园部门。1967年，加拿大百年纪念带来了新一轮的设施建设浪潮。在最初阶段，这些设施是服务于儿童和青少年的，20世纪60年代以后扩大到各个年龄段、性别和不同情况的使用者。

在此时期，阿尔伯塔省和阿尔伯塔大学在休闲研究方面的领先地位和创新精神也得到全国认可。阿尔伯塔大学从1962年设立游憩本科专业，1981年设立游憩硕士专业，1996年设立游憩与休闲研究博士专业。截至2012年，已经有2060名本科生、92名硕士生和18名博士生获得学位（Burton，2012）。这些毕业生源源不断地进入休闲、游憩、公园、体育等相关领域的政府部门、企业和非政府组织，引领了休闲、游憩和公园的发展和管理。阿尔伯塔大学最初几届的毕业生为20世纪70年代游憩设施的发展带来了积极影响。这一代领导者提倡新的思想和技巧，影响了各部门和组织的决策。他们对社区发展有着较好的理解，坚信只有与社区及相关组织结合起来，服务设施才能更加完善。70年代后期，大多数社区的室内游憩设施具备多种用途，项目也朝着多样化的方向发展，致力于为包括残疾人、贫困人群和其他人群在内的所有群体服务。

1978 年 3 月，安大略省政府的文化与游憩部召集了 11 名人员来到伊劳拉镇参加研讨，以对该省休闲产业的发展状况作出预测。此次会议形成的"伊劳拉文件"成为加拿大休闲领域的全国性示范文件。文件指出，在快速发展的时代，当时许多惯例都已不合时宜，休闲领域也应做出相应的调整。这些调整主要包括 8 个方面的转变，比如从服务提供者到协调员、促成者、教育者，从条块分割到全方位整体服务，从消费到保护的转变等（Balmer，1978）。游憩和公园领域在 20 世纪 70 年代快速发展，人员、服务、室内及室外设施的规模都快速扩大。在省政府"重大文化游憩设施项目"的鼓励下，阿尔伯塔的一些社区纷纷制定了首个总体规划，确认现有公园、室内设施和服务的不足以及接下来的工作重点。带有人行小道和自行车道的线型公园成为游憩活动和社区环境必不可少的组成部分。

加大投入主要表现为三个方面：①大量游憩设施和公园的建立。这些设施包括室内室外游泳池、运动场、冰壶馆。各种游憩项目和服务增长迅速，各社区之间的相互竞争更促进了大量优质项目的建设，游憩项目常以体育运动为主。②人员的投入。最初公园和游憩活动的从业人员主要是来自当地的运动员和自愿者，有了游憩专业后，才有了专业的休闲与游憩人才加入。这些人迅速找到工作，并成为各社区游憩与公园部的经理，也有大量的自愿者加入进来提供服务。③资金的投入。来自市政府和省政府的直接资金投入并不多，但是省政府设立的游憩与公园部或文化与游憩部等相关部门帮助地方政府增加投入。各地方政府由此经历了很长一段时间的资金增长期。无论是具体额度还是占市政府预算的比例都迅速地增长。

（二）强调产出时期：20世纪80年代至90年代中期

20 世纪 80 年代初，加拿大的经济衰退给各省都带来了不同程度的影响，对阿尔伯塔经济造成最大影响的是原油价格下降。由于联邦和各地方政府在此期间并没有减少开支，因此造成财政赤字的增长。"经济紧张"成为当时各级政府部门必须面临的问题，但大多数的游憩和公园部门对此应对良好。政府采取一些应对措施，如取消或整改一些项目和服务、政府部门与非营利组织紧密合作，采用包括战略策划和其他管理方法提高效率；通过公园和建筑的维护管理项目、能源和成本控制以及合理的人员配置来降低开支。

1982年后，加拿大经济状况有所好转，但是许多应对经济紧张的策略和方法保留了下来。因此，阿尔伯塔乃至整个加拿大的游憩、公园部门工作效率得以快速提高，应急应变能力明显进步。但是这些改变也带来了一些不利的影响，在一些社区由于财政有限，取消了部分公益设施，向使用者收取费用。在决定提供服务设施上，一些公共部门把收入、回报率、客户保留率和利润率等纳入考虑因素之列。

导致这种状况有三个原因：一是以经济指标比如收入来衡量自己的服务，从而导致社会也用这个标准来评判该部门的价值；二是政治家没有意识到游憩和公园部门可以在重要的社区议题和改善社区环境上发挥积极作用；三是没有直接使用室内和室外公共设施的社区组织和机构，未意识到游憩和公园部门的关键作用，因而不愿意提供公共支持。鉴于以上原因，安大略省游憩与公园联盟于1990年发布一份"益处一览表"，以此向政等决策者证明游憩和公园设施与服务能够为个人、社会、环境和经济带来巨大效益。调查结果显示，政策决策人员比从业人员更了解这些益处，于是安大略省游憩与公园联盟与加拿大公园和游憩协会于1992年联合出台了第一份《益处一览表》，重点向从业人员宣传游憩和公园在社区内的作用、方式和影响。

20世纪90年代早期，加拿大的游憩与公园发展经历了波折和动荡。正如《游憩加拿大》1991年5月刊的主题"未来何处安放？"，很多公共游憩部门的人员都怀疑在联邦及各省财政赤字不断增加的大环境下，其部门能否安然度过下一个十年。1993年，阿尔伯塔政府实施的财政紧缩政策带来了更大挑战。在当时的环境下，各级政府都拒绝提高税收，因此市政转移支付款项和游憩公园资助项目的取消均带来了不利影响，如服务设施减少和用户使用费增加等。除了财政赤字的影响，政府对公共服务的私营化思想，民众对政府的不信赖等，都加剧了人们的担忧。

总之，这一时期游憩和公园政策因为受到经济衰退的影响，转变为以经济产出为导向。一方面，娱乐和公园部门采用了战略规划、市场营销、团队创建及其他的管理体系和技巧，工作效率和部门管理得到提高；另一方面，娱乐设施建设也得到了社区娱乐文化资金支持，取得新的发展，公共和非营利性部门也更具创新性，努力形成合作机制，公共机构、私人及非营利部门之间的界限越来越模糊。

（三）突出益效时期：20世纪90年代中期至21世纪初

游憩和公园部门在20世纪90年代中期后步入了益效时期，即充分挖掘和展示游憩和公园能为个人、经济、环境和社会四个层面带来的益处。也就是说，从注重活动的产出转变为重视活动的目标（益处）；注重让公园和游憩服务满足真实的需要（need），而不是只对需求（demand）做出回应。

1992年，安大略公园与游憩联盟在安大略旅游与游憩部的资助下，发布了《益处一览表》第一版。1997年，加拿大公园与游憩协会在加拿大卫生部的资助下，发布了第二版，通过大量事实例证支撑的44条益处声明有力地证明了游憩、运动、健身、艺术、文化和公园的重要贡献。这两个版本的《益处一览表》在加拿大、北美及世界范围内广泛传播，使各部门继续在这些领域投资，也促使相关项目和服务得到重新设计，以确保潜在的益处都在实际中体现。2009年，阿尔伯塔公园游憩协会与加拿大全国公园游憩协会共同对《益处一览表》进行了修订，并把名字改为"益处数据库"，所有数据、案例放入网站（http://benefitshub.ca），为全球各地从业人员提供实时参考，也可让从业人员和研究人员随时上传实证案例。"益处数据库"拓展为8个大的益处类别，即个人健康、人类发展、生活质量、反社会行为、家庭与社区、干预、经济、环境。具体是：①游憩和积极的生活方式对个人健康至关重要，也是健康状况的关键决定因素；②游憩对人类平衡发展至关重要，帮助加拿大人挖掘自身潜力；③游憩和公园对生活质量至关重要；④游憩能够减少伤害自我及社会的行为；⑤游憩能够加强家庭及社区内部的纽带关系；⑥游憩能够降低医疗保健、社会服务和维护治安的费用；⑦游憩和公园是社区内经济发展的促进因素；⑧公园、空地及自然区对生态生存至关重要。这8条关键信息指出了游憩对个人、家庭、经济和社区的潜在影响，越来越多地融入市政规划文件中用作策划和交流手段。

尽管遇到了这些困难，近年来游憩和公园服务部门仍继续努力实现新的转变：①游憩和公园以锻炼人们的身体素质为目标之一，因此发起了"活力埃德蒙顿"和"阿尔伯塔游憩与公园协会活力社区"等运动。②有环境意识的娱乐和公园小组努力进行城市绿化、降低能源使用和用水量、保护自然居住区，提倡回收。③通过扩大合作帮助濒危青少年，例如同警局、社会公正服务机构建立联系。④项目、服务及设施更多照顾到贫困儿童和家庭，更注重多样性文化。⑤与政府的规划、工程部门合作密切，提供了有利于健康和环境的便利交通系统。⑥通过诸如 2002 愿景、2005 研讨会和 2005 领导者论坛等事件，游憩和公园部深入其他部门，寻求合作发展策略，服务公众。

（四）注重效果时期：现在及以后

注重效果阶段，很多部门在战略规划过程中对成果进行定义，然后制定新的策略，努力达到成果。政府想办法应付财政紧缩，相关部门则力图证明规划和资源确实能够达到既定结果。绩效衡量标准和逻辑模型在省和地方范围内得到普及，尤其是在安大略省内的所有市政部门得以应用。早期的绩效衡量标准主要是产出、登记者人数、自行车道长度、收入等级等，但随着成果在越来越多的提案中被普及，该领域开始用更多标准衡量成果（见表1）。

表1　产出和成果

产出	成果
关注所做的	关注为何做
关注活动资源的投入和产出	努力使活动达到预期目标
关注给用户带来的直接利益	关注给所有人带来的间接利益（即公共产品）
效率衡量	效力衡量
靠自身力量完成	拥有共同目标的人合作能够取得更好效果

资料来源：Foundations for Action，第 34 页。

在接下来的十年内，游憩和公园部门需要确保合理的绩效衡量标准体系，同时需要加强在当地、省级和全国范围内对成果和益处的交流。接下来该领域会继续以尽可能低的税收花费来提供公共服务。虽然面临很多挑战，但阿尔伯塔的游憩和公园部门已经通过基础设施扩建和财政紧缩的磨炼发展成注重成果而非仅仅注重产出的领域。该领域比历史上任何时候都更强大，更有效，更具创新精神。但是，要使良好状态继续下去，更好地服务于发展中的市民，该领域仍需应对更多挑战（见表2）。

表2　游憩和公园的发展演变

时期	时间范围	特点
投入时期	20 世纪 60～70 年代	新基础设施和项目
产出时期	20 世纪 80 年代至 90 年代中期	用户、效率和管理
益效时期	20 世纪 90 年代中期至今	效益信息、作用扩大、合作伙伴
成果时期	2005 年至今	基于效益的成果、公共利益、综合方法

资料来源：Foundations for Action，第 34 页。

三　加拿大游憩与公园政策的特点及对中国的启示

（一）政策起源于社会运动和非营利组织

加拿大的游憩与公园政策最初是由四大社会运动发起和推动的，政府是在这些运动以及非营利组织的推动下，逐步把游憩和公园纳入政府部门，承担管理和指导的职能。目前，中国非营利组织还不发达，需要政府主动提供休闲和游憩服务，促进中国居民的休闲游憩参与，提高居民身心健康和全方面综合发展。2013 年 2 月国务院办公厅发布《国民旅游休闲发展纲要（2013－2020 年）》，表明政府部门已经迈出重要的一步，在具体实施以及更大程度上推进游憩健身设施的建设、促进民众休闲游憩机会方面还需做更多努力。

（二）将游憩与公园作为社会干预的手段

社会变革不仅是加拿大公园和游憩政策的起源，也是美国和欧洲国家休闲游憩政策的起点。无论是加拿大、美国还是欧洲，这一时期各类休闲活动的发起都是基于"社会控制""社会干预"的目标。换言之，休闲是早期工业化与城市化进程中用来提升整个社会，尤其是工人阶层生活水平的一个重要手段。社会控制和干预不是贬义，而是一种积极促进社会变革的形式。当今，中国有几亿农民工进入城市务工，贫富收入差距悬殊，政府应如何通过社会控制和干预做出积极的应对和引导？休闲之于今日中国，其价值在哪？是否也同样可以成为促进社会融合、社会和谐，提升民众幸福感的有力手段？这些问题都值得思考。

（三）政策的多样性和包容性

多样性是加拿大游憩与公园的起源和发展过程中的显著特征，其服务对象包括不同年龄、不同性别、不同活动能力、不同文化的人群，为不同种族、不同文化的民众提供游憩休闲服务，就成为贯穿其各发展阶段的主题。在加拿大，具有亚太裔血统的人口超过 370 万，占全国总数的 11%，其中华裔人口目前已超过 130 万大关，成为全国最大的多元族裔。因此了解南亚族裔的休闲体育，探讨他们遇到的种族问题（Tirone，1999），研究中国传统休闲文化及对休闲行为的影响（Liu，et al.，2008）和休闲行为（Allison and Geiger，1993，Li and Stodolska，2007），比较加拿大人与中国人（包括华裔）在休闲行为、休闲动机、休闲满意度、休闲制约等方面的异同（Walker，2008；Walker，et. al.，2009，2011a，2011b，Walker and Wang，2008，Wang and Walker，2011，2010；Liang and Walker，2011），将有助于加拿大的游憩和公园管理从业人员、政府管理机构了解华裔的休闲特征，从而能更好地为华裔和其他少数族裔提供服务。同时，休闲在文化融入和社会认同方面的积极作用也显而易见（Stodolska，1998）。

加拿大游憩与公园政策的多样性和包容性同样让我们思考，我们为贫困人口、农村人口、进城务工人员的休闲游憩到底提供了多少机会？如何让我们的休闲政策也覆盖到这些群体？如何更好地促进他们的休闲参与？是否以及如何考虑他们的实际收入水平，使其家庭能有更多机会享受游憩和公园设施？此外，中国民族众多，如何结合各地各民族的休闲文化习惯，促进其休闲发展？这些问题都值得相关政府部门、休闲研究人员和管理人员深入思考。

总之，加拿大公园与游憩体系的起源，无不体现了社会融入的哲学思想和指导原则。其发展的起源、历史阶段以及当今的政策乃至学者的学术研究，无不渗透和深深体现该思想。中国国情与加拿大不同，中国仍处于工业化和城市化进程中，也正面临着加拿大历史上曾遇到的问题，因此加拿大的经验和政策仍有值得借鉴之处。

参考文献

Allison, M. & Geiger, G. W. (1993). Nature of leisure activities among the Chinese-American Elderly. *Leisure Sciences*, *15*.

Bailey, P. (1978) *Leisure and class in Victorian England: rational recreation and the contest for control 1830 ~ 1885.* University of Toronto Press.

Balmer, K. (1980). The Elora prescription : a future for recreation. Ontario Ministry of Culture and Recreation, Sports and Fitness Branch.

Burton, T. (2011) Policy imperatives for recreation, sport, and physical activity. 2011 National Recreation Summit.

Burton, T. (2012). Recreation and Leisure Studies-Alberta Legacy. Presentation at the 50 Years Anniversary of Recreation and Leisure Studies, Faculty of Physical Education and Recreation, University of Alberta.

Foundations for Action (2009), Vision 2015 Steering Committee, Alberta Recreation and Parks Association.

Spiers, A., & Walker, G. J. (2009). The effects of ethnicity and leisure satisfaction on happiness, peacefulness, and quality of life. Leisure Sciences, 31, 84 – 99.

Stodolska, M. (1998) Assimilation and leisure constraints: dynamics of constraints on leisure in immigrant populations. *Journal of Leisure Research.* 30 (4), 521 – 551.

Stodolska, M. (2000) Changes in leisure participation patterns after immigration. *Leisure Sciences*, 22, 39 – 63.

Tirone, S. (1999). Racism, indifference, and the leisure experiences of South Asian Canadian teens, *Leisure/Loisir*, *24* (1 – 2), 89 – 114.

Meller, H. (1976) *Leisure and the Changing City*, *1870 – 1914*, Routledge and kegan Paul.

Markham, S. E. (1992). *The Development of Parks and Playgrounds in Selected Canadian Prairie Cities 1880 – 1930*. Ph. D. dissertation, the University of Alberta.

Liang, H., & Walker, G. J. (2011). Does "face" constrain Mainland Chinese people from starting newleisure activities? *Leisure / Loisir*, *35*, 211 – 225.

Liu, H. M., Yeh, C. K., Chick, G. E., & Zinn, H. C. (2008). An Exploration of Meanings of Leisure: A Chinese Perspective, *Leisure Sciences*, 30 (5): 482 – 488.

Lowerson, J. & Myerscough, J. (1977). *Time to spare in Victorian England*, Harvard Press.

Walker, G. J., & Wang, X. (2008). A cross – cultural comparison of Canadian and Mainland Chinese university students' leisure motivations. *Leisure Sciences*, *30*, 179 – 197.

Walker, G. J. (2008). The effects of ethnicity and gender on facilitating intrinsic motivation during leisure with a close friend. *Journal of Leisure Research*, *40*, 290 – 311.

Walker, G. J. (2009). Culture, self-construal, and leisure motivations. *Leisure Sciences*, *31*, 347 – 363.

Walker, G. J., & Wang, X. (2009). The meaning of leisure for Chinese/Canadians. *Leisure Sciences*, *31*, 1 – 18.

Walker, G. J., Halpenny, E., Spiers, A., & Deng, J. (2011a). A prospective panel study of Chinese-Canadian immigrants' leisure participation and leisure satisfaction. *Leisure Sciences*, *33*, 349 – 365.

Walker, G. J., Halpenny, E., & Deng, J. (2011b). Leisure satisfaction and acculturative stress: The case of Chinese-Canadian immigrants. *Journal of Leisure Research*, *43*, 226 – 245.

Wang, X., & Walker, G. J. (2011). The effect of face concerns on university students' leisure travel: A cross-cultural comparison. *Journal of Leisure Research*, *43*, 134 – 148.

Wang, X., & Walker, G. J. (2010). A comparison of Canadian and Chinese university students' travel motivations. *Leisure / Loisir*, *34*, 279 – 293.

陈燕文：《从假日学校到暑期学校——1894～1915 美国纽约市暑期教育的演变》，《教育史研究》2004 年第 12 期。

刘慧梅：《法国休闲政策的发展及其特点》，《2011 中国休闲发展报告》（刘德谦、高舜礼、宋瑞主编），社会科学文献出版社，2011。

阮黎帆、刘慧梅：《香港休闲公共管理及其启示》，《2012 中国休闲发展报告》（刘德谦、唐兵、宋瑞主编），社会科学文献出版社，2011。

G.22

带薪假期的国际经验与中国现实

宋　瑞*

摘　要： 带薪假期包括带薪公共假日和带薪年休假两部分。相较于带薪公共假日，多数发达国家对带薪年休假更为重视，相关法律更加完备；囿于各种原因，发达国家居民也存在有假不休、休假不平等等问题。目前中国带薪假期的相关法规已初成体系，带薪公共假日数量居于全球中等偏上水平，而带薪年休假数量相对较少，未来需要制订系统方案，完善带薪假期制度，推动带薪年休假制度的全面实施。

关键词： 带薪假期　带薪年休假　国际经验　全国调查

1948 年联合国大会通过的《世界人权宣言》指出："人人有享受休息和休闲的权利，包括受合理限制的工作时间和定期的带薪休假。"1966 年联合国大会通过的《国际经济、社会和文化权利公约》进一步规定，各国政府应"合理限制工时，保证人人享有定期带薪休假和带薪公共假日"。

在中国，国民休假制度成为近年来社会、经济、民生领域的热点话题。围绕"黄金周""小长假"等公共假日的讨论经久不衰，针对带薪年休假制度"口惠而实不至"的抱怨更是不绝于耳。对此，有关部门高度重视，陆续出台了一系列文件：2013 年 2 月，国务院办公厅印发《国民旅游休闲纲

* 宋瑞，中国社会科学院旅游研究中心主任，中国社会科学院财经战略研究院副研究员，长期关注旅游经济、可持续发展以及休闲基础理论与公共政策。

要（2013－2020 年）》，提出"到 2020 年，基本落实职工带薪年休假制度"；2014 年 8 月，国务院印发《关于促进旅游业改革发展的若干意见》，明确提出要"将带薪年休假制度落实情况纳入各地政府议事日程"，作为劳动监察和职工权益保障的重要内容；2015 年 4 月，国务院印发《关于构建和谐劳动关系的意见》，强调要"切实保障职工休息休假的权利"，提出完善并落实国家关于职工工作时间、全国年节及纪念日假期、带薪年休假等规定。

作为关乎 13 亿人口生活与工作的制度安排，带薪假期究竟应该怎么设置？国外有哪些经验可以借鉴？目前带薪假期制度实施中存在哪些问题？如何彻底改变带薪年休假"落在纸上的权利"这一现状？本文在系统介绍国内外带薪假期法律规定和相关情况的基础上，重点围绕一项全国性的问卷调查，深入分析中国带薪年休假制度的落实情况，并就如何完善带薪假期制度、推动其全面实施提出建议。

一　发达国家带薪假期制度及其实施情况

（一）带薪假期的法律保障

带薪假期包括带薪公共假日（paid holiday）和带薪年休假（paid leave 或 paid annual leave）。目前，多数发达国家都从法律上对劳动者的带薪假期权益给予保障。哈佛大学法学院两位学者连续多年对各主要发达国家的带薪假期进行了跟踪研究（Rebecca Ray and John Schmitt 等，2011，2013）。在 2013 年向欧盟提交的最新研究报告中，他们比较了 16 个欧洲国家以及澳大利亚、加拿大、日本、新西兰、美国等共计 21 个发达国家的情况。其核心结论是：在带薪公共假日方面，大部分发达国家通过立法形式确保劳动者每年享有 5～13 天的带薪公共假日，而美国、日本、荷兰、英国、瑞典、瑞士等国家则没有相应的法律限定；在带薪年休假方面，这 21 个国家中有 18 个国家规定劳动者每年享有 20 天（含）以上的带薪年休假，加拿大、日本则为每年 10 天，而美国是唯一一个没有在联邦层面相关立法的发达国家[①]。

（二）带薪假期的具体规定

就带薪公共假日而言，一些国家由中央政府确定、在全国范围内实行，而有些国家则全部或部分由地方政府决定。例如，除了全国性的 4 天公共假日外，瑞士的每个行政区都有不同的公共假日，共计至少 8 天；加拿大和德国由地方政府决定带薪公共假日，其中加拿大允许各省至少有 5 天的带薪公共假日（平均为 8 天），德国各州至少有 9 天的带薪公共假日。在大部分发达国家，雇主均有权安排雇员在带薪公共假日期间工作，但需支付高于平时的工资或安排其倒休。

就带薪年休假而言，除美国之外，其他所有发达国家均有相关立法。这些国家的带薪年休假制度呈现出如下五个特征。其一，带薪年休假天数普遍多于 20 天。大部分发达国家法律规定的最低带薪年休假天数都在 20 天（含）以上，最长为 30 天。加拿大和日本分别为 10 天。美国是唯一一个在全国层面上没有立法强制要求雇主提供带薪假期的国家，但是按照戴维斯 – 培根法案（Davis-Bacon Act），与政府部门签署合同的劳动者依法享有带薪年休假，同时，纽约州等一些州政府也制定了相应的地方法规。欧盟于 1993 年颁布了《欧盟国家工作时间指令》，为所有欧盟成员国确定了带薪年休假的最低标准——每年 4 周或 20 天。不少欧盟国家实际实施的带薪年休假更长，例如法国要求每年至少有 30 天的带薪年休假，芬兰、挪威和瑞典是 25 天，奥地利、西班牙、葡萄牙是 22 天。其二，确保休假时间可用于旅行。为保证劳动者能够充分利用带薪年休假旅行，尤其是长途旅行，各发达国家对带薪年休假怎么休、何时休等问题做出了详细规定。例如，荷兰法律规定，雇主必须确保其员工能在 4 月 30 日到 10 月 1 日期间连续休假；瑞典

---

① 如无特殊说明，本部分数据、资料均来自 Rebecca Ray，Milla Sanes，and John Schmitt，No-Vacation Nation Revisited，May 2013，Center for Economic and Policy Research，http：// www. cepr. net/documents/no-vacation-update – 2014 – 04. pdf。

要求劳动者应能连续休假 4 个星期且应在 6~8 月期间，芬兰要求保证 4 周时间，挪威、丹麦、法国则分别为 18 天、15 天和 12 天；德国法律规定，20 天的带薪年休假可以分拆，但至少其中一部分要达到连续 12 个工作日以上；葡萄牙雇主会在夏季部分时段停止运营，以满足员工的休假（若歇业时间少于 15 个连续工作日，雇主需要和雇员协商）；在奥地利，雇主必须允许 15~18 岁的年轻雇员在 6 月 15 日到 9 月 15 日连续休假 12 天；日本法律规定，雇员有权利按照自己的意愿安排休假时间，如影响工作，雇主可调整其休假安排。其三，劳动者不得"以假期换收入"。不少发达国家规定，劳动者不得放弃带薪年休假以获取补偿。例如，葡萄牙、西班牙、瑞士、英国等国立法规定，雇员必须享受最低限度的带薪年休假，不得放弃带薪年休假以获取额外收入或补偿；英国规定，雇员必须在相应年份休够 4 周的带薪年休假，不可积存，超出 4 周的其他年假可以积累，雇员只有在离开岗位时才能因未休的年假而获得补偿；澳大利亚允许有一半带薪年休假"兑换成工资"。其四，雇主应向雇员支付"溢价工资"。对于休假期间的薪酬，劳动者除了获得等同于平时工作日的工资外，一些国家还立法要求雇主在雇员享受年休假期间按照一定的溢价率支付工资。例如，奥地利要求雇主在员工 1 个月的带薪年休假期间支付第 13 个月工资；比利时要求雇主支付略低于第 13 个月的工资；在新西兰和瑞典，带薪年休假期间的工资分别是平时的 112% 和 108%，超出部分称作"度假费"；澳大利亚的休假者可额外获得相当于平时工资 17.5%，作为奖励工资。其五，规定了详细的补充条款。不少发达国家的法律还对其他年假问题做出了规定。例如，瑞典法律规定，如劳动者在带薪休假期间生病，则生病的日子不计算在带薪年休假日内；在劳动者履行工会义务时，雇主必须随时允许员工休假并支付正常工资。希腊法律规定，选举期间，若劳动者需要到异地投票，则可有额外 3 天的假期。西班牙规定，劳动者行使公民义务（如陪审）或搬家时可以休假并享有正常工资。

（三）带薪假期的落实情况

尽管大多数发达国家为保护劳动者的带薪休假权益提供了法律依据，

但其国民也存在有假不休现象。在线旅游企业 Expedia 于 2011 年 9 ~ 10 月，连续 20 天对 20 个国家（包括 16 个发达国家）的 7083 人进行调查后发现，意大利人、日本人、印度人、挪威人均存在有假不休现象，而法国人、西班牙人、丹麦人则几乎有假必休①。在经济最发达、法律制度相对完备的美国，不仅没有涉及带薪假期方面的联邦立法，不少国民也没有真正使用自己的假期。美国劳工统计局与经济合作组织（OECD）所做的多项工作时间调查研究显示，在发达国家中，除韩国和日本外，美国人比其他发达国家的人工作时间都要长，美国也因此被称为 "无假期国家" （no-vacation nation）。

此外，包括美国在内的部分发达国家，不同阶层劳动者所享受到的带薪假期也存在较大差异。根据美国政府部门的调查，低工资劳动者获得带薪年休假的概率（69%）低于高工资劳动者（88%），兼职者获得带薪年休假的概率（36%）则远远低于全职者（90%），小企业/机构就业者获得带薪年休假的概率（70%）低于在中等和大型企业/机构就业者（86%）。即使低工资劳动者、兼职者、小企业就业者确实获得带薪年休假，其天数一般也远远少于高工资者、全职者、大企业就业者②。

（四）"工作还是休假"是全球性的两难选择

综上所述，带薪假期的立法规定和实施情况取决于各国的行政制度、立法体系、文化传统乃至气候条件。总体来看，由于社会保障制度、社会文化传统和休闲度假习惯等原因，欧洲各国在带薪假期立法规定和实际享有方面均处于全球领先位置；而作为全球第一大经济体，美国不仅是发达国家中唯一没有带薪假期立法的国家，而且很多国民也没有真正享用其假期。

实际上，"工作还是休假"是各国公民共同面临的两难选择，即使欧洲

---

① http：//expedia－2011－vacation-deprivation-study－194200105. html.

② 转引自 Rebecca Ray and John Schmitt, No － vacation nation USA-a comparison of leave and holiday in OECD countries, http：//www. law. harvard. edu/programs/lwp/papers/No_ Holidays. pdf。

国家，近年来在经济不景气的大背景下，对待休假问题的态度也略有变化。例如，2012 年 3 月瑞士对瑞士工会提出的"让所有人享受 6 星期假期"议案进行了全民公投，该议案旨在每年增加两个星期的假期，最终 66.5% 的投票者投了否决票。在澳大利亚，受到就业压力等因素影响，带薪年休假制度也未得到很好的实施，为此政府专门推出了"没有假期，就没有生活"计划，积极鼓励公民休假。

二　中国带薪假期制度及其实施情况

（一）相关法律法规

中国没有带薪公共假日的概念，与之相对应的是"法定节假日"。1949 年中央人民政府政务院发布《统一全国年节和纪念日放假办法》，此后曾分别于 1999 年、2007 年、2013 年进行了修订。按照 2013 年新修订的《全国年节及纪念日放假办法》，"全体公民放假的节日"共有 11 天，其中部分节日与周末双休日实行全国性"调休"，具体方案由国务院统一发布。就数量而言，中国带薪公共假日天数居全球中等偏上水平。

就带薪年休假而言，目前中国相关法规已成体系。1991 年国务院规定"各级党政机关、人民团体和企事业单位，可根据实际情况适当安排职工休假"。1995 年《劳动法》颁布实施，其中第 45 条规定，"劳动者连续工作一年以上享受带薪休年假"，但对休假天数等具体问题未作规定。2008 年 1 月，国务院颁布的《职工带薪休假条例》规定："职工累计工作已满 1 年不满 10 年的，年休假 5 天；已满 10 年不满 20 年的，年休假 10 天；已满 20 年的，年休假 15 天。国家法定休假日、休息日不计入年休假的假期""单位根据生产、工作的具体情况，并考虑职工本人意愿，统筹安排职工年休假""单位确因工作需要不能安排职工休年休假的，经职工本人同意，可以不安排职工休年休假。对职工应休未休的年休假天数，单位应当按照该职工日工资收入的 300% 支付年休假工资报酬"；同时，还对带薪年休假的监督管理和违规制裁做出了原则性规定。按照该条例，人事部、人力资源和社会保障部分别于 2008 年 2 月和 7 月公布了《机关事业单位工作人员带薪休假实施办法》和《企业职工带薪休假实施办法》。从平均数量来看，中国法律规定的带薪年休假天数相对较少，在全球处于偏低水平。

（二）带薪年休假制度的落实情况

带薪年休假是带薪假期的重要组成部分。相对于带薪公共假日（即"法定节假日"）而言，人们可以根据自身及家庭情况自由选择享受带薪年休假的具体时间。因此，如能很好地实施带薪年休假，那么不仅可缓解中国集中休假、集中出行所带来的各种压力和问题，而且能使人们真正体验到休闲的乐趣。然而遗憾的是，由于各种原因，带薪年休假制度的实施不尽如人意，并成为社会舆论关注的焦点问题。

我们对全国 3353 名在业者的调查显示如下特征：①带薪年休假权利受到劳动合同保护的仅占四成有余，其中 55.9% 私企从业者和 24% 集体企业从业者未签署劳动合同。在签署了劳动合同的受访者中，71.3% 的涉及了带薪年休假问题，有 39.8% 集体企业从业者和 37.2% 私企从业者的劳动合同未涉及带薪年休假问题。②近四成受访者不了解《职工带薪年休假条例》的具体条款，其中私营企业受访者中"不太了解"和"完全不了解"的共占 56%，集体企业受访者中占 42.7%。③四成受访者没有带薪年休假，有带薪年休假且可自主安排者仅占三成。其中私营企业中没有带薪年休假的占 54.6%，"有带薪年休假，可以休，且可自主安排"的只有 22.9%，集体企业就业者这两个比例分别为 44.4% 和 25.7%。④因带薪年休假不能落实或自主安排的受访者中仅有 18.1% 的获得经济补偿，仅有 7.7% 的人就带薪年休假不符合相关规定等问题和单位有过交涉。⑤针对全面实施带薪年休假制度的可能性，保持积极乐观者占相对多数（共计 55.9%），有 23.9% 的人认为"不太可能"或"完全不可能"。⑥就落实带薪年休假制度的具体措施而言，加强监管、完善法规细则、企业依法执行是受访者的主要期待。

三 完善、落实带薪假期制度的相关建议

（一）系统安排带薪假期，完善相关顶层设计

如前所述，带薪假期由带薪公共假日和带薪年休假两部分组成。目前，中国现有法律法规在二者之间尚未形成统一体系。多年来政府对带薪假期的治理和干预主要围绕总计11天的全民集中休息的带薪公共假日（即"法定节假日"），而未对带薪年休假制度的实施进行实质性推进。对带薪公共假日（即"法定节假日"）进行捉襟见肘的调换，不仅使决策者常常陷入"怎么做都无法令人满意"的尴尬境地，而且也不利于问题的根本解决。因此，将"法定节假日"（即带薪公共假日）与带薪年休假问题放在一起进行系统安排迫在眉睫。

从中国现有法律法规来看，带薪公共假日和带薪年休假基本处于"分而治之"的状态。除《劳动法》外，《全国年节及纪念日放假办法》《职工带薪休假条例》等都属于国务院颁布的法令和条例，法律效力相对较低；而作为诸多劳动保障法律法规的上位法，1995年开始实施的《劳动法》虽然在调整劳动关系方面发挥了重要历史作用，但显然已经难以适应社会经济的快速发展。因此，有必要对现有的法律法规进行整合、修订、完善，系统解决带薪假期制度的顶层设计问题。

（二）重视带薪年休假问题，落实责任主体和时间表

带薪年休假的制度完善和全面实施是决定中国带薪假期制度整体效果的关键。从1995年的《劳动法》到2008年的《职工带薪休假条例》，带薪年休假的制度得到了完善，但是就其实施状况而言的确不容乐观。本调查显示，40.1%受访者根本没有带薪年休假，4.1%的人"有带薪年休假，但不能休"，18.8%的人"有带薪年休假，可以休，但不能自己安排"。在3353名在业者中，"有带薪年休假，可以休，且可自主安排"的仅占31.3%。

2013 年 2 月出台的《国民旅游休闲纲要（2013－2020 年）》提出"2020 年全面落实带薪年休假"。一项已颁布 20 年的法律规定要在未来 5 年内"全面落实"，本就反映了法律执行不力，而从调查反映的事实来看，这一目标的实现也并非易事。对此，政府部门应给予高度重视，并尽快落实责任主体和具体时间表。任何以"客观条件不具备""社会经济发展阶段决定论"等为借口的说法和做法，既无益于从根本上解决这一顽疾，也有损政府的公信力。建议人力资源和社会保障部等部门尽快组织开展全国性调查，了解不同单位、不同地区、不同群体落实带薪年休假制度的具体困难，并提出详细的解决方案。建议中央成立跨部门的工作委员会，将休假制度与税收、财政、劳动保障、民生等结合在一起予以综合调控。

（三）细化相关规定，提供司法解释和法律援助

本调查显示，分别有 24.9% 和 7% 的受访者将"完善法规细则""提供免费法律援助"列为未来全面落实带薪年休假制度的重要措施。尽管《职工带薪休假条例》《机关事业单位工作人员带薪休假实施办法》和《企业职工带薪休假实施办法》等在《劳动法》的基础上作出了更加细致和具体的规定，但与国外的相关法律法规相比，还有进一步细化的空间。例如带薪年休假的决定权、年休假与其他假期的折抵以及农民工、零时工、按照计件工资获取报酬劳动者等群体的休假规定等问题，仍待细化。

调查同时显示，带薪年休假不能落实或自主安排的受访者中，仅有 18.1% 的受访者获得经济补偿；仅有 7.7% 的受访者就带薪年休假不符合相关规定和单位进行过交涉；其中近半数（47.8%）的人未交涉的主要原因是"估计交涉也没什么用"。其中既有劳动者维权意识和意愿的原因，也和法规限定不详细、缺乏必要的法律援助等密切相关。因此，细化相关规定，提供详细的司法解释和必要的法律援助是极为必要的。

（四）加大执法力度，建立立体化监督体系

本调查显示，分别有 33.7% 和 23.1% 的受访者将"政府加大监管力度"

"企业依法执行"列为未来全面落实带薪年休假制度的重要措施。为加大执法、监管力度，促进企业依法执行带薪年休假制度，应建立工商、税务、劳动、人事等部门的联动机制，将用人单位签署劳动合同、执行带薪年休假情况等与其履行纳税等法律义务同等对待；劳动监管部门应按照主动执法的原则，常态化地开展带薪年休假执行情况的暗访和抽查工作，将职工带薪年休假执行情况纳入各地、各部门年度目标责任考核，纳入文明单位等各项评选标准，对于不达标的部门、企业领导进行问责；应改变现有工会的功能定位、设置程序、运行机制，真正发挥其维护劳动者权益的作用。

（五）宣传普及法规，提高劳动者维权意识和能力

《劳动法》规定，用人单位必须与劳动者签署劳动合同。本调查显示，在所有受访者中，仅61.5%人表示与单位签署了劳动合同，高达55.9%的私营企业受访者未签署劳动合同。在签署了劳动合同的受访者中，也有25.5%的受访者未涉及带薪年休假问题，其中39.8%的集体企业受访者和37.2%的私营企业受访者其劳动合同未涉及此问题。近四成（36.2%）受访者不了解带薪年休假相关法规条例的具体内容，其中私营企业受访者中"不太了解"和"完全不了解"的人高达56%。在带薪年休假权益不能得到有效保障的情况下，进行交涉时诉诸法律者仅占1.6%。这些数据充分说明，中国部分劳动者依法维护自身休假权益的意识和能力还有待提高。因此，有必要加大相关法律法规的宣传普及力度，使劳动者重视带薪休假的权利，提高维权意识。

（六）重视休假权益，营造文明休假的社会氛围

长期受"劳动光荣"等观念的影响，中国民众对休闲、休假等问题还存在一定程度的误解，不少人认为要求休假是不思进取的表现。《中国国民休闲状况调查》中的休闲态度调查显示，尽管多数人普遍认可休闲的积极意义，但也确有部分人持有"休闲就是游手好闲""休闲不利于社会经济发展""休闲就是吃喝玩乐物质消费""休闲是少数人的专利"的观点。而且

有相当比例的人认为"挣钱比休闲更重要""发展事业比休闲更重要""目前生活中，很多其他事情比休闲更重要"等（宋瑞，2014）。为此，政府部门、学界、媒体、社会各界应共同努力，正确引导社会舆论，强调带薪年休假是劳动者神圣不可侵犯的一项法律权利，而非可有可无的福利待遇。要从保障劳动者权益、提高生产效率、促进社会进步等方面大力宣传带薪年休假的积极意义，改变加班加点、放弃休假是"觉悟高""思想先进"的传统思想，营造文明休假、享受休闲的社会氛围。

参考文献

［1］ Rebecca Ray, Milla Sanes, and John Schmitt, No-Vacation Nation Revisited ［R］, May 2013, Center for Economic and Policy Research, http://www.cepr.net/documents/no-vacation-update - 2014 - 04. pdf.

［2］ Rebecca Ray and John Schmitt, No - vacation nation USA-a comparison of leave and holiday in OECD countries ［R］ http://www.law.harvard.edu/programs/lwp/papers/No_ Holidays. pdf.

［3］ 汪建强：《英国带薪休假法案研究及其启示》，《西南石油大学学报（社会科学版）》2010 年第 6 期。

［4］ 王友青、姚明亮：《企业带薪休假制度落实的现状及对策分析：以西安为例》，《消费经济》2010 年第 2 期。

［5］ 程晓冬、杨海峰：《关于规范企业带薪休假制度的思考》，《工会论坛》2011 年第 6 期。

［6］ 黄雨竹、陈丽芬：《中国员工带薪休假问题研究》，《华东经济管理》2007 年第 1 期。

［7］ 宋瑞：《中国国民休闲态度实证研究》，《杭州师范大学学报》2014 年第 10 期。

✤ 皮书起源 ✤

"皮书"起源于十七、十八世纪的英国，主要指官方或社会组织正式发表的重要文件或报告，多以"白皮书"命名。在中国，"皮书"这一概念被社会广泛接受，并被成功运作、发展成为一种全新的出版型态，则源于中国社会科学院社会科学文献出版社。

✤ 皮书定义 ✤

皮书是对中国与世界发展状况和热点问题进行年度监测，以专业的角度、专家的视野和实证研究方法，针对某一领域或区域现状与发展态势展开分析和预测，具备权威性、前沿性、原创性、实证性、时效性等特点的连续性公开出版物，由一系列权威研究报告组成。皮书系列是社会科学文献出版社编辑出版的蓝皮书、绿皮书、黄皮书等的统称。

✤ 皮书作者 ✤

皮书系列的作者以中国社会科学院、著名高校、地方社会科学院的研究人员为主，多为国内一流研究机构的权威专家学者，他们的看法和观点代表了学界对中国与世界的现实和未来最高水平的解读与分析。

✤ 皮书荣誉 ✤

皮书系列已成为社会科学文献出版社的著名图书品牌和中国社会科学院的知名学术品牌。2011年，皮书系列正式列入"十二五"国家重点图书出版规划项目；2012~2014年，重点皮书列入中国社会科学院承担的国家哲学社会科学创新工程项目；2015年，41种院外皮书使用"中国社会科学院创新工程学术出版项目"标识。

中国皮书网

www.pishu.cn

发布皮书研创资讯，传播皮书精彩内容
引领皮书出版潮流，打造皮书服务平台

栏目设置：

☐ 资讯：皮书动态、皮书观点、皮书数据、
　　　　皮书报道、皮书发布、电子期刊
☐ 标准：皮书评价、皮书研究、皮书规范
☐ 服务：最新皮书、皮书书目、重点推荐、在线购书
☐ 链接：皮书数据库、皮书博客、皮书微博、在线书城
☐ 搜索：资讯、图书、研究动态、皮书专家、研创团队

　　中国皮书网依托皮书系列"权威、前沿、原创"的优质内容资源，通过文字、图片、音频、视频等多种元素，在皮书研创者、使用者之间搭建了一个成果展示、资源共享的互动平台。

　　自 2005 年 12 月正式上线以来，中国皮书网的 IP 访问量、PV 浏览量与日俱增，受到海内外研究者、公务人员、商务人士以及专业读者的广泛关注。

　　2008 年、2011 年中国皮书网均在全国新闻出版业网站荣誉评选中获得"最具商业价值网站"称号；2012 年，获得"出版业网站百强"称号。

　　2014 年，中国皮书网与皮书数据库实现资源共享，端口合一，将提供更丰富的内容，更全面的服务。

法 律 声 明

权威报告·热点资讯·特色资源

皮书数据库
ANNUAL REPORT(YEARBOOK)
DATABASE

当代中国与世界发展高端智库平台

S 子库介绍
ub-Database Introduction

中国经济发展数据库

涵盖宏观经济、农业经济、工业经济、产业经济、财政金融、交通旅游、商业贸易、劳动经济、企业经济、房地产经济、城市经济、区域经济等领域，为用户实时了解经济运行态势、把握经济发展规律、洞察经济形势、做出经济决策提供参考和依据。

中国社会发展数据库

全面整合国内外有关中国社会发展的统计数据、深度分析报告、专家解读和热点资讯构建而成的专业学术数据库。涉及宗教、社会、人口、政治、外交、法律、文化、教育、体育、文学艺术、医药卫生、资源环境等多个领域。

中国行业发展数据库

以中国国民经济行业分类为依据，跟踪分析国民经济各行业市场运行状况和政策导向，提供行业发展最前沿的资讯，为用户投资、从业及各种经济决策提供理论基础和实践指导。内容涵盖农业，能源与矿产业，交通运输业，制造业，金融业，房地产业，租赁和商务服务业，科学研究，环境和公共设施管理，居民服务业，教育，卫生和社会保障，文化、体育和娱乐业等 100 余个行业。

中国区域发展数据库

以特定区域内的经济、社会、文化、法治、资源环境等领域的现状与发展情况进行分析和预测。涵盖中部、西部、东北、西北等地区，长三角、珠三角、黄三角、京津冀、环渤海、合肥经济圈、长株潭城市群、关中一天水经济区、海峡经济区等区域经济体和城市圈，北京、上海、浙江、河南、陕西等 34 个省份及中国台湾地区。

中国文化传媒数据库

包括文化事业、文化产业、宗教、群众文化、图书馆事业、博物馆事业、档案事业、语言文字、文学、历史地理、新闻传播、广播电视、出版事业、艺术、电影、娱乐等多个子库。

世界经济与国际政治数据库

以皮书系列中涉及世界经济与国际政治的研究成果为基础，全面整合国内外有关世界经济与国际政治的统计数据、深度分析报告、专家解读和热点资讯构建而成的专业学术数据库。包括世界经济、世界政治、世界文化、国际社会、国际关系、国际组织、区域发展、国别发展等多个子库。